KB057173

세컨드 펭귄

임승현
지음

세컨드 펭귄

불확실한 1인자보다

확실하게 살아남는
2인자의 성장 공식

PENGUIN

서 사 원

'First Follower: Leadership Lessons from Dancing Guy'라는 유튜브 영상을 보면 사람들이 모여 있는 공원에서 남자 한 명이 웃통을 벗고 이상한 춤을 추는 장면으로 시작을 한다. 사람들은 그를 미치광이로 치부하고 무시하지만, 이후 첫 번째 팔로워가 그의 옆에서 춤을 따라 하기 시작하면서 모든 것이 바뀌어 버린다. 팔로워들이 조금씩 늘더니 대중들은 곧바로 그 이상한 춤을 추는 것에 참여하게 되고, 결국 공원 안에 있는 모든 사람이 퍼스트 펭귄의 춤을 따라 하며 영상은 마무리된다.

이 영상의 핵심 메시지는 소위 미치광이로 치부되는 한 사람을 진정한 리더로 만들어 주는 것이 바로 세컨드 펭귄의 역할이라는 것이다. 퍼스트 펭귄은 세컨드 펭귄 없이는 세상의 변화를 만들어 낼 수 없다는 사실을 깨달아야 한다.

하지만 이 사실을 깨닫는 것만으로는 충분하지 않다. 그다음으로 고려해야 할 사항은 '어떤 세컨드 펭귄을 찾을 것인가?' 그리고 '그 세컨드 펭귄을 어떻게 유인할 것인가?'다. 이 책은 이 질문들에 대한 해답을 준다.

저자는 뛰어난 직관력과 통찰력을 가진 네 명의 창업자들과 함께 일하며 얻은 노하우를 바탕으로, 세컨드 펭귄의 역할을 '퍼스트 펭귄의 직관을 현실로 구현할 수 있는 합리성'으로 정의한다. 스타트업에 필수적이지만 동시에 한계를 가진 창업자의 직관이라는 딜레마를 풀기 위해서는 세컨드 펭귄의 합리성이 필요하다는 것이다.

또한, 저자는 세컨드 펭귄이 창업자와 동등한 위험을 감수하지 않고도, 빠르게 성장하는 스타트업에서만 얻을 수 있는 경험과 역량을 쌓고 큰 보상을 얻을 수 있다고 주장한다. 여기서 퍼스트 펭귄은 '세컨드 펭귄을 우리 회사로 유인하기 위해 어떤 점을 어필해야 하는가?'에 대한 힌트를 얻을 수 있다고 생각한다.

아무리 탁월한 역량과 통찰력을 가진 퍼스트 펭귄이라도, 세상의 변화는 혼자서 이루어 낼 수 없다. 모든 퍼스트 펭귄은 이 사실을 인지하고 나와 함께 변화의 흐름을 이끌어 낼 세컨드 펭귄을 찾아야 한다. 이 책은 그에 대한 답을 찾는 데 필요한 실마리를 제공해 줄 것이다.

_박정현(비브리지(슬리드) 스타트업 대표)

커리어 생활 중 가장 성장하고 행복했던 시절을 꼽자면, 어떤 힘든 과정에서도 고락을 함께하고 의견을 나누는 훌륭한 파트너가 되어, 1+1이 2가 아닌, 5 또는 심지어는 10 이상이 될 수 있음을 깨닫게 해 준 센스 있는 동료, 후배, 선배, 보스와 일했던 시절이 아닌가 생각한다.

이 책은 최고의 복지와도 같은 경험을 또 한 번 선물해 준 동료, 임승현 CSO가 긍정적 환상과 미래지향적인 비전, 열정과 신념으로 과감한 결정을 내리고 실행해 가는 '퍼스트 펭귄' 창업자와 창업자의 약점을 보완하고 역량을 극대화하는 역할을 담당하는 '세컨드 펭귄' 즉, 기업가형 인재에 관해 정리한 책이다.

전략 컨설팅 펌에 이어 세 곳의 스타트업, 네 명의 창업자와 함께한 저자는 실제 경험을 바탕으로 스타트업 신(Scene)의 창업가에 대한 독자의 이해를 돕는다. 더불어 차별화된 역량과 경쟁력을 갖추고 창업가에 못지않은, 때로는 더 큰 오너십을 가지고 주도적으로 업무를 진행하는 기업가형 인재에게 필요한 실무적인 역량을 구체적으로 제시한다.

저자가 제안하는 기업가형 인재의 5가지 역량인 문제 정의, 가설 기반 사고, 데이터 분석 역량, 데이터 내러티브, 리더십을 고루 갖춘, 궁극적으로 회사의 성장과 개인의 성장을 함께 만들어 가는 더욱 많은 '세컨드 펭귄'을 만날 수 있기를 기대해 본다.

_송승훈(백패커 CFO, 전 네파 CFO)

세컨드 펭귄

창업자를 조명한 책과 자료는 무수히 많습니다. 성공한 창업자는 어디 가든 스포트라이트를 받고 창업자의 리더십은 종종 과대 포장됩니다. 하지만 창업가가 혼자서 해낼 수 있는 일은 많지 않습니다. 간과되었지만 더 위대한 사람들은 어쩌면 초기 팔로워일지도 모릅니다.

다니던 회사를 나와 아이디어스를 창업했을 때, 당시 승승장구하던 본부장이었던 저는 팀장들에게 합류할 것을 제안하면서 내심 '다 따라 나오면 월급 줄 돈이 없는데 어떡하지'라는 걱정을 했습니다. 그렇지만 단 두 명 만이 저를 따라 나왔고, 그중 개발자 한 명과 공동 창업을 하게 되었습니다. 얼마 후 디자이너 한 명이 합류했고, 이 둘은 초기 아이디어스 비즈니스 모델을 구축하는 데 큰 기여를 하고 현재까지도 아이디어스의 철학과 영혼을 지켜 주는 든든한 버팀목이 되어 주고 있습니다.

저는 그들이 참 부럽습니다. 누구보다 주도적으로 일하면서도 대표라는 자리의 부담 없이 열정적으로 몰입하며 일할 수 있으니까요. 여러분도 혹시 선택할 수 있다면 이분들과 같은 선택을 하기를 바랍니다. 이 책을 통해 창업자형 인재를 꿈꾸는 분들이 많아지고 그들이 조명받는 일들이 더 많아지길 바랍니다.

_김동환(백패커 CEO)

창업자의 믿음(belief)은 참모의 지성(intellect)으로 검증될 때 신념 (faith)이 될 수 있다. 그리고 그 지성의 한복판에 데이터가 있다. 이 책은 이 구도를 설명한 매우 드문 보물이다. 많은 이들이 이 책을 통해 창업자의 소명의식을 실현하는 참모의 역할이 얼마나 매력적인지 꼭 느껴 보길 바란다.

_강양석(《데이터로 말하라》, 《데이터 리터러시》 저자)

처음 이 책을 접한 것은 텀블벅 프로젝트 광고에서였다. '[현직 CSO 가 직접 쓴] 텀블벅을 두배 성장시킨 비결은?'이라는 프로젝트로, 25,000원이면 책 한 권과 저자와의 랜선 커피챗 참여권을 펀딩할 수 있었다. 짧은 기간이었지만 CSO 역할을 해 보기도 했고, 책의 목차를 보니 책만 제대로 읽어도 충분히 가치가 있겠다 싶어서 바로 펀딩에 참여했다.

책을 읽기 전 랜선 커피챗을 먼저 했는데, 저자는 한 시간 반 동안 커피챗 참여자인 스타트업 대표의 입장에서 세컨드 펭귄을 찾기 위한 고민, 세컨드 펭귄으로 살아남고 성장하기 위한 고민에 대해서 다각적으로 답변해 주었다.

이 책에 딜로이트 컨설턴트, 쿠팡 전략팀, 뤼이드 COO, 백패커 CSO를 거치며 쌓은 저자의 경험치들이 너무나 잘 담겨 있어서 형광펜으로 줄을 그으며 읽었다. 자신이 알고 있는 걸 최대한 쉽게 알려

주겠다는 마음이 느껴졌달까. 특히 3부 '세상 어디에도 없는 CSO의 비법 노트'에는 통계, 재무관리 내용이 실무에서 어떻게 활용되는지 구체적으로 나온다. 또한 데이터 기반 의사 결정, '틀리지 않는 세컨드 펭귄의 전략' 등이 잘 담겨 있다.

세상은 넓고 할 일은 많다. 그리고 세상에는 멋진 사람도 많고 배움은 끝이 없다. 스타트업을 이끄는 대표, 대표 못지않게 기업을 리드하는 세컨드 펭귄, 전략과 마케팅, CX 조직과 관련된 사람이라면 일독을 권한다. 나만 알고 싶은 책이지만, 저자의 내공을 다 풀어 주었으니 추천으로 보답한다.

_신지현(한국사회투자 ESG 기업 파트너십 팀장,
《한 권으로 끝내는 ESG 수업》 저자)

창업자보다
기업가형 인재가 되라

바야흐로 스타트업 전성시대다. '창업 권하는 사회'가 된 대한민국에서 성공한 창업자들은 미디어의 주목을 받고, 주변을 둘러보면 전도유망한 대학생들은 모두 창업을 준비하는 것 같다. 스타트업은 곧 창업자와 동의어인 것 같다.

그러나 창업자 혼자 스타트업을 성공시켰을 리 만무하다. 스타트업 세계의 99%는 창업자가 아닌 스타트업 멤버들로 구성되어 있다. 그럼에도 이들은 쉽게 주목받지 않는다. 그러나 스타트업 멤버 중 어떤 이들은 대다수 창업자보다 더 성공한다. 자기 역량으로 많은 연봉을 받으며, 창업자보다도 더 주도적이고 행복하게 살아가는 사람도 많다.

어떻게 이런 것이 가능할까? 나는 이것이 '세컨드 펭귄 전략' 덕분이라고 생각한다. 남극에 사는 펭귄의 먹이는 차가운 바닷속에 있다. 하지만 바닷속에는 펭귄의 무서운 천적인 바다표범도 있다. 모두가 머뭇거리는 가운데 용감하게 첫 번째 펭귄이 뛰어들면 그제야 다른 펭귄들도 하나둘씩 뛰어든다. 모두가 퍼스트 펭귄에게 환호를 보내지만, 정작 박수를 받을 펭귄은 굶주린 바다표범의 '첫 번째 식사'가 되어 사라지고 없다. 이것이 퍼스트 펭귄의 저주다.

오해가 없었으면 좋겠다. 스타트업에는 더 많은 퍼스트 펭귄이 필요하다. 그리고 이들은 충분한 보상과 대가를 누려야 마땅하다. 그러나 모두가 퍼스트 펭귄이어야 하는 것은 아니다. 영리한 세컨드 펭귄이 되어 위험을 낮추면서도 보상을 최대화할 수 있다.

이들은 평범한 펭귄과는 다르다. 첫 번째가 뛰어들 때까지 기다릴 줄 아는 인내심과, 때가 오면 과감하게 뛰어드는 리스크 감수 능력을 동시에 지녔다. 많은 사람이 스타트업에서 일하지만 세컨드 펭귄이 되는 이는 소수다.

"로켓에 자리가 나면 어느 자리냐고 묻지 마라. 그냥 올라타라." 스타트업 커리어에 관한 조언 중 가장 유명한 것이 아닐까 싶다.

요즘은 대기업에 들어가기만 하면 안정적인 직장 생활을 할 수 있다고 믿는 사람은 없는 것 같다. 큰 기계의 '부품'으로서 시키는 일만 하다가는 경쟁력을 갖추거나 성장하기는커녕 정년 전에 퇴직하는 경우가 부지기수다. 그제야 쫓기듯이 '창업'을 한다고 해서 없던 기업가 정신이 갑자기 생길 리 없다. 회사의 가호를 받다 사회에 홀로 나와 명함 떼고 진검 승부를 해야 하는 순간이 오면 그제야 자신의 실력이 어느 정도인지 여실히 드러난다.

　반면 스타트업에서는 경쟁력과 역량을 키울 수 있는 압축 성장의 기회가 주어진다. 팀원 한 명의 역량과 기여가 매우 중요하기 때문에 실력만 있다면 경험이나 나이가 많지 않아도 중책을 맡아 잠재력을 펼칠 수 있는 기회가 주어진다. 이러한 압축 성장의 기회가 있다면 반드시 잡아야 한다. 단, 자신이 준비가 되어 있다면.

　많은 사람이 로켓에 자리가 나면 서둘러 올라타려고 한다. 하지만 로켓의 속도가 얼마나 빠른지에 관해서는 생각보다 깊이 고민하지 않는다. 우주 로켓의 속도는 초속 10km로 심지어 총알보다 빠르다. 로켓이 지구 중력권을 벗어나기 위해 가속할 때 우주 비행사에 가해지는 중력의 힘은 지구에서와 비교하면 7배에 달한다. 숨 쉬는 것도 힘들어지는 것은 물론, 혈액이 하반신에 쏠리면서 시야가 흐려지거나 심하면 정신을 잃기도 한다.

　성장하는 스타트업에는 좋은 일만 있을 것 같지만, 내부에서는 끊임없는 인력 부족과 눈덩이처럼 불어나는 적자 규모, 지속적으로 바뀌는 조직과 리더, 매번 새로운 시도와 사업 들로 말 그대로 정신을 잃을 정도로 주변 환경이 빠르게 변해 간다. 그런 속에서 압축 성장을 하려면 말 그대로 우리를 압축하려는 것처럼 짓누르는 무시무시한 중력의 힘을 견뎌야 한다.

　더 나아가 로켓의 추진력을 받아 성장해 나가야 한다. 창업자보다 더 큰 오너십을 가지고 주도적으로 업무를 진행하며 자신만의 차별화된 역량과 경쟁력을 갖추고 회사를 성장시켜 나가는 '기업가형 인재'를 나는 세컨드 펭귄이라 부른다.

　이 책의 1부 '퍼스트 펭귄의 도약'에서는 스타트업의 어떤 특성이 창업자들에게 공통된 면모를 부여했는지, 그리고 이 특성들이 왜 스타트업에서 우월한 전략인지 밝힌다. 반면 창업자가 지닌 강점의 반대 급부가 때로는 스타트업을 위태롭게 할 수 있으며, 바로 그렇기 때문에 스타트업의 핵심 멤버인 '기업가형 인재'가 창업자를 보완하는 것이 스타트업의 성공 조건임을 역설한다. 마지막으로 창업자와 기업가형 인재가 역량이나 리더십 등에서 구체적으로 어떤 차이가 있는지, 어떻게 상호 보완할 수 있는지 밝힌다.

　2부 '세컨드 펭귄의 성장 공식'에서는 기업가형 인재가 구체적으로 어떻게 역량을 키우고 성장해 나갈 수 있는지에 관해서 썼다.

　시중에 나와 있는 대다수 책은 PO, 데이터 분석가, 그로스 해커(기존 마케팅의 콘셉트를 넘어 데이터를 기반으로 성장을 이끄는 신종 직군), HR 담당자, PR 담당자, 퍼포먼스 마케터 등 기능별로 입문자들에 초점을 맞춘 것이 많다. 또 업계에서 유명한 분들이 쓴 책은 지나치게 스토리 중심적이고 개념적이어서, 그런 시사점들이 개인의 성장과 역량 향상에 어떤 도움이 될 수 있을지 의문이 들 때가 많았다.

　스타트업에서 좋은 리더와 선배를 만나고, 심지어 그 사람이 내가 갖고 싶은 역량과 스킬 셋, 그리고 쌓고 싶은 경험과 커리어를 갖고 있을 확률은 거의 없다. 내가 그랬으니까. 이끌어 주는 이 없이 홀로 헤쳐 나가야만 했던 과거의 자신을 더욱 빠르고 탄탄하게 성장시킬 수 있는 매뉴얼을 작성한다는 마음으로 썼다.

커리어 조언부터, 구체적으로 문제를 정의하고, 가설을 세워 검증하고, 지표를 수립하고 개선하며, 리더십을 통해 팀을 이끄는 등 기업가형 인재로서 역량을 갖추고 성장하는 법에 관해 실제 경험했던 기업 사례를 들어 최대한 상세하게 풀어냈다.

3부 '세상 어디에도 없는 CSO의 비법 노트'에는 전략 컨설턴트 및 전략 기획, 데이터 분석가, COO, CSO로 일하면서 구축한, 실무적이고 역량을 쌓는 데 구체적으로 도움이 될 만한 나만의 '비기'들을 수록해 놓았다. 여기에 나오는 모든 내용은 내가 직접 일하면서 경험하고 깨달은 사실들을 틈날 때마다 정리해 둔 '비법'이며, 스타트업에서 일하고 있는 오늘도 유용하게 사용하고 있다.

스타트업 세계에는 정보가 넘쳐 흐른다. 블로그와 뉴스 레터와 팟캐스트 그리고 동영상 스트리밍을 통해 '한 가락' 하시는 분들이 메시지를 전한다. 그러나 외람된 표현이지만 모두가 아는 내용이 아닌 '자신만의 공식'을 말하는 분은 많지 않다.

예를 들어, 고객 LTV와 관련된 다양한 내용을 쓰는 사람은 많지만 그들이 실제로 한 번이라도 LTV를 기반으로 의미 있는 전략을 수립해 본 적이 있는지 의심스럽다. 그들이 이야기하는 내용을 기반으로 막상 분석을 하고 전략을 수립하려면 반드시 막히는 지점을 만나게 된다. 내용이 대부분 지나치게 이론적이고 개념적이기 때문이다. 업셀링(Upselling), RFM, 코호트(Cohort), 지갑 비중(Wallet Share) 등 모두 마찬가지다. 검색하면 나오는 내용은 많은데 실제 적용이 어려운 것은, 그들이 이러한 분석을 통해 직접 성과를 내 본 경험이 많지 않기 때문이 아닐까 조심스럽게 짐작해 본다.

3부에서는 내가 직접 만든 다양한 '핸드메이드 공식'이 나온다. 예컨대 시점에 따라 달라지는 고객의 생애 가치를 추정하는 '베이지안 LTV 공식'과 마케팅 비용을 최적화하는 'ROAS 공식', 그리고 시나리오별 리스크와 기댓값을 반영한 '시나리오 플래닝 기반 의사 결정법' 등이다.

또한 스타트업에서 신성시 여겨지는 고객 충성도 지표, 예컨대 NPS, Stickness 등이 어떤 경우에 큰 의미가 없을 수 있는지, 반대로 허상 지표가 의미 있는 경우는 언제인지, 산업과 비즈니스 모델과 수익 모델에 따라 중요한 지표가 어떻게 달라지는지 등을 다룬다.

요약하자면, 1부는 다양한 실례와 논문 등을 근거로 스타트업의 독특성과, 창업자와 기업가형 인재는 역량 및 역할에 어떤 차이가 있는지 밝힌다. 바로 본론으로 들어가 기업가형 인재로서 역량과 커리어를 쌓는 법에 관해 알고 싶다면 2부와 3부를 먼저 읽어도 좋다. 거두절미하고 실전에서 바로 써먹을 수 있는 나만의 무기가 필요하다면 바로 3부를 읽기 시작하는 것도 좋겠다.

차 례

1부

퍼스트 펭귄의
도약

2부

세컨드 펭귄의 성장 공식

3부

세상 어디에도 없는
CSO의 비법 노트

1부

퍼스트 펭귄의
도약

1부에서는 퍼스트 펭귄인 창업자와 세컨드 펭귄인 기업가형 인재의 차이점을 대조하여 밝힌다. 세컨드 펭귄 전략을 알기 위해서는 스타트업의 퍼스트 펭귄인 창업자의 특성을 이해하는 것이 먼저다. 언뜻 보기에 비합리적인 선택을 하는 것처럼 보이는 창업자들의 전략이 왜 성공적일 수밖에 없는지, 창업자의 특성과 스타트업계의 특수성을 통해 밝힌다. 또한 창업자를 성공으로 이끌었던 과거의 전략이 어떻게 이후 성장에는 걸림돌이 되는지 그 딜레마를 짚어 내고, 어떻게 세컨드 펭귄이 이런 딜레마 해결의 열쇠가 되는지 밝힌다.

1부에서는 함께 일했던 창업자들과 겪은 나의 사례들이 많이 나온다. 주관적 경험의 한계를 극복하기 위해 다양한 책과 논문, 이론을 많이 참고하여 논지를 전개했다. 요지를 파악하는 것도 의미가 있지만, 비즈니스에 접목할 수 있는 다양한 사례들이 읽는 재미를 더해 줄 것이다.

창업자들에 대한 평가처럼 읽힐 수 있는 내용이 종종 있지만, 창업자들에 대한 평가는 나의 능력 범위를 벗어나는 일일뿐더러 글을 쓴 의도도 아니다. 1부의 끝에 창업자들은 추가적인 사회 공헌이 필요하지 않고, 자신의 사업체를 운영하는 것만으로 소비자와 직원, 투자자와 사회에 유의미한 기여를 하고 가치를 창출하고 있다고 썼다. 이 말은 진심이다. 직업으로서의 창업자는 사회와 사람들에게 가장 직접적이고 실질적인 영향력을 끼칠 수 있는 숭고한 직업 중 하나라고 생각한다. 창업자들이 자신의 사명을 깨닫고 개인적 욕심을 넘어선 원대한 꿈을 꾸어 사회를 좀 더 나은 곳으로 만들어 주기를 바란다.

1. 창업자는 또라이다

내가 만난 네 명의 창업자

나는 컨설팅 펌에서 첫 커리어를 시작한 이후, 세 곳의 스타트업을 경험하면서 네 명의 창업자와 일하게 되었다. 실제 일했던 스타트업은 쿠팡, 뤼이드, 백패커 등 세 곳이지만, 그중 아이디어스를 운영하는 백패커에서 텀블벅을 인수하게 되어서 잠깐이지만 텀블벅의 창업자와도 같이 일할 기회가 있었다.

때로는 근거리에서 직접 소통하며 일하기도 했고, 때로는 먼 거리에서 창업자의 의사 결정 과정을 지켜보기도 했다. 각 창업자들은 외향/내향의 개인적 성향부터 선호하는 업무 방식과 가지고 있는 역량까지 천차만별이었다.

예를 들어 쿠팡의 김범석 대표는 열정과 추진력이 어마어마한 창업자다. 달변인 데다 카리스마도 있어 그가 연단에 올라 직원들에게 비전과 전략 방향성에 관해 이야기하면 직원들은 그 비전을 고스란히 가슴에 새긴다. 전략적 마인드도 뛰어나 그가 설립 초창기부터 제시한 쿠팡의 비전은 지금 이 순간에도 기업을 조금씩 나아가게 한다.

반면 백패커의 김동환 대표를 보고 외향적이라거나 달변이라고 평가할 사람은 많지 않을 것이다. 아니, 사실 대표임을 알아채는 사람도 별로 없다. 그는 사내에서 다른 직원들과 똑같은 책상에 앉아 '동환 님'이라 불리며, 사무실을 돌아다닐 때면 누구보다 빠르게 쓰레기를 줍고 스무 살 인턴에게도 겸손한 태도를 잃지 않는다. 고객을 향한 진정성 있는 태도와 마음으로 아이디어스의 '작가님'과 텀블벅의 '창작자'들을 위해 지금 이 순간에도 자신이 맡은 실무를 묵묵히 수행하고 있다.

이렇게 다양한 면모를 보이는 창업자들이지만 공통적인 특징이 있다. 아마 이 창업자들과 일해 본 적이 있는 나의 동료들이 본다면 이들 사이에 모종의 공통점이 있다는 말에 크게 놀랄지도 모른다. 그만큼 이들은 인간적으로 매우 다르다. 그렇기에 이들이 가지고 있는 창업자로서의 공통된 특성이 더욱 두드러지게 보인다.

스타트업계는 기본적으로 불확실성이 매우 큰 시장이다. 스타트업은 대부분 망한다. 국내 스타트업의 5년 차 생존율은 29.2%라고 한다.[1] 스타트업으로서 끊임없이 고민해야 하는 것은 '생존' 문제다. 데스 밸리라는 말이 있지만, 특정 구간을 넘었다고 안전한 것은 아니다. 창업 후 수년간 생존하며 수천억 원대의 투자를 받고 연간 수조 원의 거래액을 내는 스타트업도, 외부에서는 지속되는 적자로 인해 지속 가능한 모델인지 의구심을 표하기도 한다.

　반면 스타트업은 성공 가능성은 낮지만 전체적인 기댓값은 큰 시장이다. 마치 99개의 돌멩이와 한 개의 황금이 들어 있는 주머니와 같다. 한 번 뽑는 데 얼마의 비용이 드는지, 황금의 가치가 얼마일지에 따라 기댓값이 결정되겠지만, 확실한 것은 제대로만 뽑으면 가장 빠르게 성공할 수 있는 시장이라는 것이다.

　동시에 스타트업은 보상의 기울기가 큰 시장이다. 상위 참가자에게 돌아가는 비중이 상대적으로 작고, 나머지 참가자들에게 돌아가는 비중이 대체로 균등하다면 보상의 기울기가 작은 것이다. 반대로 보상의 기울기가 극단적으로 큰 시장은 승자 독식(winner takes all) 시장으로, 스타트업은 살아남아서 선두가 될 수 있다면 시장에서 차지할 수 있는 과실이 매우 크다. 이는 대다수 스타트업이 네트워크 효과에 크게 영향을 받는 비즈니스를 하고 있기 때문이다.

　비디오카세트 리코더 시장의 두 축을 이룬 VHS와 베타맥스의 표준 경쟁 사례를 보면 '가장 우수한 제품'이 살아남는 것은 아니라는 것을 알 수 있다.[2] 당시 전문가들은 베타맥스가 VHS보다 설계가 뛰어나고 가성비가 좋다는 데 의견을 같이했다. 베타맥스는 마케팅에 큰 비용을 들여 자사 제품의 우수함을 적극적으로 홍보했지만 소용이 없었다. VHS가 승리한 주된 이유는 네트워크를 잘 사용했기 때문이다. 품질이나 기능이 열위에 있더라도 중요한 네트워크 사이에서 먼저 큰 호응을 얻는다면, 더 우수한 경쟁 제품이 그것을 밀어내기가 힘들다.

스타트업들이 빠르게 시장을 선점하고 규모를 키우려는 것도 바로 이러한 이유 때문이다.

마지막으로 스타트업은 운이 크게 작용하는 시장이다. 컬럼비아 대학교 투자론 교수이자, 세계적인 복잡계 과학 연구 기관인 산타페 연구소의 이사회 의장 마이클 모부신은 어떤 스포츠가 운에 많이 좌우되는지를 조사했다.[3] 기본적으로 스포츠는 비즈니스보다 실력에 영향을 많이 받는 분야다. 경기 규칙이 명확하고 경기 시간과 참여자가 엄격하게 정해져 있다. 그럼에도 조사 결과, 스포츠 사이에서도 운이 작용하는 정도는 각기 다른 것으로 나타났다.

운과 실력의 스펙트럼에서 오른쪽 극단에는 운의 영향을 받지 않고 오로지 실력에 좌우되는 활동들이 있다. 달리기와 수영 등 신체 활동, 체스와 체커 등 인지 활동이 여기에 해당한다. 왼쪽 극단에는 실력의 영향을 받지 않고 오로지 운에 좌우되는 활동들이 있다. 룰렛과 복권 등이 여기에 해당한다.

스포츠는 대부분 스펙트럼의 중간 어디쯤에 있는데 이 중 테니스는 주로 실력이 승패를 좌우하는 게임이다. 정상급 남자 프로 선수가 5세트 경기를 벌이면 주고받는 타구는 600개가 넘어간다. 이는 실력이 뚜렷이 드러날 만큼 표본이 크다는 뜻이다. 실제로 일류 테니스 선수들의 랭킹은 연도가 바뀌어도 그대로 유지되는 경향이 있다.

반면, 야구에는 운이 큰 영향을 미친다. 투수가 아무리 공을 잘 던져도 동료 선수가 잘 받쳐 주지 못하면 패배할 수 있다. 타자가 때린 공은 날아가는 방향의 미묘한 차이에 의해 안타가 되기도 하고 아웃이 되기도 한다. 그렇기 때문에 한 시즌 162게임을 치르는 동안 1위 팀의 승률이 60%가 넘는 경우가 드물다.

스포츠는 대부분 과거 활동이 미래 활동에 영향을 미치지 않는다. 즉, 게임 간에 독립성이 높다. 그래서 성과는 주로 실력에 좌우된다. 반면 경쟁자와 상호 작용을 하게 되는 비즈니스 환경에서는 운이 작용할 여지가 크다. 앞서 살펴본 것처럼 실력의 영향력이 크게 작용하려면 경쟁자들 간의 상호 작용 빈도가 높아서 표본의 규모가 커져야 하는데, 스타트업의 평균 수명은 매우 짧은 편이라 운이 미치는 영향이 상대적으로 높다.

특히 스타트업은 기술과 모바일 혁신의 중심에 있어 소비자들의 이동이나 대체 기술의 등장, 인수 합병 등으로 인한 시장과 기업의 변화 속도가 대기업 대비 매우 빠르다. 실제 스타트업 중에서는 특정 마케팅 활동을 통해 갑자기 인지도가 올라가 시장을 점유한 사례가 있는가 하면, 창업자의 사적 활동이 언론에 보도되어 갑작스레 쇠퇴를 겪는 등 예상치 못한 외부 변수에 특히 취약하다.

이 밖에도 스타트업에서는 VC(Venture Capital, 벤처캐피털), PE(Private Equity, 사모 펀드) 등 투자자가 매우 중요한 역할을 하고 있다. 성장하는 스타트업에 유망 VC가 투자하면 성공한다는 말이 있을 정도다.

즉, 스포츠에 비해 비즈니스는 운이 미치는 영향력이 상대적으로 크며 그중에서도 스타트업에는 운이 매우 큰 영향을 미친다고 볼 수 있다.

딜로이트컨설팅의 마이클 레이노어는 성공 가능성이 가장 큰 전략은 실패 확률 또한 가장 높다는 '전략의 역설'을 발견했다.[4] 스타트업에 서야말로 성공 확률이 가장 낮은 과감한 전략이 역설적으로 성공 가 능성을 가장 높여 준다. 이는 평범한 사람들이 쉽게 받아들이기 어려 운 사실이다. 우리는 항상 과신은 위험하며 신중하게 행동하는 것이 미덕이라 배웠기 때문이다.

이는 필연적으로 창업자들이 가지고 있는 가장 중요한 공통점에 대해서도 말해 준다. 창업자들은 낙관을 가지고 생존 가능성이 낮은 절벽 꼭대기에 서서 신뢰의 도약을 하는 퍼스트 펭귄이다.

비전펀드는 2022년 2분기 실적 발표에서 한화로 30조 원이 넘 는 사상 최대의 순손실을 기록했다고 밝혀 시장에 충격을 안겼다. 이 금액이 어느 정도인가 하면 2017년 첫 비전펀드 출시 이후 쌓아 왔던 모든 이익을 상회하는 규모다. 비전펀드 손정의 회장은 실적 발표 날 "지난 분기에 2조 엔의 적자가 났기 때문에 올 상반기 총 5조 엔의 적 자"라며 "작년에 큰 이익을 냈을 때 스스로 제일 잘난 줄 알았던 게 지 금 와서는 굉장히 부끄럽다"라고 말했다.

손정의 회장이 어떤 사람인가. 승승장구하던 시절의 그는 과감 하고 대담한 승부사로 야후, 알리바바, 쿠팡 등에 거대 규모의 투자를 연이어 성공시켜 세간의 칭송을 받았다. 즉, 과감한 베팅으로 정상까 지 올라온 사람이 바로 자신의 과신과 담대함이 주요 실패 원인이라고 고백한 것이다. 여기에 과신에 대한 중요한 교훈이 있다.

카네기멜론대학교의 돈 무어 교수와 오하이오주립대학교 폴 힐리 교수의 연구에 따르면 과신은 다음의 매우 다른 세 가지 편향을 말하는 데 사용되어 왔다고 한다.[5]

첫째는 정확성 과신(overprecision)으로, 자신의 신념이나 판단이 옳다고 과도하게 확신하는 경향이다. 예를 들어, 주가가 특정 방향으로 향할 것이라고 과신하는 투자자들이 이에 해당한다.

둘째는 과대평가(overestimation)다. 절대적인 능력이나 결과에 대해 지나치게 긍정적인 예측을 하는 경향이다. 예컨대, 보통 6개월 정도 걸리는 프로젝트를 3개월 만에 할 수 있을 거라고 자신하는 프로젝트 매니저가 이에 해당한다.

셋째는 우월 인식(overplacement)으로, 상대적으로 나 자신 또는 내가 속한 집단이 남들보다 더 뛰어난 역량을 가지고 있으며 더 나은 성과를 낼 수 있다는 믿음을 갖는 경향이다. 스웨덴의 심리학자 올라 스벤슨은 미국 운전자 중 93%가 자신의 운전 실력을 평균 이상이라고 평가했다고 밝혔는데, 우월 인식이 바로 이에 해당한다. 모두가 평균 이상이라 믿는 이 편향은 사실 꽤 유명하지만, 여기에는 사실 잘 알려지지 않은 모순이 있다.

스위스 국제경영개발대학원의 로젠츠바이크 교수는 이 실험을 재현했다. 기업 임원 400명에게 '운전자로서 자신을 평가'하라고 했더니 역시나 71%가 자신을 평균 이상이라고 평가했다. 그는 같은 설문지에서 '초상화를 얼마나 잘 그리는가'에 대해서 물어봤다. 그러자 이번에는 과반수인 59%의 임원이 자신을 평균 이하로 평가했다. 임원이라면 평범한 사람들보다 상대적으로 더 자기 확신이 강한 사람들일 텐데 어찌 된 일일까?

이 모순은 이렇게 설명할 수 있다. 운전은 우리가 일상적으로 익히고 수행하는 업무다. 좁은 도로도 불편 없이 갈 수 있고 평행 주차도 능숙하게 한다면, 자신의 실력이 평균 이상은 된다고 무리 없이 평가했을 것이다. 한편 초상화 그리기에 대해서는 대다수 사람이 자신의 역량을 평가할 근거 자체가 매우 부족하다. 기껏해야 어린 시절 학교 미술 시간에 배웠던 것이 전부일 것이다. 그리고 그때 마주한 자신의 그림 실력은 확실히 뛰어나진 않았을 것이다. 반면 성인이 된 이후 우리가 보게 된 그림은 상당한 수준의 그림일 가능성이 높다. 즉, 자신의 그림 실력을 평균 이하로 판단하는 것이 상식적인 판단이다.

이는 일종의 가용성 편향(availability bias)에 가깝다. 쉽게 접근할 수 있는 정보나 머릿속에 쉽게 떠오르는 정보를 기반으로 편향된 판단을 내리는 경우를 말한다. 노벨 경제학상을 수상한 미국 시카고대학교의 리처드 세일러 교수는 '총기 사건으로 인해 살해된 사람이 많을까, 총기로 자살한 사람이 많을까?'라고 미국인들에게 물었다. 대부분은 살인이 더 많다고 대답했지만, 실제로는 총기 자살의 비중이 살인보다 1.3배나 더 많았다.

세일러 교수는 이렇게 정반대의 결과가 나온 가장 큰 이유로 미디어의 노출 빈도를 꼽는다. 미디어에서 총기 살인, 특히 대규모 총격 사건을 더 자주 다루기 때문에 총기 자살은 쉽게 떠올리지 못해 발생 빈도를 과소평가하는 것이다. 결국 자신의 역량과 성공 가능성을 평균 이상으로 판단하는 과신 문제는 '우월 인식'이나 '과대평가' 때문이라기보다는 '가용성 편향' 때문인 경우가 더 흔하다는 것이다.

창업자의 비전과 매력

스타트업 창업자들에게 이런 종류의 과신, 즉 '정보가 부족하기 때문에 갖는 자연스러운 자신감'은 필수적이다. 스타트업을 창업하고 경영하는 것은 모든 것이 낯선 새로운 영역이다. 회계 처리부터 사무실 관리, 영업, 채용과 보상, 마케팅, 제휴, 투자 등 10년 이상 회사 생활을 한 경력자라 할지라도 반드시 모르는 영역을 만날 수밖에 없다. 한 창업자의 말이 기억난다. "아무것도 몰랐기 때문에 무식하게 창업했던 것이지, 잘 알았더라면 절대 창업하지 않았을 것"이라고 웃으며 이야기했었다. 창업자 대부분은 몰랐기 때문에 과감했고, 그렇기 때문에 현재 위치까지 올 수 있었다고 답한다.

창업이란 매우 힘든 과정이다. 밖에서 보기에는 성공한 스타트업이라 할지라도, 내가 근거리에서 지켜본 창업자들은 힘들 때마다 몇 번이나 다 포기하고 도망치고 싶은 내면의 비밀스러운 욕구를 발견하곤 당황해하는, 그런 자신의 모습에 또 부끄러워하며 일종의 죄책감까지 느끼는 갈대 같은 존재들이었다.

대체 왜 그렇게 힘든 길을 가느냐고 누군가 묻는다면, 아마 다양한 답이 나올 것이다. 누군가는 '세상을 바꾸는 멋진 이상과 비전'을 이야기할 것이고 누군가는 창업이 '가장 빠르게 부자가 되는 길'이기 때문이라고 대답할 수 있다. 내가 창업자들을 옆에서 지켜보며 내린 개인적인 결론은 '그냥 하고 싶어서'다. 특정 제품 또는 서비스를 만들어 보고 싶어서, 멋진 문화와 탁월한 역량을 가진 조직을 이끌어 보고 싶어서, 내가 회사의 주요 의사 결정을 내리고 싶어서 등이다.

창업자는 빈 두 주먹과 비전을 가지고 회사를 창업한다. 아직 프로덕트나 심지어 투자 유치 자료도 없는 경우가 부지기수다. 그러나 구체적인 계획이 있어야 창업을 하거나 투자를 받는다고 생각하면 착각이다. 내가 아는 한 똑똑한 컨설턴트는 창업의 꿈을 이루기 위해 1년 이상 시장 조사를 하고 프로덕트 기획부터 초기 수익 모델과 이후의 피버팅(pivoting)과 성장 전략, 인수 합병 및 상장 전략까지 모든 계획을 다 수립했지만, 결국 초기 투자를 받지 못했고 끝내 창업을 하지 못했다. 오히려 거칠고 모호한 계획이 더 좋을 수도 있다. 합류한 동료들이 각자의 꿈을 얹어서 같이 꿈꿀 수 있기 때문이다. 초기부터 구체적인 계획을 불변으로 고정해 놓으면 그만큼 가슴이 뛸 영역이 사라진다.

초기 팀원들의 합류 이유는 결국 창업자의 비전과 매력이다. 젊은 패기를 가진 재야의 고수들이 단지 재밌어 보여서 뛰어들기도 하고, 초기 스타트업 특유의 활기 넘치는 문화와 역량 있는 선배들에 이끌려 갓 대학을 졸업한 학생들이 합류하기도 한다. 초기 스타트업은 창업자의 스토리와 비전이 핵심이다.

텀블벅의 창업자

텀블벅 창업자 염재승 대표의 창업 스토리는 전설적이다. 그는 한국
예술종합학교 재학 시절 영화를 공부하며 영화 제작에 필요한 자금을
모으는 방법을 고민하다가 2011년 '창작자를 지원하는 크라우드 펀
딩 플랫폼' 텀블벅을 창업하게 되었다. 백패커는 텀블벅 창업 10년 차
인 2020년에 텀블벅을 인수하게 된다. 텀블벅은 인수된 후에도 창업
자 아래에서 독립적으로 운영되었다.

　　몇 년간 텀블벅 사무실에 방문할 일이 없었는데, 창업자가 갑작
스레 사임 의사를 밝혔다. 급하게 나를 포함하여 김동환 대표 및 인사
담당자까지 총 3명이 텀블벅의 경영을 맡게 되어 을지로에 있는 텀블
벅 사무실로 출근하게 되었다. 우리에게나 텀블벅 멤버들에게나 참으
로 긴장된 첫 만남이 아닐 수 없었다.

　　인수 후 공식적인 자리에서 처음 만나게 된 염재승 대표의 첫인
상은 스타트업 창업자라기보다 신진 예술인에 가까웠다. 뒤로 넘긴
구불거리는 긴 머리와 보기 좋게 마른 몸에서는 예술인 특유의 어떤
단호함 같은 것이 느껴졌다. 그가 가진 섬세한 완벽주의자의 면모가
회사의 굵직한 제도부터 직접 짠 코드 한 줄에까지 녹아 있었다. 초기
부터 함께 일해 온 멤버들의 성향도 이와 비슷했다. 전반적으로 친절
하고 부드러웠으며, 때로 지나치다 싶을 정도로 타인을 배려하는 언
행이 회사 문화 전반에 자리했다. 10년 차를 맞이한 스타트업이 이토
록 일관된 문화가 있고, 초기부터 함께한 멤버들이 여전히 주축을 담

당하고 있는 경우는 생각보다 많지 않다. 텀블벅의 창업 비전이 사람들의 공감과 내면의 동기를 불러일으키고, 창업자의 인간적인 매력이 사람들을 끌어들였기 때문이라고 생각한다.

창업자들은 자신의 개인적인 꿈이 위대한 기업을 세우고 세상을 바꿀 것이라 믿을 만큼 미친 사람들이다. 연쇄 창업자 노정석 대표는 '한 명의 강력한 '또라이'와 그 '또라이'를 추종하는 소수의 팀원이 있는 회사에 투자한다'는 원칙을 가지고 있다고 한다. 결국 창업자는 전략적이거나 이성적이거나 심지어 합리적일 수 없다. 물론 전략 컨설턴트나 개발자 출신의, 냉정하고 이성적인 성향의 창업자도 있다. 그러나 그들을 움직이는 가장 큰 동기는 열정과 충동이다. 합리성은 그들의 가장 훌륭한 무기가 아니다. 따라서 창업자의 의사 결정을 합리적으로 만드는 조력자인 '기업가형 인재'의 역할이 매우 중요하다.

여기서 말하는 기업가형 인재는 소위 C-level이나 경영진만을 이야기하는 것은 아니며, 핵심 멤버로서 오너십을 가지고 주도적으로 업무를 수행하며 탁월한 역량으로 스타트업을 성장시키는 구성원 전반을 의미한다. 스타트업은 이 기업가형 인재들이 어떤 중추적 역할을 담당하는지에 따라 성공 여부가 결정된다.

창업자는 매일 빠듯한 일정으로 엄청난 양의 미팅을 소화해 내며 다양한 사안에 대해 짧은 시간 동안 공유받는다. 복잡한 문제에 관해 보고서 몇 페이지에 의지해 의사 결정을 내리는 경우도 많다. 이런 상황적 제약으로 인해 창업자는 때로 잘못된 의사 결정을 내릴 수도 있다. 이때 기업가형 인재의 역할은 무엇일까? 단순히 생각하면 창업자의 충동적이고 비합리적인 의사 결정을 바로잡는 것이라고 생각할 수 있지만, 그런 식의 단순한 견제 관계 설정으로는 결코 시너지를 낼 수 없다.

창업자가 신념을 가지고 과감하게 결정을 내릴 때 기업가형 인재가 해야 할 역할은 리스크 헤징이다. 창업자가 내린 의사 결정과 그가 추구하는 방향성이 회사의 존속을 위태롭게 한다고 판단되면 그것을 더 나은 방향으로 돌려야 한다. 이는 창업자의 과감한 시도를 막는 것과는 다르다. 리스크 분석을 통해 위험 요소를 최소화하는 방향으로 전략을 선회하거나, 혹은 특정 조건을 먼저 선결하고 나서 시도하는 등 시점과 조건을 조정하여 의사 결정을 고도화하고 개선하는 일련의 활동을 의미한다.

창업자인가, 기업가형 인재인가?

결국 성공하는 스타트업은 역량 있는 창업자만큼이나 기업가형 인재의 역할이 중요하다. 이러한 사실은 스타트업계에 있는 우리에게 굉장히 중요한 질문을 던진다.

"나는 창업자인가, 기업가형 인재인가?"

이는 양자택일의 문제라기보다는 스펙트럼상의 위칫값에 관한 것이고, 현재 나의 포지션과 관계없이 내 역량이 지향하는 방향성이다. 즉, 창업자이면서 기업가형 인재에 걸맞은 역량을 보유한 사람도 있고, 기업가형 인재이면서 창업자로서 더 적합한 역량을 가지고 있을 수도 있다. 중요한 것은 내가 현재 어떤 위치에 있으며 어떤 역량과 잠재력을 가지고 있는지를 이해하고 그것을 옳은 방향으로 발전시켜 나가는 것이다.

나 역시 비(非)창업자로서 스타트업에 뛰어들면서 기업가형 인재로 성장한 경우다. 사실 나에게 "왜 본인이 직접 창업하지 않으세요?" 하고 묻는 사람들이 많다. 어떤 투자 심사역은 감사하게도 창업만 하면 첫 번째 투자를 하겠다고 창업을 종용하기도 했다. 그러나 이렇게 스타트업에서 일하면서 역량을 키우고 성장하며 다양한 경험을 하는 지금이 매우 즐겁다. 충분히 역동적이면서 주도적이고 도전적이다.

창업도 항상 선택지로 가지고는 있었지만, 스타트업에서 일하며 창업자를 돕는 역할이 내게 잘 맞는다는 것을 깨달았고, 창업자보다 기업가형 인재로서 역량을 키우고 성장해 나가는 것에 대부분의 시간과 자원을 투입했다.

대학에서 경영학 수업을 들은 학생들은 '기업 경영'에 대해 배우지만 실상 그중 전문 경영인 또는 임원이 되는 경우는 1%도 되지 않는다. 스타트업 세계도 마찬가지로 창업자는 1% 미만이고, 스타트업 멤버들이 99%를 차지하고 있다. 모든 사람이 창업을 하는 것은 비현실적일 뿐만 아니라 자기 자신에게도, 사회 전반에도 바람직하지 않다.

여기 기업가형 인재로 성장해 가는 또 다른 길이 있다. 성공적인 스타트업에는 창업자에 준하는 역할을 하며 주도적으로 회사의 성장을 이끌어 내는 기업가형 인재가 도처에 있다. 이들은 종종 퇴사 후 창업을 하기도 하지만, 더 많은 경우 실력을 쌓아 자신의 역량을 펼칠 수 있는 기업과 필드에 가서 다시 탁월한 기업가형 인재로서 눈부신 성과를 낸다.

이 길에는 많은 장점이 있다. 창업자는 일단 기업을 세우고 나면 다른 기업을 선택할 수 없지만, 기업가형 인재는 자신에게 맞는 산업이나 조직 구조, 문화를 가진 기업을 자유롭게 선택할 수 있다. 자신의 커리어 목표에 맞는 역량과 스킬을 갈고닦기 위해 특정 기업과 조직에 합류해 성장해 나갈 수도 있다. 기업가형 인재가 반드시 창업을 할 필요는 없지만, 만약 창업을 하고 싶다면 유사한 산업군 내 기업 중 참고할 만한 조직에 들어가서 일하면서 노하우를 쌓을 수도 있다.

무엇보다 기업가형 인재는 적절하게 리스크를 감수하면서 성공률을 극단적으로 높일 수 있다. 만약 창업을 한다면 평균적으로 30% 미만으로 생존하겠지만, 기업가형 인재는 그보다 훨씬 더 큰 확률로 역량을 키우고 성장해 나가며 고연봉과 스톡옵션의 혜택까지도 누릴 수 있다.

하버드대학교의 티머시 버틀러는 기업가형 인재 수천 명을 조사하고 인터뷰하면서, 이들을 향한 고정 관념을 뒤엎는 몇 가지 공통점을 발견했다.[6]

우선 기업가형 인재들은 창업자들과 달리 위험을 선호하지 않는다. 다만, 위험을 좀 더 편하게 받아들인다. 필요한 경우에는 위험을 감수하며 이로 인해 지나치게 고민하거나 걱정하지 않는다. 전반적으로 불확실성을 보다 능숙하게 다루며, 새로운 경험에 대해 보다 개방

적이다. 호기심이 많고 학습 욕구가 뛰어나 잘 모르는 영역에도 두려움보다는 흥미를 더 많이 느낀다.

또한 이들은 권력욕이 많은 사람들이 아니었다. 즉, 하급자에게 존경을 요구하거나 권위를 기반으로 명령을 내리는 것을 좋아하지 않았다. 오히려 이들은 완성된 결과물에 대한 통제력을 갖고 싶어 했다. 이들에게는 프로젝트, 제품, 계획 등을 주도하는 것이 가장 큰 동기 부여 요소였다. 주인 의식이 필요한 상황에서 더 뛰어난 능력을 발휘하고, 이기심과 탐욕이 아니라 '가치 있고 유용한 것을 만들었다'는 자부심을 느끼기를 원한다.

또한 기업가형 인재는 창의력이 특별하게 뛰어나지는 않았다. 그 대신 이들은 탁월한 설득력이 있었다. 이들은 차분하고 지적인 태도로 조직 관련 이슈를 이야기하고 가능한 해결책을 제시한다. 모르는 것에 대해 솔직하게 인정하면서도 문제를 해결하겠다는 확고한 태도를 견지한다. 합리적인 근거를 가지고 사람들을 설득하고 따르게 한다.

반면 퍼스트 펭귄인 창업자의 필승 전략은 과단성이다. 특히 초기 데스 밸리를 지나 다음 단계로 넘어간 스타트업 창업자들은 생존 편향의 수혜자들이다. 이들이 내린 과감한 의사 결정과 전략적 결단은 결과적으로 '옳은 것'이 되었고, 이것은 창업자들이 가진 긍정적 환상을 더 강화하는 효과를 가져온다. 이로 인해 창업자의 비전을 추종하는 멤버들과 조직 전반에 기분 좋은 낙관이 학습된다.

그래서 초기 스타트업에는 일종의 종교와도 같은 컬트 문화가 생성되는 경우가 많다. 이런 문화는 스타트업에 필연적으로 찾아오는 역경의 시기들을 이겨 낼 수 있는 힘의 근원이 되어 준다. 예상치 못한 어려움이 닥칠 때 오히려 조직을 하나로 똘똘 뭉치게 해 주고, 풀기 힘든 문제를 만나면 밤새워 창의적인 해결책을 함께 도출하게 한다. 때로 패배하더라도 신뢰하는 동료가 있기에 좀 더 쉽게 회복할 수 있다. 스타트업처럼 실패 가능성은 크지만 기댓값이 큰 시장에서는 이런 창업자의 긍정적 환상이 이기는 전략인 것이다.

결국 창업자는 비합리적인 과단성을 가지고 결과적으로 합리적인 선택을 하게 된다. 그렇지만 바로 이들의 비합리성이 때로는 문제가 되기도 한다. 마셜 골드스미스의 책 가운데《당신을 여기까지 끌고 온 그것이 다음 단계로 넘어가게 해 주지는 않는다(What got you here won't get you there)》라는 책이 있다. 이 제목처럼 창업자를 생존과 성공으로 이끌었던 긍정적 환상이 다음 단계로 넘어서는 데는 역으로 걸림돌이 되기도 한다. 특히 스타트업 창업자는 매 성장 단계마다 맞닥뜨리는 변화의 속도가 매우 빠르다. 그렇다면 어떻게 이 딜레마를 풀수 있을까? 나는 창업자와 기업가형 인재의 균형과 협업이 이에 대한 해답이라 생각한다.

2. 모든 퍼스트 펭귄은 두 번째가 필요하다

스티브 잡스의 두 얼굴

IT 업계와 스타트업을 통틀어서 스티브 잡스만큼 많은 추종자를 거느리고, 여러 사람에게 영감을 불러일으키는 인물은 없다. 수많은 사람이 그에 대해 글을 쓰는 만큼 다양한 관점에서 그의 성향과 역량과 경영 스타일이 조망된다. 그에 대한 인물평은 크게 두 가지로 나뉘는 듯하다. 하나는, 독선적이고 고집 세며 자기도취적인 독재자다. 실례로 그는 엘리베이터에서 만난 직원에게 항상 "회사에서 하는 일이 뭐냐?" 하고 묻곤 했다. 직원이 뭔가 답을 하면 "그 일이 회사에 어떤 기여를 하고 있는가?" 하고 다시 질문했다. 만약에 직원이 이에 대답을 제대로 하지 못하면 잡스는 그 자리에서 직원을 해고했다.

다른 한편으로 잡스는 제품 개발 및 디자인에 있어 섬세한 감성과 창의적인 관점을 가지고 팀원들로 하여금 최상의 수준을 추구하도록 독려하는 혁신과 창의의 아이콘이다. 그의 주도하에 세상에 나온 아이팟과 아이폰, 아이패드 시리즈는 애플을 글로벌 시총 1위 기업으로 자리 잡게 하는 데 주요한 역할을 했다. 조너선 아이브와 팀 쿡 등 애플의 주요 경영진은 그와 함께 일한 경험을 "인생에서 가장 행복하고, 최고로 창의적이고 즐거웠던 시절"로 기억한다.[7]

사람은 누구나 여러 가지 면이 있겠지만, 그에 대한 두 가지 인물평은 너무 극단적이어서 이를 통합적으로 보는 것이 쉽지 않다. 이 차이는 사실 시간 차이에서 온다. 스티브 잡스가 자신이 창업한 애플에서 해고되고 다시 창업한 넥스트(NeXT)에서 상업적인 성공을 거두지 못했던 시절부터, 망해 가던 애플의 CEO로 다시 복귀하는 12년간 중대한 변화가 있었다.

잡스가 처음 애플을 창업하고 성공시킨 제품은 애플 II였다. 그러나 이후 출시한 애플 III와 리사, 매킨토시는 연달아 상업적으로 실패했다. 애플 III의 출시는 생각보다 오래 걸렸고 가격은 사람들의 예상보다 훨씬 비쌌다. 잡스가 소음 문제로 냉각 팬을 없애야 한다고 고집했기 때문이다. 냉각 팬 대신 알루미늄 합금 주조로 본체를 만들어 방열판 역할을 하도록 설계하다 보니 가격이 비싸진 것이다.

리사는 세계 최초로 상용화된 그래픽 인터페이스를 적용했지만 가격이 무려 9995달러였다. 게다가 외부 업체의 협력 없이 자체적으로 소프트웨어를 개발하려다 경쟁사인 마이크로소프트 PC에 비해 사용 가능한 소프트웨어가 극심하게 부족해졌다. 다시 말해 잡스는 자기 생각을 고집하다 상업적으로 철저하게 실패한 제품을 내놓고 만다. 그는 결국 이사회의 신임을 완전히 잃고 자신이 창업한 회사에서 해고되었다.

잡스가 애플을 떠나기 전 마지막으로 매달렸던 프로젝트는 매킨토시였다. 잡스는 매킨토시를 개발하는 자신의 팀원들을 '해적들' 또는 '예술가들'이라고 불렀고, 애플 II 프랜차이즈를 개발 중이던 팀들을 '지루한 해병'이라고 부르며 무시했다. 서로를 향한 불타는 적개심 때문에 두 팀이 각각 입주해 있던 건물 사이의 샛길은 '비무장 지대'라고 불렸다. 같은 회사 안에서 일어난 일이다.[8]

리사의 소프트웨어 부족으로 인한 실패를 번복하지 않고자 잡스는 마이크로소프트에 찾아가 빌 게이츠에게 매킨토시 전용 소프트웨어를 만들 것을 요청했다. 이에 더해 당시 최신 기술이었던, 제록스의 팔로알토리서치센터가 개발한 마우스와 그래픽 유저 인터페이스를 PC에 적용하는 혁신적인 시도를 했다. 하지만 애당초 애플 II의 절반 가격인 500달러에 출시하고자 했던 매킨토시는 결국 1955달러에 출시되었고 고객의 외면을 받았다.

픽사를 만나다

애플을 나와 넥스트를 창업한 잡스는 우연한 계기로 픽사에 1000만 달러를 투자하게 되었다. 지금이야 픽사가 애니메이션으로 유명하지만, 당시 픽사는 컴퓨터 그래픽 기술과 이미지 렌더링에 특화된 하드웨어 기술을 보유하고 있는 업체였다. 잡스는 애플에 복수하고자 최고의 컴퓨터를 만들겠다는 개인적인 이유만으로 픽사에 투자했다. 하지만 생각보다 고가였던 하드웨어와 소프트웨어는 적절한 시장을 찾지 못하고 난항을 겪었다. 악화하는 재정으로 인해 잡스는 점점 더 많은 돈을 투자했고 결국 그의 총투자액은 5000만 달러에 달해 잡스는 회사의 최대 주주가 되었다.

이후 거의 10년 동안 픽사는 수익을 내지 못하고 투자금만 까먹었다. 잡스는 픽사의 경영진과 이야기를 나누면서 서서히 픽사의 비전을 믿게 되었고 발전하는 컴퓨터 그래픽 애니메이션이 결국 시장을 지배할 것이라고 확신하게 되었다. 그는 자신이 영화에 대해서는 잘 모른다는 것을 인정하고 픽사의 경영진인 존 래스터와 에드 캣멀에게 전권을 넘긴 후 간섭하지 않았다.[9]

에드 캣멀은 한 인터뷰에서 잡스에 대해 다음과 같이 말했다.[10]

"애플이 성공한 뒤, 많은 사람이 그의 모난 성품이 애플을 성공으로 이끌었다고 여겼죠. 하지만 그게 아닙니다. 잡스는 스스로를 완전히 바꿨습니다. 내가 볼 때 그는 공감을 표현하는 능력이 조금 부족한 편이었어요. 그러나 픽사에서 일하는 동안 점차 다른 사람 말에 귀 기울이고, 공감하는 법을 익혔죠."

애플에 복귀한 후 얼마 되지 않은 1997년 WWDC(세계 개발자 콘퍼런스)에서 스티브 잡스는 한 참석자로부터 공개적으로 모욕적인 질문을 받는다.

"당신은 논점을 전혀 이해하지 못하며, 스스로 무슨 말을 하고 있는지 모르고 있는 게 명백하네요. 예를 들어 Java가 OpenDoc에 적용된 개념들을 어떤 방식으로 다루는지 이야기해 주세요. 그리고 그다음에는 지난 7년 동안 무엇을 했는지 알고 싶네요."

약 10초간 죽음과도 같은 정적이 흘렀다. 마침내 침묵을 깨고 잡스가 답한 내용은 전설적이다. '스티브 잡스 모욕 반응(Steve Jobs Insult Response)'이라는 제목의 이 유튜브 영상은 조회 수가 1200만 회를 넘었다.[11] 잡스가 답한 4분 정도의 내용을 요약하면 다음과 같다.

"변화를 추구할 때 어려운 점은 이분과 같은 사람들의 말이 일부 맞다는 것입니다. 그러나 진짜 어려운 것은 이러한 기술적 지적들을 어떻게 통합해서 위대한 제품을 만들 것인지입니다. 내가 배운 것은 우리는 언제나 고객 경험으로부터 시작해 역으로 기술 개발을 해야 한다는 것입니다. 기술 개발을 먼저 하고 제품을 팔려고 하면 안 돼요. 애플 직원들은 지금 이 순간에도 이를 위해 헌신적으로 일하며 노력하고 있고, 비록 우리가 완벽하지 않고 실수도 하겠지만, 나는 우리가 결국 목표하는 곳에 도달할 것이라 믿습니다."

유저 경험에 대한 선구적 관점과 아마존 제프 베이조스의 '유저로부터 거꾸로 일하기'의 개념을 이미 20년 전에 말하고 있는 통찰력은 차치하고서라도, 그가 한 개인으로서 모욕적인 질문에 차분하게 대답하는 태도를 보면 매우 놀랍다. 평범한 사람도 공개적인 무대에서 모욕적인 질문을 들으면 쉽게 답하기 어려울 것이다. 하물며 잡스는 25세에 애플의 기업 공개를 통해 2억 5000만 달러를 번 성공한 창업자였으며, 1995년 픽사의 기업 공개 당시 12억 달러의 픽사 주식을 보유한 성공적인 투자자이기도 했다. 그가 과거 성격적 결함으로 악명 높았던 사람인 것을 생각하면, 그의 이런 성숙한 대답은 더욱 놀랍다. 그의 성숙함은 개인적인 영역에만 머물지 않았다.

1996년 애플로 돌아온 잡스는 PC 시장에서 마이크로소프트와 전면전을 벌이는 것이 현명하지 않음을 깨닫고 상호 협정을 맺게 된다. 애플은 크로스 라이선스 딜을 통해 맥(Mac)용 MS 오피스(MS office)와 인터넷 익스플로러를 개발하게 된다. 마이크로소프트는 협업의 의미로 1억 5000만 달러에 해당하는 애플의 주식을 취득했고, 애플은 인터넷 익스플로러를 맥의 기본 웹 브라우저로 5년간 사용하는 데 동의한다. 사실 이는 PC 시장에서 마이크로소프트의 승리를 인정하는 제스처에 가깝다. 공개적으로 무시하고 혐오하던 빌 게이츠의 마이크로소프트와 협업하는 것은, 예전의 잡스였으면 상상도 못 할 일이다. 잡스는 이후 제품 개발에 있어서도 기존의 독선적인 관점을 버리고 포용적인 태도를 자주 보여 주었다.

2001년 아이팟이 처음 출시되었을 때 잡스는 아이튠스가 윈도우 PC에서 구동되는 것을 허용하지 않았고, 오로지 맥에서만 돌아가도록 했다. 당시 맥 유저가 많지 않았지만, 잡스는 아이팟을 통해 윈도우 유저들을 맥으로 끌어오고자 했다. 하지만 맥으로의 전환이 잘 일어나지는 않았고 아이팟 판매량도 저조했다. 이에 팀원들은 윈도우용 아이튠스를 출시하자고 주장했지만 잡스는 강하게 반대했다.

"죽어도 안 돼! 절대 안 돼. 우리는 맥을 팔아야 돼."

팀원들은 맥을 사용하는 유저는 제한적이기 때문에 고객이 있는 윈도우로 진출해야 한다며 지속적으로 잡스를 설득했다.

"스티브, 아이팟은 399달러예요. 하지만 실제로는 아니죠. 왜냐하면 아이팟을 사용하려면 맥을 사야 되니까!"

결국 지속적인 논쟁 끝에 잡스는 마지못해 아이튠스의 윈도우 출시를 허락했다. 그 이후로 아이팟의 판매량은 급등하기 시작했다.[12]

공전의 히트작 아이폰이 성공할 수 있었던 이유 역시, 단지 UX와 디자인이 환상적이어서일 뿐 아니라 앱 개발자와 수익의 70%를 공유함으로써 구축한 앱 생태계 덕분이기도 하다. 이는 리사 개발 때 모든 소프트웨어를 자체적으로 개발하려다 실패했던 잡스의 이전 행보와 대비된다.

창업자의 딜레마

이제 앞서 묘사했던 스티브 잡스의 양면적 면모를 통합할 관점이 생겼다. 그는 독재자적인 리더십을 기반으로 자신의 영감과 창의성을 마음껏 발휘해서 성공한 것이 아니라, 바로 그 편협함과 아집 때문에 자신이 가진 기회를 거의 날려 버릴 뻔하고 스스로 창업한 회사에서 쫓겨나기까지 했다. 하지만 픽사를 성공적으로 월트디즈니에 매각하여 천문학적 수익을 거둔 잡스는 달라졌다. 다양한 관점의 창의적인 아이디어들이 경쟁하며 최선의 결실을 이끌어 내는 리더십을 경험했다.

물리학자이자 창업자인 사피 바칼은 잡스가 픽사 팀과의 경험을 통해 조너선 아이브와 같은 '예술가'뿐만 아니라 팀 쿡 같은 운영 탁월성이 뛰어난 '병사'를 똑같이 사랑하는 법을 배웠다고 말한다. 잡스는 또한 자신이 잘 모르는 분야를 인정하고 받아들이며 참모진의 말을 듣는 법을 배웠고, 자신의 기준으로는 절대 허용하지 않았던 부분까지도 받아들일 수 있게 되었다.[13]

사실 창업자들은 자신의 배경이나 과거 경험에 따라 좀 더 중요하게 생각하는 부서나 기능이 있기 마련이다. 한 예로 뤼이드의 장영준 대표는 미국 메릴린치에서 수년간 인턴으로 일했다. 자연스레 금융에 대한 이해도가 높아졌고 실제 창업을 해서도 대표로서 자신의 역량과 역할을 투자자 관계 유지 및 펀딩 등의 IR(Invester Relations) 활동이나 기업 가치를 높이는 부분에 집중했다. 쿠팡의 김범석 대표는 창업 전 전략 컨설턴트로 일했으며, 쿠팡의 큰 전략적 방향성을 창업 초기부터 수립하여 IPO(Initial Public Offering, 기업 공개)까지 추진력 있게 밀고 간 전략통이다.

백패커의 김동환 대표는 창업 전 다음커뮤니케이션을 거쳐 스타트업인 인사이트미디어에서 일본 지사장까지 하면서 모바일 기획 및 마케팅 분야에서 역량을 쌓았다. 그는 백패커 창업 후 초기 3년간 투자 유치가 어려웠던 시기에 이러한 역량을 발휘하여 총 24개의 유료 앱을 론칭했으며 총 80만 다운로드를 기록했다. 이중 수면을 도와주는 굿슬립으로 애플 선정 '2013년 최고작' 유료 앱 1위에 오른다. 이때 확보한 자금뿐 아니라, 다양한 앱을 론칭하면서 쌓은 모바일 기획 역량과 마케팅 노하우가 현재 주요 서비스인 아이디어스를 성공적으로 운영하는 데 주요한 기반이 되었다고 생각한다.

반면, 창업자들이 가진 고유한 역량과 관점은 때로는 스타트업의 균형 잡힌 성장을 저해하는 요소가 되기도 한다. 예를 들면 뤼이드는 핵심 기술의 연구 및 개발을 통해 성공적으로 투자를 유치하며 빠르게 기업 가치를 성장시킨 반면, 수익성 높은 비즈니스 모델을 구축하는 측면은 다소 부족했다. 백패커의 아이디어스는 마케팅을 통해 독특한 핸드메이드 작품을 고객들에게 소구하여 빠르게 성장했지만, 프로덕트 디자인과 UX(User Experience, 사용자 경험) 측면에서 다소 아쉬움을 표하는 고객들이 있다. 심지어 스타트업 미디어 '아웃스탠딩'에서 아이디어스에 관한 기사를 냈는데 그 제목이 "구린데 왜 잘될까?"였다. 물론 자극적인 제목과는 반대로 내용은 '기자가 아이디어스를 직접 사용해 보면서 편견이 확 뒤집혔다'는 것이 주요 골자로, 전반적으로 우호적인 내용이다.

이는 창업자 개인의 역량이 부족하기 때문이 아니라 스타트업 특성상 창업자 한 명의 영향력이 매우 큰 반면, 그 한 사람이 가진 관점의 한계가 있기 때문에 발생하는 자연스러운 현상이다. 걸출한 인물인 스티브 잡스도 자신의 약점을 보완하는 데 20년 가까운 시간이 걸렸고 쓰라린 실패와 인고의 시간을 거쳐야 했다. 따라서 비교적 어린 나이에 창업하는 스타트업 대표가 가진 경험과 역량의 한계를 넘어서기 위해서는 그를 보완하는 기업가형 인재의 역할이 필수적이다.

3. 창업자는 직관으로 베팅한다

창업자의 필승 전략

앞서 스타트업 세계는 성공 확률은 낮지만 기댓값과 보상의 기울기가 매우 큰 시장이며, 운이 크게 작용하는 시장이라고 했다. 그렇기 때문에 스타트업에서 창업자의 과단성이 필수적이라고 했다.

앞서 언급한 필 로젠츠바이크 교수는 캐나다 대학생들의 모의 주식 투자 대회 결과를 소개하며 베팅의 중요성에 대해 말한다.[14] 그 대회의 우승자는 앨버타대학교의 3인조 팀이었는데, 이들은 10주 만에 거의 두 배에 달하는 엄청난 수익을 달성했다. 인터뷰에서 그들은 "공격적이고 가끔은 극도로 위험한 전략"을 구사했다고 인정했다. 경마로 치면, 이길 가능성이 가장 큰 말이 아니라 질 가능성이 커 배당이 가장 큰 말에 걸었다는 것이다.

창업자가 스타트업에서 선택할 수 있는 최고의 전략은 직관을 바탕으로 과감하게 베팅하는 것이다. 매켄지 컨설턴트였던 엘레나 보텔로는 10년간 2000명의 CEO와 1만 7000명의 C-level을 대상으로 한 평가 데이터를 통해, 성공한 CEO가 반드시 옳은 결정만을 해 왔던 것은 아니라는 사실을 밝혀냈다.[15] 오히려 성공한 CEO일수록 '옳은 의사 결정'보다는 '결단력 있는 의사 결정'을 더 많이 했다는 사실을 발견했다. 다른 사람들이 매번 옳은 결정을 내리고 싶어 하며 불안해하는 반면에, 과단성 있는 CEO는 불확실성의 바다를 항해하면서도 잘못될 수 있다는 사실을 인식하면서도 결정을 내린다.

결단력 있는 CEO들은 좋은 실적을 낼 확률이 12배나 높았다.[16] 이들은 '이른 시기에, 빠르게, 확신을 갖고 결정을 내리는 것이 성공의 열쇠'라고 스스로 평가했다. 혁신에는 속도와 결단력이 필요하기 때문이다. 연구자들은 "상대를 설득하는 일에 모든 힘을 쓰면 정작 기업을 혁신할 힘은 남아 있지 않게 된다"라고 말했다.

스타트업을 운영하는 창업자는 자신의 직관을 신뢰해야 한다. 때로는 데이터나 시장의 기존 인식보다 직관이 앞서는 경우도 있다.

버나드 메이도프는 미국 역사상 최대의 폰지 사기로 악명 높은 경제 사범이지만 사실 그는 사기 사실이 밝혀지기 전까지 존경받는 거물이었다. 전 나스닥 회장이자 증권산업협회 이사회 멤버였고 훌륭한 인격자로 평가받았다. 그런 그의 사기 행각을 처음 밝힌 것은 금융 분석가 해리 마르코폴로스였다. 그는 메이도프를 미 증권거래위원회에 신고했지만 위원회에서는 그를 허위 신고자로 취급했다. 그는 무명인 데다가 거물인 메이도프가 그의 투자 산업 내 경쟁자라는 사실이 신뢰도를 더욱 깎아내렸다. 마르코폴로스는 무려 10년간이나 메이도프의 뒤를 좇으며 증거를 수집했고, 2008년 메이도프가 자수할 때까지 경고하기를 멈추지 않았다.

흥미로운 사실은 마르코폴로스는 메이도프의 헤지 펀드에 대한 공개 자료를 보자마자 몇 분도 안 돼 뭔가 이상하다는 사실을 알아챘다는 것이다. 수익 추세 그래프가 45도 그래프로 꾸준히 상승했는데, 금융권에서 그런 상황은 거의 존재할 수 없다. 게다가 그는 펀드가 사용하는 전략을 잘 알고 있었는데, 설명에 적혀 있는 방식은 형편없게 설계되어 어떻게 작동하는지 이해가 안 되었다. 하지만 그는 어떤 속임수를 쓰고 있는지는 눈치채지 못했다. 그저 속임수가 있다는 것을 알 뿐이었다.[17]

이렇게 직관은 순식간에 우리를 통찰로 이끈다. 직관은 때로 우연히 오기도 한다. 그러나 창업자에게 있어 결단력의 바탕이 되는 직관은 더 많은 경우에 의도를 가지고 수행해 내는 역량에 가깝다.

직관은 역량이다

일본의 진주만 공습은 제2차 세계 대전에서 가장 충격적인 전쟁 중 하나다. 이 공습으로 세계 최강국 중 하나였던 미국의 전함 4척이 격침되고 188대의 항공기가 파괴되었으며, 약 2400명의 미군이 사망했다. 이로 인해 미국은 중립을 깨고 제2차 세계 대전에 참전했으며 전쟁은 세계로 확대되었다.

어떻게 미 해군은 그렇게 처참하게 패할 수 있었을까? 사실 여기에는 기존 해전에 대한 군사 전문가들의 고정 관념을 완전히 바꾼 중대한 전술이 있었다.[18]

전투기들은 군함을 공격하기 위해 공중에서 어뢰를 바다로 떨어뜨리는데, 이때 일정 깊이의 수심이 필요하다. 충분히 깊지 않으면 높은 고도에서 떨어뜨린 무거운 어뢰가 바닥에 처박힐 것이기 때문이다. 당시 군사 전문가들은 수심이 최소 30미터는 넘어야 어뢰 공격이 가능하다고 믿었다. 그런데 진주만의 평균 수심은 12미터에 불과했다. 미 해군은 자신들의 함대가 어뢰 공격에서 안전할 것이라 믿었기 때문에 방비를 제대로 하지 않았다.

당시 일본의 제독 야마모토 이소로쿠는 이런 심리적 허점을 파고들었다. 일본군은 어뢰가 수직 강하하지 않도록 와이어를 사용해 어뢰의 앞부분을 들어 올려 가능한 한 수평 상태로 착륙시켰다. 동시에 나무로 된 꼬리 날개를 어뢰에 달아 너무 깊이 내려가지 않도록 했다. 일본군의 항공 모함에서 출격한 비행기 353대가 쏟아 낸 저심도 어뢰가 무방비 상태의 미 전함 8척 모두를 타격했다. 그중 넷이 침몰했고 나머지도 심각한 손상을 입었다.

사실 저심도 어뢰를 최초로 전술에 적용한 것은 일본군의 진주만 공습이 아니라 대영제국이 이탈리아를 상대로 벌인 '타란토 전투'에서였다. 진주만 공습 약 1년 전인 1940년 대영제국은 항복한 프랑스 때문에 홀로 독일, 이탈리아, 일본과 싸워야 했다. 당시 영국군이 이집트에 있는 자군에 물자를 보급하는 데 지중해에 자리 잡은 이탈리아 함대가 방해가 되었다. 이에 영국은 이탈리아 해군의 제1전대를 공격하는 '심판 작전'을 펼치게 되었다. 당시 1전대는 이탈리아 동남쪽 안쪽에 있는 타란토항에 안전하게 피해 있었다. 타란토항의 수심은 12미터 밖에 되지 않았기 때문에, 이탈리아 해군은 자신들의 함대가 항공 어뢰로부터 안전하다고 믿었다. 영국군은 역사상 최초로 항공 모함만을 사용한 공습전을 시작했고, 한 시간도 안 돼 저심도 어뢰를 통해 이탈리아 함대 절반을 6개월간 못 쓰게 만들었다.

이 천재적인 전술로 인한 승전 소식이 세계에 퍼져 나갔지만, 그것을 직관적으로 이해하여 실제 적용까지 이끈 것은 야마모토가 유일했다. 충격적인 사실은 진주만 공습 당시 미 해군 작전 사령관이었던 해럴드 스타르크 제독도 저심도 어뢰의 함의를 알고 있었다는 것이다.

그는 타란토 전투 2주 후에 한 장의 메모를 작성했는데, 거기에는 '만약 일본과 전쟁이 발발한다면 진주만에 있는 함대에 대한 기습 공격으로 교전이 시작될 가능성이 농후하다고 판단된다'고 쓰여 있었으며 항만 내부에 방뢰망(어뢰를 막기 위한 그물)을 설치하는 것이 바람직할 것 같다는 제언까지 적혀 있었다. 하지만 스타르크는 진주만 공습의 책임을 지고 1942년 해군 작전 사령관에서 해임되었다. 그는 결국 저심도 어뢰에 대한 방뢰망을 구축하지 않은 것이다.

직관은 통찰로 이끌어 주는 강력한 도구가 되지만, 그것을 사용하는 것은 역량이다. 좋은 선례와 벤치마킹 대상은 세상에 널려 있다. 오히려 너무 많은 아이디어가 있기 때문에 그중에서 어떤 것을 선택하여 수용하여 발전시킬지가 문제다.

성공하는 스타트업은 좋은 아이디어로 성공한다고 세간에 알려져 있는 경우가 많지만 이는 사실이 아니다. 지난 10년간 꾸준히 핸드메이드 이커머스 서비스들이 출시되었다 사라졌고, 생존한 서비스는 아이디어스가 유일하다. 심지어 11번가도 2022년에 핸드메이드 카테고리에 진출했지만 지금은 사라지고 없다.

쿠팡만 해도 처음 소셜 커머스 시장에 진출했을 당시 같은 비즈니스 모델을 가진 업체가 수십 개였으며, 소셜 커머스의 원조인 그루폰은 한국 사업을 철수하기까지 했다.

창업자의 역량은 아이디어 그 자체가 아니라 주어진 정보와 사례를 통합하여 통찰로 이끌어 내는 직관이다.

직관은 데이터의 한계를 돌파한다

황열병(yellow fever)이 처음 발견되었을 때, 의료계는 이 병이 공기를 통해 퍼지는 것이라고 확신했다. 그러나 쿠바 의사인 카를로스 핀라이는 우연한 계기로 황열병이 '빨간집모기'를 통해 옮는 것이라고 생각하게 되었다. 모기가 살기 어려운 고지대에서나, 모기가 없는 추운 겨울에는 사람들이 황열병에 걸리지 않았기 때문이다.

사람들은 핀라이를 '모기 인간'이라고 부르며 미친 늙은이로 취급했다. 그는 자신의 주장을 고집하다가, 결국 1881년에 건강한 사람에게 모기를 통해 황열병을 옮기는 실험까지 하게 된다. 황열병 환자를 문 모기가 건강한 사람을 물게 한 것이다. 그러나 모기에 물린 사람 중 한 명도 황열병에 걸리지 않았다. '모기 가설'에 회의적이었던 의료계는 가설에 반하는 완벽한 데이터를 찾았다고 결론 내렸다.

미군 의사였던 월터 리드는 1900년에 황열병을 연구하다가 흥미로운 사례를 만나게 된다. 황열병 환자가 있는 배가 정박하면 즉각적으로 감염 사례가 보고되어야 하는데, 12일에서 3주 정도는 전혀 감염 소식이 없다는 것이었다. 그는 모기가 전염되고 황열병이 본격적으로 발병하기 전 일정 기간의 잠복기가 필요한 것은 아닐까 하는 가설을 세웠다.

리드는 조수인 레지 라지어와 제임스 캐럴의 동의를 받아 황열병 환자를 문 모기가 12일이 지난 후에 그들을 물게 했다. 앞서 핀라이가 시도했던 것과 동일한 시험이지만, 잠복 기간만 추가한 것이다. 이번에는 실험이 성공해서 둘 다 황열병에 걸렸다. 너무나 '성공적'이어서 라지어는 생명을 잃고 말았고, 캐럴은 고열로 사경을 헤매었다.[19]

이처럼 데이터는 완전하지 않다. 옳은 직관을 잘못된 방향으로 인도하기도 한다. 데이터는 결국 과거에 일어난 일을 보여 주는 것에 불과하며 그마저도 완전하지 않기 때문에, 직관이 앞서서 데이터를 이끌어야 한다. 스타트업에서는 고정 관념이나 기존 데이터가 때로 혁신의 걸림돌이 되기도 한다. 도무지 풀릴 것 같지 않은 문제를 두고 고군분투하고 있을 때, 직관은 때로 번개처럼 출구로 향하는 길을 비춰 준다. 네덜란드의 심리학자 아드리안 드그루트는 이를 '창의적 절망'이라는 표현을 써서 설명한다.[20] 적극적이고 의식적으로 문제 해결을 위해 통찰을 찾아 헤매는 의도적 과정을 말한다.

유리 산업의 선두주자인 코닝주식회사의 한 간부는 터빈 날개를 유리와 쇠를 융합하여 코팅하는 새로운 방법을 검토하고 있었다. 재료공학자들은 실험 데이터를 제시하면서 강하게 반대했다. 그렇게 융합하면 유리의 높은 열전도로 인해 온도가 과도하게 높아진다는 것이었다. 그 간부는 매우 아쉬워했다. 이 방법은 새로운 제품군을 만들어 낼 잠재력이 무궁무진했기 때문이다. 그는 이 데이터를 자세히 들여다보면서 재료 공학자들의 반대를 우회할 방법을 고심하기 시작했다. 그러다 그는 이 데이터가 도출된 유리의 특징을 발견했다. 유리 코팅이 두꺼웠던 것이다. 새로운 제품은 유리 코팅이 매우 얇았다. 어쩌면 열전도에 대한 기존 데이터가 이 정도로 얇은 유리에는 적용되지 않을 수도 있었다.

그가 옳았다. 얇은 유리 코팅을 대상으로 한 테스트에서는 열전도는 큰 문제가 아니라는 사실이 밝혀졌다.[21]

실제 성공하는 스타트업의 초기 이야기를 들어 보면 이런 일이 흔하다. 창업자가 가진 가설과 솔루션은 때로 시장에서 불가능한 것으로 평가받거나 심하면 조롱까지 받는다. 그러나 창업자의 직관은 의도와 가설을 가지고 고정 관념과 데이터를 뛰어넘는 통찰을 발휘하여 끝끝내 시장의 의구심을 뒤엎고 성공하곤 한다.

게리 클라인은 직관을 '자연주의 의사 결정론'이라는 과학적 방법론으로 격상시킨 심리학자다. 그는 한 소방대장 이야기를 통해 놀라운 직관의 세계를 소개한다. 화재 현장으로 출동한 소방대장은 불이 난 곳이라고 들었던 집 뒤편 부엌으로 갔다. 그리고 소방 호스로 물을 살포하기 시작했다. 그런데 좀처럼 불길이 잡히지 않았다. 이 정도쯤 뿌렸으면 효과가 있어야 했는데, 불길은 더 뜨겁게 타오를 뿐 잦아들 기미가 없었다. 그는 '뭔가 이상하다'고 느꼈다.[22]

그 순간 갑자기 그의 머릿속에 전광석화와 같은 속도로 한 가지 생각이 떠오른다. 바로 '지금 당장 도망쳐야 한다'는 것이었다. 그는 즉시 대원들에게 어서 집 밖으로 나가라고 소리쳤다. 대원들이 건물 밖으로 나오자마자 그들이 서 있었던 바닥이 내려앉았다. 몇 초만 늦었어도 대원들은 무너진 바닥과 함께 불구덩이로 빠져 전원 사망했을 것이다. 알고 보니 화재의 진짜 근원지는 지하실이었다. 놀랍게도 소방대장은 그 집에 지하실이 있다는 사실조차 몰랐다.

후에 게리 클라인은 소방대장에게 도대체 어떻게 대피해야 한다는 생각을 떠올렸는지 물었다. 그는 기억을 더듬어 '이상하게 열기가 뜨겁고, 주변이 이상하리만치 조용했다'는 사실을 떠올렸다. 화재의 근원지가 지하실이었기에 불이 잡히지 않아 평소보다 더 뜨거웠고, 바닥이 화재의 소음을 차단하는 방음막 역할을 했기 때문에 조용했던 것이다.

의미심장한 점은 질문을 받기 전까지는 '왜 이상하다고 느꼈는지'조차 말로 표현하지 못했던 것이다. 즉, 소방대장은 수많은 화재 진압 현장 경험을 통해 화재 패턴을 몸으로 인지하고 있었다. 그런데 평소 패턴과 다른 느낌에 형용하기 힘든 불편함을 느꼈던 것이다. 이런 반복된 패턴으로 쌓인 경험은 놀랍도록 신속하게 올바른 의사 결정으로 우리를 이끈다.

직관은 많은 경험을 쌓은 전문가에게만 있는 특별한 재능이 아니라 인류의 생존에 도움이 되는 방향으로 진화된 시스템의 산물이다. 프린스턴대학교의 심리학 교수 알렉스 토도로프는 인간이 낯선 사람과 만났을 때 얼마나 안전한지 재빨리 판단하게 된 생물학적 근원을 탐구했다. 그는 우리가 낯선 사람의 얼굴을 흘끗 보고서 잠재적으로 중요한 사실 두 가지를 평가할 수 있는 능력이 있다고 말한다. 첫째는 상대를 얼마나 신뢰할 수 있는지 판단하는 능력이고, 둘째는 상대가 가진 장점을 파악하는 능력이다. 예를 들면, 강인한 사각 턱에 자신감 넘치는 웃음 같은 특징을 통해서 말이다. 물론 이러한 빠른 판단이 언제나 진실은 아니지만, 낯선 사람을 빠르게 평가하는 능력은 생존에 큰 이점이 된다.[23]

그렇다면 이러한 직관은 어떻게 획득하게 되는 것일까? 심리학자 티머시 윌슨은 어떻게 비명시적 학습이 일어나는지 실험을 통해 보여 주었다.[24] 실험 참가자는 네 개로 분할된 모니터를 보고 x가 나타난 면에 해당하는 버튼을 누르라는 지시를 받았다. 사실 x는 네 개가 아닌 12개의 보이지 않는 블록으로 나뉘어 있었고 복잡한 규칙에 따라 작동했다. 예를 들면 x는 같은 줄에 두 번 이상 나타나지 않았고, 세 번째 위치는 두 번째 위치에 따라 달라졌고, 네 번째 위치는 앞서 두 번의 시도에 따라 달라지는 등의 복잡한 규칙이다. 실험 참가자들은 이 복잡한 규칙을 무의식 중에 학습해서 버튼을 누르는 속도와 정확도가 서서히 올라갔다.

그러나 누구도 규칙을 말로 설명해 내지는 못했다. 이들이 규칙을 습득했다는 증거는 연구원이 갑자기 기존 규칙을 바꾸니까 참가자들의 실적이 떨어졌다는 것이다. 참가자들은 갑자기 자신들의 성적이 떨어졌다는 것을 알게 되었지만 그 이유는 알지 못했다. 그들은 자신들이 배운 규칙이 더 이상 작동하지 않는다는 사실 자체를 몰랐다. 그렇기 때문에 그들은 다른 이유를 찾았다. '갑자기 리듬을 잃었다거나' '화면에 나오는 불빛 때문에 방해받았다'는 등의 이유를 댔다.[25] 즉, 직관은 이성적으로 단번에 설명하기는 어렵지만 판단에 중대한 영향을 미치는 학습된 경험에서 나온다.

우리는 흔히 직관이 어떤 '감각'이라고 생각하는 경향이 있다. 하지만 직관적 판단은 속칭 '영장류의 뇌'인 전두엽의 전전두피질, 그중에서도 콧대 뒤쪽에 있는 작은 영역인 복내측 전전두피질과 관련 있다.[26]

동시에 직관은 완전히 이성만의 영역도 아니다. 우리는 흔히 감정이 이성에 반한다고 생각하지만, 감정은 사고와 의사 결정에 필수적인 요소다.

한 연구진은 참가자들에게 네 개의 카드 뭉치에서 하나를 선택하게 하는 실험을 했다. A와 B 카드 뭉치는 큰 이익과 손해를 보는 카드였고 계속 뽑다 보면 결국 손해를 보는 결과를 낳았다. C와 D는 작은 이익과 손해를 보는 카드였고 계속 뽑다 보면 약간 이익을 보는 결과를 낳았다.

연구진은 실험 참가자들의 피부에 전극을 부착해 특정 카드를 선택할 때 감정적 반응이 있는지를 체크했다. 참가자 대부분은 이내 A와 B 카드를 피하고, C와 D 카드를 뽑는 것을 선호하기 시작했다. 그런데 앞서 언급한 직관과 관련 있는 뇌 영역에 손상을 입은 사람들은 A와 B 카드를 생각할 때 감정 반응이 없었고 상대적으로 나쁜 결정을 반복적으로 내렸다.

즉, 직관은 우리를 감각적으로 불편하게 함으로써 무의식이 보내는 감정적 신호이자, 경험과 패턴 인식 능력을 바탕으로 신속하게 발휘되는 총체적인 판단과 의사 결정 과정이다.

언제 직관을 신뢰할 수 있을까?

직관은 이렇듯 무의식적이고 빠르게 상황을 판단하고 꽤나 정확하게 의사 결정을 내리는 데에 도움이 되지만, 명확한 편향이 있다. 노벨 경제학상을 수상한 심리학자 대니얼 카너먼은 우리의 사고를 빠른 직관적 사고인 시스템 1과, 느리지만 이성이 지배하는 시스템 2로 구분한다.[27] 그리고 우리의 일상에서 발생하는 수많은 편향을 하나씩 밝히며 이 모든 것이 시스템 1이 즐겨 사용하는 휴리스틱스(Heuristics), 즉 어림짐작 때문이라고 밝힌다. 대표적으로 '닻 내림 효과'가 있다. 이는 아무 상관 없는 숫자를 의미 있게 받아들여, 이를 기준으로 숫자를 추정하는 편향이다.

예를 들어, 한 그룹의 사람들에게 에베레스트산의 높이가 600미터 보다 높은지 낮은지, 얼마나 높다고 생각하는지 물었고, 다른 그룹에게는 1400미터보다 높은지 낮은지, 얼마나 높다고 생각하는지 물었다. 놀랍게도 전자의 대답 평균은 1300미터였고, 후자의 대답 평균은 2400미터로 무려 1000미터나 넘게 차이가 났다.

심지어 아무 의미도 없는 룰렛을 돌린 후에 질문에 답했을 때도, 룰렛의 숫자가 기준점이 되어 대답에 영향을 미쳤다. 일상에서 시스템 2가 쉽게 개입하지 않는 이유는 이러한 사고가 고도의 정신적 자원을 요구하기 때문이다. 앞서 '낯선 사람의 얼굴을 흘끗 보는 것만으로 신뢰성을 판단'할 수 있었던 실험처럼, 시스템 1은 거의 힘들이지 않고 자동적으로 작동한다. 이러한 '직관적 판단'은 수많은 소음 속에서 옳은 신호를 빠르게 포착할 수 있게 해 준다. 우리 모두 시끄러운 술집에서 옆 사람의 말을 전혀 의식하지 않다가도, 문득 자신의 이름이 들리거나 깊이 관심 있는 단어가 나오면 순식간에 그쪽으로 신경이 집중된 경험이 있을 것이다.

그렇다면 도대체 우리는 언제 직관을 신뢰할 수 있을까? 사실 '시스템 1의 편향'을 경계하는 대니얼 카너먼과 '직관의 힘'을 신뢰하는 게리 클라인은 서로의 의견 차에도 불구하고 이 직관에 대해 공동 연구를 했다. 이 연구의 부제가 의미심장하다. "동의하지 않는 것에 실패하기(Failure to disagree)"다.[28]

반대 입장에 서 있는 두 거장이 5~6년 동안 공동 연구하면서 수 없이 서로 반대하다가 '마침내 서로가 동의하는 부분에 도달했다'는 인터뷰를 보면서, 이 역시 한편으로는 대단하다는 생각을 했다.[29]

이 둘의 결론에 따르면 직관을 신뢰할 수 있으려면 두 가지 조건 이 필요하다. 첫째, 지식과 경험으로 예측 가능성이 큰 특정 구조하에 있어야 한다. 다시 말해, 동일한 원인이 대개 동일한 결과를 일으키는 규칙적인 환경이어야 한다. 만약 상황이 굉장히 불안정해 예측 불가 능성이 높고 타당성이 낮다면 직관을 신뢰해서는 안 된다. 예컨대 주 식 시장에서 특정 주식을 추천하는 중개인의 직관을 신뢰해서는 안 된다.

둘째, 의사 결정자가 자신의 판단에 피드백을 받을 수 있는 환경 이어야 한다. 또한 이 피드백은 신속하고 명확하게 와야 하며, 장기간 의 연습을 통해 이런 규칙성을 학습할 수 있는 적절한 기회가 주어져 야 한다. 항공기 성능 시험 조종사, 체스 선수, 회계사가 직관을 쌓기 에 가장 좋은 환경에 있다.

또한 의사, 간호사, 운동선수, 소방관의 세계 역시 복잡하지만 전 반적으로 규칙이 비교적 명확하고 질서 정연한 환경이기 때문에 어느 정도 직관을 쌓을 수 있다. 대개 이런 경험에 기반한 직관을 쌓는 데 는 오랜 시간이 걸린다. 여러 연구 결과에 따르면, 고난도의 체스 기 술을 익히려면 적어도 1만 시간의 집중적인 연습, 즉 하루 5시간씩 체스를 둔다고 가정했을 때 약 6년이 필요하다고 말한다. 규칙적인 환경에서 오랫동안 전문성을 훈련하면서 규칙성을 배운 전문가라면, 그의 직관을 믿을 수 있다.

반면 판사나 주식 투자자, 기업의 CEO가 직면하는 상황은 다르다. 이 분야의 '전문가'들은 자신들의 직관을 신뢰하지만, 실상 이런 환경은 복잡하고 예측이 불가능에 가까우며 피드백도 모호하고 지연된다.

스타트업 환경은 특히 수많은 참여자와 빠르게 변하는 트렌드가 결합된 복잡계에 가깝다. 창업자들은 이런 환경에서 직관에 기반한 과단한 결단을 내려서 성공의 사다리를 타고 올라온 생존 편향의 수혜자들이다. 이들의 판단과 예측은 과감하고 장기적이며 미래 지향적이지만 틀릴 때도 많다.

틀린 직관은 틀리기 전까지는 틀리지 않는다

경제 및 경영 환경처럼 수많은 의사 결정자가 참여하여 상호 작용하며 외부 환경에 지속적으로 영향을 받는 복잡계에서는 과도한 확실성이나 정밀성을 추구해서는 안 된다. 찰리 멍거는 막스 플랑크가 경제학을 배우려 했던 사례를 언급하면서 이런 태도를 경계했다.

"플랑크 상수를 발견해 노벨상을 받은 막스 플랑크도 한때 경제학을 공부하려 했으나 포기했습니다. 그는 역사상 최고 수준으로 똑똑한 사람이었는데 왜 경제학을 포기했을까요? 답은 그의 말에 들어 있습니다. '너무 어렵습니다. 최고의 해법조차 혼란스럽고 불확실합니다.' 질서 정연한 해법을 갈망하던 그는 결국 실망해 포기했습니다. 막스 플랑크조차 완벽한 질서에 절대 도달할 수 없다고 절감하고서 일찌감치 포기했다는 말입니다. 장담하건대 여러분도 결과는 모두 똑같을 것입니다."[30]

컨설팅 프로젝트 중 기억에 남는 프로젝트가 있다. 서울에서 실속 있는 규모의 테마파크를 운영하면서 매출과 영업 이익을 많이 내는 기업이었는데, 서울이다 보니 건물 임대료가 너무 많이 나와서 사실상 적자인 상태였다. 이 기업이 타 지역에 출점하려는데 어떤 지역이 적당한지를 결정해 달라는 프로젝트였다.

기업에서 자체적으로 뽑은 최종 후보지는 두 군데였는데, 한 곳은 규모가 크고 유동 인구도 많은 대도시였고, 다른 한 곳은 사실상 시골에 가까운 지역으로 인프라가 전혀 없지만 임대 비용이 저렴했다.

프로젝트에 투입된 후 두 번째 후보지에 대해 조사하면 할수록 유동 인구나 인프라 측면, 그리고 향후 발전 가능성까지 고려해 봐도 이 지역이 좋은 선택지가 되기는 힘들었다. 그런데 내부 사정을 들여다보니 기업의 대표 이사와 직원들은 첫 번째 안이 좋다고 생각했지만, 실질적인 자금줄이자 의사 결정자인 모기업의 회장이 두 번째 후보지를 강력하게 밀고 있었다. 궁여지책으로 경영진은 객관적 관점을 가진 컨설팅 업체를 불러 자신들의 의견을 지지받고자 했던 것이다.

컨설팅 펌은 기업 내부의 이해관계나 정치적 역학 관계에 영향을 받지 않는 만큼 이러한 목적의 프로젝트를 진행하는 경우가 종종 있다.

답은 너무나 뻔하게 정해져 있었지만, 난관은 회장의 영향력이 아니라 그의 직관이었다. 그는 업계에서 입지전적인 인물이었다. 맨손으로 시작해 과감한 결단으로 여러 개의 사업을 수차례 성공시켜 온 전적이 있었다. 그가 시도하는 사업과 의사 결정마다 무모하다는 평이 많았지만 결과적으로 그는 성공의 사다리를 연속적으로 타고 올라왔다. 그래서 그가 이번에도 '무모해 보이는 시도'를 하려고 하지만, 누구도 쉽사리 그의 의견에 반대하기는 어려웠던 것이다.

결론부터 말하자면 프로젝트 팀의 면밀한 검토 결과 첫 번째 후보지를 더 좋은 제안으로 선택했다. 다만, 보고서의 말미에 만약 두 번째 후보지를 선택한다면 고객 유치를 위한 프로모션이나 자금 조달 전략 등의 방안이 필요함을 짧게 첨언하고 마무리했다. 그리고 프로젝트가 끝난 지 얼마 되지 않아 회장은 대표 이사를 해고했다.

당시 주니어 컨설턴트였던 나는 이 프로젝트의 결과로 인한 여파를 보면서, 단순 합리로는 넘어설 수 없는 비즈니스 세계의 막막한 현실을 마주하고 한동안 마음이 안 좋았다. 이야기의 끝은 이것이 다가 아니다. 전설적인 사업 수완으로 입지를 다져 왔던 회장은 몇 년 후 언론을 뜨겁게 달군 대규모 비리 의혹을 받고 사퇴했다. 그 후 테마파크는 결국 첫 번째 후보지에 출점하여 잘 운영되고 있다고 한다.

창업자가 가진 의도적 직관은 '창의적 절망' 상황에서 고정 관념과 데이터를 뛰어넘는 통찰을 이끌어 낸다고 말했다. 스타트업에서는 이런 창업자의 직관이 필수적이다. 모든 사람이 좋다고 말하는 시장은 역설적으로 전혀 좋은 시장이 아니다. 대다수 사람이 힘들고 불가능하다고 말하는 시장 속에서 가능성을 발견하는 창업자의 직관이야말로 시장의 판도를 가장 크게 변화시킬 수 있다.

그러나 앞서 살펴본 것처럼 창업자의 직관은 결코 완벽하지 않다. 경험과 전문성에 바탕을 둔 통찰은 신속하게 옳은 길로 인도하기도 하지만, 규칙이 바뀌거나 혹은 무질서한 카오스 상태에서는 잘 작동하지 않을 수 있다. 또한 시간이 흐름에 따라 창업자 개인의 탁월함과 영민한 직관에는 오만이라는 녹이 서서히 퍼지게 된다.

스타트업에 필수적이지만 동시에 한계를 가진 창업자의 직관이라는 딜레마를 풀기 위해서는 기업가형 인재의 합리성이 필요하다.

4. 세컨드 펭귄은 합리성으로 결정한다

결과론적 사고 극복하기

카지노에서 하우스가 이길 확률은 51%다. 단 2%p 우위에 불과하지만, 이 게임이 장기적으로 반복되면 종합적인 승률은 기하급수적으로 커진다. 복잡계에서는 절대적인 것은 없고 모든 것은 확률이기 때문에 간혹 나쁜 전략이 들어맞기도 한다. 사실 이것이 오히려 위험하다. 나쁜 전략이 가져온 좋은 결과가 잘못된 경험으로 쌓여 직관을 형성하기 때문이다. 이렇게 되면 명백히 틀린 의사 결정에 크게 베팅하게 된다. 단기적으로 몇 번 성공할 수는 있겠지만, 장기적으로 보면 반드시 실패하게 되는 것이다.

이런 이유로 투자에서는 크게 얻는 것보다 잃지 않는 것이 중요하다. 기업가형 인재로서도 마찬가지로 최선의 전략은 틀리지 않는 것이다. 투자나 경영과 같은 복잡계에서는 옳은 전략이라 해도 틀릴 수 있고, 틀린 전략이라고 해도 맞을 수 있기 때문에 결과론적 사고에 빠지면 안 된다.

가리 카스파로프는 15년간 세계 체스 챔피언으로 군림하면서 체스 역사상 최장기 챔피언 기록을 세웠다. 그에 따르면 보통 선수들은 게임에 졌을 때 어떤 수가 왜 나빴는지를 분석하는 것으로 복기를 마치는데 이것은 일차원적인 전략으로, 결과론적 사고를 극복하기에 충분하지 않다고 한다. 중요한 것은 그 수의 이면에 깔린 의사 결정 과정이다. 다시 말해 자신이 특정 수를 놓는 의사 결정을 어떻게 했는지 분석해, 향후에 의사 결정 과정이나 수를 놓는 전략을 어떻게 개선해야 할지 생각하는 것이다.[31] 나는 여기서 한 걸음 더 나아가서 '성공적인 의사 결정'조차 그 이면에 깔린 의사 결정 과정을 냉정하게 평가해서 개선해야 한다고 생각한다.

내부 관점 벗어나기

앞서 직관의 장점과 그 한계에 대해서 알아보았고, 특히 복잡계인 경영 환경에서는 결과주의 사고보다는 의사 결정 과정을 검토하는 것이 더 중요하다고 말했다. 불확실성이 높은 스타트업 환경에서 우리에게는 역설적으로 '예측에 기반한 계획'이 필요하다. 하지만 동시에 예측은 본질적으로 틀릴 수밖에 없다는 것을 이해해야 한다.

M&A(Mergers and Acguisition, 기업 인수 합병) 매물로 나온 스타트업들을 검토하는 경우가 가끔 있는데, 그럴 때마다 해당 기업의 서비스나 기술에 대해 사내 개발자의 의견을 구하곤 한다. 이때 재미있는 것이 "이 정도 서비스를 만드는 데 어느 정도 걸릴지" 물어보면 거의 대부분 "얼마 안 걸린다"라고 답변한다는 것이다. 그러고 나서 대략적인 인수가를 이야기해 주면 경악하면서 "조악한 수준의 서비스인데 그 비용은 말이 안 되는 것 같은데요? 저희는 이보다 나은 수준의 제품을 6개월이면 만들 수 있을 것 같아요" 같은 말을 한다. 물론 서비스의 가격은 만드는 데 투입되는 인풋 또는 원가보다는 확보한 시장과 고객에 지불하는 것이기는 하다.

이 서비스의 가치 부분은 차치하고 순수하게 제품을 만드는 기간과 비용만 놓고 봤을 때, 6개월 혹은 개발자가 자신한 기간에 서비스가 나왔던 적은 한 번도 없다. 이는 사실 개발자만 그런 것은 아니다. 대표적으로 1958년에 착공된 시드니 오페라하우스는 총건설비 700만 호주 달러에, 6년 안에 완공할 계획이었다. 그러나 지붕에 사용할 특수 세라믹 타일을 개발하는 데만 3년이 걸렸고, 지붕 구조물을 짓는 데 8년이 걸렸다. 결과적으로 총건설비는 1억 300만 호주 달러였고 공사 기간은 16년이었다.

이것이 계획 오류(planning fallacy)다. 실제로 이전에 일했던 회사에서 프로덕트 개발 일정이 자꾸 느려지니까 기획 페이지 한 장, 한 장에 예측치를 매겨서 모두 합친 후 예상된 기간에 두 배를 곱해서 기간을 잡았는데도, 결과적으로 그 이상 걸린 적도 있었다. 회고해 보면 예상치 못했던 기술적 난제들 혹은 계획에 없던 추가 업무 요청 사항들이 있었기 때문이라고 답하지만, 사실 이것은 모든 계획과 예측이 가지고 있는 본질적 리스크다.

캐나다의 심리학자 로저 뷸러는 졸업 논문을 써야 하는 졸업반 대학생들을 대상으로 설문을 하며 두 가지 질문을 던졌다.[32]

- 모든 일이 잘 풀린다면 논문을 완성하는 데 얼마나 걸릴까?
- 모든 일이 잘 풀리지 않는다면 논문을 완성하는 데 얼마나 걸릴까?

학생들은 각 질문에 대해 평균적으로 24.7일과 48.6일이라고 답했다. 결과는 평균 55.5일이 걸렸다. 최악의 상황을 상정했을 때보다도 약 7일이 더 걸린 것이다. 전체적으로 보면 약 30%의 학생만이 자신이 말한 기간을 지켰다. 어떻게 해야 이런 예측 오류에서 벗어날 수 있을까?

로저 뷸러는 후속 실험에서 학생들에게 새로운 과제를 제시하고 제출 가능한 날짜를 예측하도록 했는데, 이번에는 과거 진행했던 유사 과제들을 떠올려 보고 그 내용을 예측에 반영토록 했다. 과거 경험을 반영한 학생들은 그러지 않은 학생들에 비해 실제 과제 제출일과 유사한 결과를 보였다.[33]

핵심은 자신의 경험과 주관에 기반한 내부적 관점에서 벗어나서 '일반적인 외부 관점'으로 계획을 바라보는 것이다. 예를 들면 다음과 같은 식으로 관점을 바꾸는 질문을 던질 수 있다.

"이번 프로젝트가 얼마나 걸릴 것이라고 예상하나요?"

"3개월이면 가능할 거라고 생각합니다."

"보통 이 정도 프로젝트를 완수하는 데, 현재 우리 팀 정도의 인원으로 얼마 정도 걸리면 평균적일까요?"

"평균적으로 5개월은 걸릴 거라고 생각합니다."

이런 식으로 질문의 관점을 살짝 바꾸면, 같은 질문이지만 완전히 다른 예측치가 나올 수 있다.

창업자는 역량 있는 팀원들 그리고 열정과 의지만 있다면, 단기간에 업계 평균 또는 경쟁자보다 훨씬 더 큰 결과를 낼 수 있을 것이라 기대하고 사업을 계획한다. 그러나 기업가형 인재는 동시에 외부 관점으로 계획을 냉정하게 평가할 수 있어야 하고, 실패 상황을 상정한 위기 대응 계획(contingency plan)까지 가지고 있어야 한다.

지속적으로 수정하기

기업가형 인재는 단번에 결정하지 말고 세부적인 정보들을 하나하나 살펴봐야 한다. 전문가의 직관은 기존 패턴에 기반하여 공통적인 맥락을 찾는 데 있기 때문에, 직관만으로는 디테일한 변화에 유연하게 대응하기 어렵다. 이 사실은 고도로 훈련된 영상의학과 전문의들이 흉부 방사선 사진을 판독하는 순간 실시간으로 그들의 뇌를 촬영하면서 드러났다.

패턴과 상징적 의미를 감지하는 뇌의 측두엽 영역에서는 활발한 활동이 감지된 반면, 세부적인 것들을 샅샅이 살피는 시각 피질의 활동은 다소 둔한 것으로 나타났다. 즉 패턴 인식에 능한 전문가들은 관련 없는 정보를 걸러 내고 경험에 의해 중요하다고 판단되는 영역에 집중함으로써 효율성을 극대화한다. 동시에 세부 요소를 체계적으로 고려하는 능력은 떨어지기 때문에 패턴에 잘 맞아떨어지지 않는 경우 중요한 디테일을 놓칠 수 있다.[34]

이러한 한계를 극복하기 위해 기업가형 인재는 창업자의 직관을 신뢰하면서도 이를 개선하기 위해 새로운 정보가 나타나면 조금씩 정보를 수정함으로써 정확도를 높여야 한다.

와튼스쿨의 심리학 및 정치학 교수인 필립 테틀록은 2011년 세계 곳곳에서 일어나는 지정학적 사건 500여 개에 관해 예측하는 '좋은 판단 프로젝트(Good Judgement Project)'를 진행했다. 이는 일종의 대규모 예측 토너먼트로, 지원자 약 2800명이 4년간 사건들을 예측하게 하여 이 중 최고의 예측 적중률을 가진 이들을 가려냈고 이들을 '슈퍼 예측가'라고 불렀다.

이 슈퍼 예측가들은 심지어 기밀 정보를 다루는 국가 정보 분석가들의 종합 판단 적중률까지 능가했다. 이들은 지능이나 학력 혹은 전문 영역이 모두 제각각이었는데, 한 가지 공통점이 있었다. 그것은 한 번에 확신에 찬 답을 내놓지 않았다는 것이다.

이들은 수집한 정보를 기반으로 현재 수준에서 예측을 내놓고, 스스로 자신의 예측에 대해 확신하는 정도를 매번 평가했다. 이 수치는 굉장히 구체적이었는데, 이를테면 60%가 아니라 62% 확신한다고 답하는 식이었다.

또한 이들은 새로운 정보가 들어오면 기존의 예측치를 끊임없이 수정하는 식으로 변화에 유연하게 대응했다. 예측을 할 때도 확실성이 아니라 가능성이나 확률을 말했고, 환경이 변하거나 잘못 생각한 부분이 있으면 기꺼이 잘못을 시인하고 생각을 바꿨다.

가장 중요한 시사점은 이런 능력이 훈련으로 향상될 수 있는 역량이라는 것이다. 대회 참가자 중에는 규칙적으로 피드백을 받자 정확도가 서서히 높아진 사람이 많았다. 인지 편향을 알아보는 한 시간짜리 온라인 수업을 받은 이들은 이듬해에 예측 정확도가 약 10% 높아졌다.[35]

창업자의 직관과 예측은 매우 중요하고 필수적인 역량이다. 특히 스타트업 환경에서 이를 바탕으로 비전을 제시하고 직원들을 동기 부여하는 것은 창업자의 역할이자 책임이다. 그러나 직관과 예측은 완벽하지 않다. 직관이 잘 작동하는 영역과 그렇지 않은 영역을 구분해야 한다. 그래서 계획이 가지는 내재적 오류를 감안하여 대응 전략(contingency plan)을 세우고, 환경 변화에 따라 예측을 지속적으로 수정해 정확도를 높이는 기업가형 인재의 조정 역할이 동시에 필요하다. 더 나아가 창업자가 제시한 비전을 달성하기 위한 전략적 방향까지 제시할 수 있다면 가장 좋은 협업 형태일 것이다.

현재는 인간이 가진 직관의 시대를 넘어 데이터에 기반한 컴퓨터의 직관을 활용하는 인공 지능 시대다. 또한 방대한 데이터를 흡수하고 학습한 인공 지능이 모든 것을 예측하여, 인간의 가진 경험과 직관을 뛰어넘는 시대다. 이러한 시대에 기업가형 인재의 의사 결정은 어떤 의미가 있을까?

첨단 기술의 산실인 스타트업 현장에서 인공 지능 기반의 알고리즘은 이미 대세가 된 지 오래여서, 머신 러닝이나 딥러닝(deep learning) 기술을 전혀 활용하지 않는 유망 기업을 찾기가 오히려 힘들다. 특히 검색과 추천 영역에서 알고리즘의 역할이 매우 크다.

그러나 인공 지능은 잘 정의된 문제에 최적의 답을 제공할 뿐 정답을 주는 것은 아니다. 인공 지능이 스스로 판단하도록 방치해서는 안 된다. 예를 들어 이커머스에서는 가장 중요한 구매 전환율, CTR(ClickThrough Rate, 클릭 전환율) 등을 극대화하는 식으로 검색 알고리즘이 최적화되어 있는 경우가 많다. 유저가 검색한 결과의 품질이 좋은지를 판단하는 측면에서도 해당 지표를 쓰게 된다. 유저가 무엇인가를 검색했는데 클릭하지 않았다면 아마 원하던 결과가 아니었을 것이고, 반대로 원하는 결과였다면 더 많이 클릭하고 구매했을 것이기 때문이다.

하지만 전사 전략과 비즈니스 의도에 따라서 이 판단 기준이 반드시 맞는 것은 아니다. 왜냐하면 구매 전환율이 높은 상품이 반드시 좋은 상품인 것은 아니기 때문이다. 저렴하지만 불량률이 높은 상품일 수도 있고, 셀러가 A/S나 소비자 대응 측면에서 유저에게 나쁜 경험을 줄 가능성도 있다.

지표를 통한 알고리즘의 특성은 단기적이라는 한계 또한 가지고 있다. 예를 들어서 구매 전환율과 CTR 같은 지표는 한 번 발생하는 이벤트다. 그래서 고객이 특정 구매 경험을 하고 나서 장기적인 리텐션(Retention, 제품 또는 서비스를 첫 구매한 이후 지속적으로 이용하는 액티브 유저의 비율)이 높아지거나 재방문율이 증가하거나 또는 LTV(LifeTime Value)가 증가하거나 추천을 많이 하는지 등의 장기적인 가치를 평가하는 데는 다소 취약하다. 즉, AARRR(Acquisition, Activation, Retention, Revenue, Referral, 획득, 활성화, 유지, 수익, 추천)이라는 프레임워크에서 RRR까지 고려하지는 못하는 것이다. 물론 연구진과 개발자는 이러한 부분들을 반영하여 조금씩 알고리즘을 개선해 나가는 노력을 하지만, 그렇더라도 알고리즘의 판단 자체를 답이라고 받아들이면 곤란하다.

기본적으로 알고리즘은 규칙과 변수가 일정하고 인풋과 아웃풋이 명확한 분야에서 효과가 더 좋다. 반면 게임의 규칙이 불분명한 '사악한 세계'에서는 반복되는 패턴이 없을 수도 있고, 피드백이 늦거나 부정확할 때도 많다. 최악인 것은 이런 환경에서는 경험이 잘못된 행동을 더욱 강화하는 형태로 학습이 이루어진다는 것이다.[36]

한 예로, 미 육군은 숲에 숨겨진 탱크를 발견하기 위해 신경망 모형을 만들었다. 군사 과학자들은 탱크가 나오거나 나오지 않은 사진을 통해 모형을 학습시켰다. 모형은 높은 정확도로 사진 속 탱크들을 발견했지만, 정작 현실 속 탱크는 탐지하지 못했다. 알고 보니 탱크가 나온 사진들은 전부 밝은 날에 촬영됐고, 탱크가 나오지 않는 사진들은 전부 흐린 날에 촬영됐다. 이런 식으로 보이지 않는 편향들이 데이터에 숨어 있을 경우 알고리즘은 종종 실패한다.[37]

2016년 미국 언론《프로퍼블리카》는 미국 법정에서 피고의 재범 가능성을 예측하기 위해 사용하는 인공 지능 알고리즘 컴퍼스(COMPAS)가 인종 편향을 가지고 있다고 보도했다.[38]

기자들은 플로리다주의 법원에서 선고받은 7000여 명의 피의자를 대상으로 컴퍼스의 예측 결과와 실제 재범 여부를 비교했다. 그 결과, 예측이 실제로 맞은 경우 흑인과 백인의 비율은 비슷했다.

	백인	흑인
고위험군으로 분류되었지만, 재범을 저지르지 않음	23.50%	44.90%
저위험군으로 분류되었지만, 재범을 저지름	47.70%	28.00%

하지만 알고리즘이 틀리게 예측한 경우 흑인과 백인에 대한 차별과 편견이 엿보였다. 흑인은 거짓 양성, 즉 고위험군으로 분류되었지만 재범을 저지르지 않은 사람의 비율이 백인 대비 1.9배 높았으며, 백인은 반대로 거짓 음성, 즉 저위험군으로 분류되었지만 실제로는 재범을 저지른 사람의 비율이 흑인 대비 1.7배 높았다.

왜 이런 편향이 일어났는지에 대해 일부 학자가 주장하는 내용은 다음과 같다.

- 경찰은 동일한 범죄에 대해 흑인을 체포할 가능성이 크다.
- 검사는 흑인 용의자와 관련된 사건을 조사할 가능성이 더 크다.
- 배심원은 흑인 피고인을 유죄라고 판단할 가능성이 더 크다.
- 백인은 더 나은 변호사를 고용할 가능성이 더 크다.

이 주장 어느 하나라도 사실이라면 인공 지능 알고리즘에는 편향이 반영될 것이다. 즉, 유죄인 백인은 더 많이 풀려날 것이고 무죄인 흑인은 더 많이 감옥에 가게 될 것이다.

여기까지가 대중에 널리 알려진 이야기다. 그러나 이 기사 이후 컴퍼스를 개발한 노스포인트(Northpointe)사는 반박문을 냈다. 우선 알고리즘의 목적은 재범자를 예측해 재범률을 낮추는 것에 있으며, 이에 기반해서 판단했을 때 알고리즘에 인종 차별적 요소는 없다고 주장했다. 가장 핵심이 되는 지점은《프로퍼블리카》의 기자들이 기저율을 무시한 것이라고 했다. 플로리다주 전체 범죄자의 재범률 자체가 흑인들이 더 높다는 것이다. 실제로 흑인의 강력 범죄 재범률은 14%로 9%인 백인에 비해 높고, 일반 범죄 재범률은 51%로 백인의 39%에 비해 높다. 논문에 따르면 흑인의 거짓 양성률이 높은 것은 백인에 비해 흑인의 재범률이 더 높은 데서 기인한 것일 뿐, 알고리즘의 판정이 인종 차별적이라는 증거는 아니라고 한다.[39]

어느 쪽 말이 맞을까? 관점에 따라 차이가 있을 뿐, 두 의견 모두 틀린 말은 아니다. 독일 막스플랑크연구소의 크리시나 구마디 박사는 "둘 다 옳다"라고 판정했다. 박사는《프로퍼블리카》와 노스포인트가 공정성을 서로 다르게 정의했기 때문이다"라고 설명했다.《프로퍼블리카》가 집중했던 관점은 '억울한 흑인 피해자'와 '혜택을 입은 백인 재범죄자'의 비중을 줄이는 것이었다면, 노스포인트사는 가능한 한 많은 잠재적 재범자를 찾아내서 재범률을 최소화하는 데 주요 목적이 있다는 것이다.[40]

결국 알고리즘을 판단하기에 앞서 알고리즘이 무엇에 최적화되어야 하는지에 대한 가치 판단이 선행될 필요가 있다. 이 부분이 불명확한 상태로 알고리즘의 판단 결과를 무비판적으로 수용할 때 우리는 의도치 않은 결과를 맞닥뜨리게 된다.

인공 지능도 늙는다

앞서 살펴본 것처럼 인공 지능은 가치 중립적 판단자라기보다는 목표 지표를 최대화하는 쪽으로 최적화되는 편향된 툴이다. 동시에 알고리즘은 시간이 흐르면서 서서히 낡게 된다. 구글은 2008년 구글 플루 트렌드(Google Flu Trends) 시스템을 내면서 검색어 트렌드를 통해 독감 확산을 예측할 수 있다고 했다.《네이처》에 게시한 논문에 따르면, 구글 검색어의 독감 예측 능력이 미국 질병통제센터 못지않은 정확도를 가지고 있고, 예측력 측면에서는 심지어 더 뛰어나다고 했다.[41]

그러나 구글의 알고리즘은 2009년부터 2011년까지는 질병통제센터의 수치를 꽤 가깝게 따라갔지만, 2011~2012년에는 독감 확산을 실제보다 50%나 높게 예측해 이를 신뢰한 공중 보건 전문가들을 잔뜩 긴장시켰다. 2013년 겨울에 예측한 수치는 실제 환자 수의 두 배에 달했다.

구글이 어떤 키워드를 사용했는지 알고리즘 세부 사항은 감춰져 있지만, 2014년 데이비드 레이저 박사 팀은 알고리즘 일부가 '겨울 시즌성' 키워드를 사용했다고 밝혔다. 예를 들면 '독감과 감기의 차이점' 등 간접적인 관련은 있지만 독감의 확산을 예측하는 데는 정확도가 떨어지는 키워드들이다.[42]

또 다른 요소는 구글의 자동 완성 기능과 같은 모형들이 검색 알고리즘에 영향을 미쳤다는 것이다. 예를 들어 누군가 '목 통증'을 검색하면 추천 검색어로 '독감 백신'이 뜰 수 있고 이에 따라 독감 관련 검색 수가 눈덩이처럼 불어날 수 있는 것이다.[43]

정리하면 인공 지능 알고리즘은 설계자의 의도에 따라 편향되고, 과거 데이터에 과최적화되어 시간이 지날수록 예측력이 떨어진다. 이쯤이면 인공 지능 무용론이 나올 만도 하다. 그러나 그렇지 않다. 인공 지능 알고리즘은 사용자가 좋은 가설을 가지고 활용하면 훌륭한 가치를 창출할 수 있다.

가치를 창출하는 알고리즘

뤼이드의 핵심 인공 지능 기술은 어떤 유저가 7~10문제를 풀고 난

후 다음 문제를 맞힐지 틀릴지를 90% 이상의 정확도로 예측할 수 있고, 심지어 어떤 보기로 틀릴지까지 예측하는 알고리즘이다. 나의 퇴사 후에도 관련 기술이 계속 발전해서 현재의 기술 수준을 정확히 알기는 어렵지만 최초로 시작할 때는 이 예측 알고리즘이 핵심이었다.

당시 투자자들의 반응은 좋았다. 심사역에게 직접 문제를 풀어 보라고 한 후 알고리즘이 예측한 답과 비교해서 기술의 우수함을 보여 주는 '시연'을 진행했는데 반응이 폭발적이었다. 프로덕트가 없었던 시기임에도 꽤 큰 규모의 투자를 유치할 수 있었다.

그러나 정작 유저는 이 기술에 큰 관심이 없었다. 유저는 오로지 빠르고 손쉽게 점수를 올리는 것에만 관심이 있을 뿐 인공 지능의 정오답 예측 정확도는 관심 밖이었다.

전략 팀은 이 기술이 어떻게 유저에게 가치를 줄 수 있을지 치열하게 고민한 끝에, 문제를 맞힐 확률이 아주 높은 문제와 아주 낮은 문제는 추천 영역에서 제외하기로 했다. 즉, 풀지 않아도 되는 문제를 '제거'한 것이다. Riiid라는 사명이 '비효율을 제거하라(Get rid of inefficiency)'는 미션에서 나온 것을 생각해 볼 때, 실로 적절한 개념이었다.

문제를 제거하는 이 알고리즘을 통해, 유저는 성적을 올리는 데 도움이 되지 않는 문제를 푸는 시간과 노력을 아낄 수 있게 된다. 더 나아가서 유저들이 이런 효과를 체감할 수 있도록 불필요한 문제를 풀지 않음으로써 절약한 시간을 표시했다. "○○○님이 절약한 시간 총 '6시간 43분'"과 같은 식이었다. 알고리즘의 효과를 시간의 가치로 환산한 것이다.

토익은 대학생이면 거의 누구에게나 필요한 시험이지만, 필요한 시점이 오기 전까지는 보통 전혀 관심이 없다. 일반적인 영어 교육과 달리 시험의 특성이 강하다. 따라서 시험이 닥치기 전에 미리 유저의 인지 속에 들어가는 것이 매우 중요했다. 이에 문제 데이터를 기반으로 모의고사 세트를 몇 벌 만들어, 알고리즘이 특정 유저의 '문제의 정오답'을 예측하여 토익 점수로 변환해 주는 서비스를 외부에 무료로 제공했다. 즉, 유저는 '단 일곱 문제만 풀면 토익 점수를 예측'할 수 있게 된 것이다. 이 마케팅 소구점이 대학생들에게 크게 어필이 되어서 포털 검색 창에서 '산타토익'을 치면 가장 먼저 뜨는 것이 '점수 예측'이 되었고 이는 대학생들의 산타토익 인지도가 수직 상승하는 계기가 되었다.

기술은 이처럼 그 자체보다 어떻게 활용할지에 따라 가치가 극대화될 수 있다. 다음으로는 인공 지능 기술과 인간의 전략이 어떻게 조화를 이루는지에 대해 체스의 사례를 들어 알아보려 한다.

인간의 전략

1997년은 인공 지능 기술에서 역사적인 해다. IBM의 슈퍼컴퓨터 딥 블루가 15년 동안 체스로 세계 챔피언 자리를 지켰던 가리 카스파로프를 물리쳤다. 카스파로프는 한 강연에서 이렇게 말했다.

"우리가 하는 법을 알고 있는 일들을 코드로 짜서 컴퓨터에 입력

할 수 있다면, 기계는 그 모든 일을 우리보다 더 잘할 겁니다."

최근에 그는 "지금은 휴대 전화의 무료 체스 앱이 나보다 더 잘 둡니다"라고 말했다. 이 말은 농담이 아니다.

딥블루와 체스를 두면서 카스파로프는 인공 지능이 체스의 온갖 패턴을 숙달하는 것은 일종의 전술임을 깨달았다. 컴퓨터의 뛰어난 점은 '기계적인' 전술적 오류를 거의 범하지 않고, 그 놀라운 연산 능력으로 수십 수 앞을 내다본다는 점이다. 인간 그랜드 마스터는 몇 수 앞을 내다보는 데 그친다. 반면 체스에서 더 큰 그림을 구상하는 일, 즉 전쟁에서 이기기 위해 각 전투들을 통합하고 관리하는 것은 전략이다.

딥블루에 패했을 때 카스파로프는 한 가지 착상이 떠올랐다. 만약 컴퓨터의 전술 능력을 사람의 전략적 사고와 결합한다면 어떻게 될까?[44]

2005년 최초의 프리스타일 체스 대회가 열렸다. 사람과 컴퓨터가 한 조를 이루어 출전하는 대회였다. 컴퓨터 덕분에 참가자들은 체스의 복잡한 패턴을 학습할 필요가 없었다. 전술은 컴퓨터가 맡고 사람은 전략에 집중할 수 있었다.

이 대회에서 컴퓨터 세 대와 사람 두 명으로 구성된 '켄타우로스' 팀은 슈퍼컴퓨터인 '히드라'를 물리쳤을 뿐 아니라, 컴퓨터를 활용하는 그랜드 마스터 팀들도 물리쳤다. 우승 팀은 컴퓨터 여러 대에 무엇을 살펴볼지 지시한 다음 그 정보를 종합해 전반적인 전략을 짜는 능력이 가장 뛰어났다.[45]

2014년 아부다비의 한 체스 사이트에서 2만 달러의 상금을 내걸고 연 프리스타일 체스 대회에서도 비슷한 일이 일어났다. 우승 팀의 대표이자 주된 의사 결정자인 앤슨 윌리엄스는 공식 체스 순위에 오른 적이 한 번도 없는 영국 기술자였다. 체스 실력으로만 보면 아마추어 수준인 것이다. 그러나 그는 컴퓨터가 제공하는 여러 정보를 다양하게 살펴보면서 궁극적으로 이 모든 정보를 종합해 전략적 결정을 내리는 데 탁월했다.

이는 최고의 전문가 자문들을 두고서 누구의 조언을 더 깊이 살펴보고 궁극적으로 누구의 조언에 귀 기울일지를 판단하는 기업가형 인재의 의사 결정과 비슷하다.

열린 문제와 유추적 사고

전략 수립 외에도, 규칙이 명확하지 않은 '열린 문제'를 푸는 데도 인간이 인공 지능 대비 뛰어난 역량을 발휘한다. 유추적 사고는, 겉보기에는 전혀 닮지 않았지만 구조적으로 깊은 유사성을 지닌 다양한 상황을 활용하는 것으로, 복잡도가 높고 잘 정의되지 않은 문제를 해결하는 데 가장 성공적인 전략이다.

1989년 엑손모빌의 유조선이 알래스카에 좌초하면서 사상 최악의 기름 유출 사고가 터졌다. 사건 발생 후 20년이 지나도록 여전히 바지선 수십 척도 기름을 다 퍼 올리지 못했다. 문제는 영하의 날씨에 알래스카의 기름과 물이 얼어붙는 것이었다.

미국 의회는 '이노센티브'에 이 문제를 의뢰했다. 이노센티브는 세계 전역에서 활동하는 과학 기술자들을 대상으로 문제를 공개하고, 최고의 솔루션을 선정해 상금을 지불하는 '오픈 이노베이션'을 진행하는 기업이다.

얼어붙은 혼합물은 아주 두껍고 끈끈해 하적하는 과정이 매우 어려웠고, 기름을 펌프로 빨아들일 수는 있지만 그 뒤 기름이 배 안에서 금방 굳어 버렸다. 이 문제의 해결책은 석유업과 전혀 상관없는, 시멘트 회사에서 근무했던 존 데이비스에게서 나왔다. 진동기로 시멘트를 계속 휘저어 액체 상태로 굳지 않게 유지하는 방법을 적용하도록 제안한 것이다. 20년 동안 석유업계 전문가들이 해결하지 못했던 문제를 몇 주 만에 외부인이 해결했다.[46]

한 연구진은 경영대 학생 150명에게 컴퓨터 마우스를 파는 가상의 기업을 위한 전략을 수립하라고 요청했다. 일부 그룹에는 나이키와 맥도널드의 사례를 참고하라고 했다. 이런 유추 사례를 하나만 제공받은 학생들은 사례를 전혀 제공받지 못한 학생들보다 더 많은 전략을 내놓았고, 여러 개를 제공받은 학생들은 하나만 제공받은 학생들보다 더 많은 전략을 짜냈다. 그리고 그 유추 사례가 더 동떨어진 것일수록 더 좋은 착상을 떠올렸다. 즉, 애플과 델보다는 나이키와 맥도널드의 이름을 들은 학생들이 더 많은 전략을 짜냈다.[47]

이렇게 유추적 사고는 기존의 접근법을 뛰어넘는 새로운 관점으로 문제에 접근하게 해 주며, 문제 해결을 위한 다양한 전략을 떠올리는 데 중요한 역할을 한다.

　나는 한 기업에서 주최한 케이스 컴피티션(competition)에 참가한 적이 있다. 세 차례에 걸쳐 실제 프로젝트를 받은 뒤 팀을 짜서 전략 제안서를 내고 발표하는 형식인데, 마지막 라운드의 주제가 매우 까다로웠다. 건축 자재 제조업체가 직영점을 내면서, 건자재를 사러 오는 고객을 대상으로 인테리어 비즈니스 분야까지 진출하고자 했다.

　하지만 건축 자재 업체의 주요 고객이 지역 인테리어 업체였던 터라 유통 직영점을 내면 이들과의 잠재적인 경쟁과 갈등을 피하기 어려운 상황이었다. RFP(제안 요청서)에 명시적으로 드러나 있지는 않았지만 조사하면 할수록 이 갈등 문제를 풀지 않고는 좋은 제안을 하기 어려웠다.

　사실상 답이 없는 문제였다. 나는 이때 아이디어 하나를 떠올렸고 결과적으로 심사위원들과 팀원들에게 긍정적인 평가를 받아 최종 수상까지 할 수 있었다. 이 아이디어는 대학생 인턴십을 했던 종합 상사의 철강 부서 때의 경험에서 나왔다.

　국내에서 철강을 매입해서 해외로 수출하거나 역으로 철강을 수입해 오는 부서였는데, 이 일은 원래 업력이 긴 종합 상사의 핵심 비즈니스 모델이었다. 그러나 원자재 가격은 떨어지고 철강 품질은 균일해짐에 따라, 상사 업체 간 경쟁이 치열해지면서 수익성이 지속적으로 하락했다. 이런 상황을 개선하고자 당시 팀에서는 '프로젝트 오거나이저'로서 단순 철강 수입 및 유통뿐만 아니라 전체 프로세스 공정에서 수익을 창출하는 식으로 비즈니스 모델을 발전시키고자 했다.

예를 들어, 철강을 수입해서 코일로 가공하는 공정을 중간에서 담당하기도 했고, 적자가 나는 공장을 매입해서 규모의 달성 또는 비용 절감을 통해 이익을 내거나 혹은 재매각하는 식으로 수익을 다각화하는 것이다.

해당 비즈니스 모델을 적용하여, 유통 직영점이 지역 업체들의 영업을 통합해서 관리하고 고객을 연결해 주는 오거나이저로서 기능하는 안을 제안했다. 인테리어 니즈가 있는 고객들이 직영점에 방문해서 상담을 받으면 지역 인테리어 업체와 연결해 주는 것이다. 물론 규모가 큰 건에 대해서는 직접 인테리어 시공을 하기도 하지만, 소규모 건들은 지역 업체에 넘겨줌으로써 영업을 대신해 주는 식이다.

반대로 만약 지역 인테리어 업체에 방문한 고객들이 찾는 품목이 없다면 그 업체가 건축 자재 직영점을 추천해 주기도 하고, 혹은 업자를 통해 구매 및 시공을 한 번에 맡기도록 했다. 이런 식으로 건자재를 구매하러 온 고객과 인테리어 상담을 하러 온 고객을 통합하여 관리함으로써 영업 시너지를 내고, 고객에게는 편리한 '원 스톱 솔루션' 서비스를 제공하는 전략이다.

비록 대학생이 현업의 상황을 정확히 이해하지 못한 상태에서 고안해 낸, 실제 적용까지는 요원한 아이디어에 불과했겠지만 프로젝트 오거나이저라는 개념을 신선하게 봐주어 좋은 평가를 받았던 것 같다.

인공 지능이 앞으로 더욱 발전할 것임에는 재론의 여지가 없다. 이에 대해 걱정하는 여론과 부정적인 의견도 많지만, 인공 지능이 최고의 성과를 낼 수 있는 영역이 분명한 반면에, 사람이 더 잘하고 가치를 더할 수 있는 영역도 여전히 존재한다. 알고리즘이 무엇에 최적화되어야 할지 가치 판단을 하고, 인공 지능이 제안하는 다양한 안을 비교하여 최적을 선택하고, 유추적 사고를 통해 혁신적인 관점으로 문제를 재정의함으로써 인간은 가치를 더할 수 있다.

5. 권력은 세컨드 펭귄을 유혹한다

리더의 권력 남용

권력은 타인에 대한 공감 능력을 떨어뜨린다. 간단한 실험을 통해 자신의 공감 능력을 실험해 보자. 지금 자신의 이마에 알파벳 E를 그려 보라. 자신의 관점에서 쓰기 편한 방향으로 E를 그리면 상대에게는 사실상 거울에 비친 것처럼 좌우가 거꾸로 보인다.

켈로그경영대학원의 애덤 갈린스키 교수는 자신은 조금 불편하지만 상대가 보기에 편한 방향으로 E를 쓰는 사람들이 공감 능력이 뛰어난 사람들이라고 했다. 실험 시 오른손잡이와 왼손잡이의 차이를 통제했기 때문에 주로 쓰는 손의 차이는 아니었다. 갈린스키 교수는 실험 참가자들을 두 그룹으로 나눠 한 그룹에는 다른 사람에게 명령하거나 권력을 행사했던 경험을 떠올리게 했고, 다른 그룹에는 반대로 명령을 받았던 기억을 떠올리게 했다.

이후에 알파벳 E를 쓰게 했더니 전자에 해당하는 '고권력자' 그룹은 33%가 자신이 쓰기 편한 방향으로 쓴 반면 '저권력자' 그룹은 12%만이 자신이 편한 방향으로 그렸다.[48]

기업가형 인재는 곧 리더다. 팀을 이끌기도 하고 리더의 상위 리더가 되기도 한다. 그러나 기업가형 인재의 리더십은 위임된 것으로, 창업자가 기업을 세움으로써 스스로 창출한 리더십과는 다르다.

이러한 이유로 기업가형 인재의 리더십은 권력과 관계가 적다. 왜냐하면 기업가형 인재의 권한이란 위임된 것임을 명확하게 인지하는 것이 곧 올바른 리더십의 시작이기 때문이다. 이 사실을 제대로 인지하지 못할 때 기업가형 인재에게 두 가지 극단적인 형태의 리더십이 나타나는 것 같다. 권한을 남용하는 리더와 권한을 제대로 사용하지 못하는 리더가 그것이다.

서던캘리포니아대학교의 너새니얼 패스트 교수는 회사에서 모두가 동일하게 권한을 남용하지는 않는 것을 발견했다. 어떤 상사는 주어진 권한을 적절하게 행사하지만, 일부 상사는 권력을 남용한다는 것을 발견했고, 어떠한 유형의 사람들이 권력을 남용하는지 여러 가지 요소를 통해 확인해 보았다. 결과는 놀랍게도 스스로 자신이 상사 역할에 적합하지 않다고 느끼는 사람이 권한을 더 많이 남용했다.

언뜻 생각하면 자신만만하고 자아도취적인 사람들이 권력을 더 많이 남용할 것처럼 여겨지는데, 왜 반대로 자신이 부족하다고 느끼는 상사들이 더 권력을 남용할까? 자신의 권력과 지위에 대한 자신감과 능력이 부족한 사람은 자기 자아가 공개적으로 모욕을 당할지도 모른다는 위협을 느끼기 때문이다. 외부적인 위협을 느낄 때는 방어 차원에서 공격적으로 대응하는 것이 자연스러운 반응이다. 자신의 무능함이 대중에게 드러날지 모른다는 심리적 위협을 받을 때 자아 역시 마찬가지로 반응한다. 자아를 보호하기 위해 공격적이 되는 것이다.[49]

권한을 남용하는 리더만큼이나 권한을 활용하지 못하는 리더 역시, 리더의 권한을 개인적인 어떤 것으로 생각하는 오류를 범하고 있다. 그렇기 때문에 다른 사람에게 무엇인가를 '시키는 것'이 부담스럽고 불편한 것이다. 권한을 개인적으로 받아들인 리더들은 행여나 팀원이 자신의 지시를 따르지 않을까 염려하며 반대 의견이라도 들으면 상처받는 경우도 빈번하다. 그래서 오히려 더 자신의 권한을 지키려고 과잉 반응하거나 무리하게 행동하는 경우가 생긴다.

물론 조직 구조상에서 직급이 올라갈수록 더 많은 권한과 의사 결정권을 가지는 것은 당연한 조직의 생리다. 하지만 조직에서 각 직급에 부여된 권한은 내가 창출해 낸 것이 아니라 회사의 대표 이사나 이사진 또는 주주들이 위임한 권한이다. 그리고 권한을 위임했을 때 각 리더에게 기대하는 것은 합리적 판단과 올바른 의사 결정에 기초하여 사람들을 이끌어 주는 것이다. 즉, 권한을 개인의 임의대로 행사하는 것이 아니라 전사적인 목적에 부합하는 선에서 올바르게 행사해야 한다.

이때 리더에게 필요한 것은 우선 역량이다. 물론 리더의 자리에 오른 사람에게는 그만한 실력이 따르는 것이 보통이지만, 간혹 연공서열이 강조되는 경직된 문화에서는 경력이 길다는 이유만으로 리더의 위치에 오르기도 한다. 이런 경우라 할지라도 권위를 오용하거나 남용하지 않는 한 '직위'에 대한 기본적인 존중은 필요하다. 그러지 않으면 구조와 체계의 장점이 빛을 발하지 못하거나 의사 결정과 소통의 효율성이 너무 떨어지기 때문이다.

그러나 리더들은 직원들에게 '존경'을 요구할 수는 없다. 존경은 존중과 달리 자발적이고 개인적이며 감정적이기 때문이다.

권력은 권력을 갈망하는 자를 갈망한다

리더십 포지션에 있다 보니 많은 직원과 1:1 면담을 하게 되는데, 이때 여러 사람이 자신만의 다양한 어려움을 가지고 온다. 업무상 문제뿐 아니라 동료와의 불화 및 갈등 같은 관계에서 오는 어려움이나, 개인적인 불안감이나 우울증 같은 감정적 고충을 호소하는 경우도 있다. 하루에 몇 시간씩 면담만 하거나, 동일한 문제를 두고 몇 주에 걸쳐서 계속 상담을 하는 경우도 있어서 '나의 주요 업무는 무엇인지' 자신의 직업 정체성을 의심하는 상황을 가끔 겪는다.

대다수 직원은 자신이 겪고 있는 문제 위주로 이야기하지만, 듣다 보면 어떤 직원은 은근히 '해결책'을 이야기하는 경우도 있다. 고충 상담의 형태를 띠고 있지만 사실상 '이 문제를 해결하기 위해서는 리더인 당신이 이렇게 해야 합니다' 하고 설득하는 것이다. 문제의 해결책으로 더 많은 '권위'가 필요함을 주장하고, 특히 자신이 리더가 되어야 함을 주장하는 사람들도 있다. 이들이 생각하는 문제의 근본 원인은 대부분 타인이고, 해결책의 골자는 직급이며, 해결의 주체는 자신이다. 그러나 역설적으로 이들은 가장 리더가 되면 안 되는 사람이다.

유니버시티칼리지런던의 부교수인 브라이언 클래스에 따르면 권력이 사람을 부패하게도 하지만, 원래 '부패할 만한 가능성'을 가진 사람들이 가장 권력을 원한다고 한다.[50] 저자는 스탠퍼드대학교의 필립 짐바르도 심리학 교수가 1971년에 시행한 유명한 실험을 예시로 든다.

이 실험에서 짐바르도 교수는 스탠퍼드 학생들을 '무작위'로 아홉 명은 '간수'로, 나머지 아홉 명은 '죄수'로 배정했다. 지원자들은 2주간 하루 15달러를 받는 대가로 실제와 유사한 감옥 환경에 배정되었다. 이후 벌어진 일들은 너무나 충격적으로, 평범한 학생이었던 '간수'들은 '죄수'들을 소화기로 구타하고, 매트리스를 뺏어 콘크리트 바닥에서 자게 했다. 누가 우위에 있는지 보여 주겠다는 이유만으로 '죄수'의 옷을 벗기기도 했다. '죄수'들은 활발하고 자부심 넘치는 학생 때의 모습을 완전히 잃어버린 채 모욕적인 명령에도 굴종하는 모습으로 변했다. 원래 2주간 진행하기로 했던 연구는 6일 만에 중단되었다. 연구 결과가 밖으로 알려지면서 짐바르도의 책《루시퍼 이펙트》뿐만 아니라 수많은 다큐멘터리와 관련 책이 쏟아졌다. 결과는 명확

해 보였다. '누구라도' 권력을 가지면 이토록 쉽게 자신 안에 있는 악마성을 드러낸다.[51]

그러나 여기에는 덜 알려진 중대한 실수가 있었다. 2007년 웨스턴켄터키대학교의 캐너핸과 맥팔랜드는 광고에 낸 모집 문구 자체가 '특정 유형의 지원자'들에게 더 어필한 것은 아닌지 의심했다. 짐바르도와 연구자들은 죄수와 간수를 찾기 위해 지역 신문에 다음과 같은 광고를 실었다.

"감옥 생활에 대한 심리학 연구에 참여할 남자 대학생 모집. 1~2주간 15달러(일), 8월 14일 시작. 더 자세한 정보 및 신청은 문의 바람."

이에 캐너핸과 연구진은 물가 상승률을 고려해 70달러를 지급한다는 조건으로 똑같은 광고를 만들었다. 동시에 또 다른 광고를 만들었는데 동일한 문구에 '감옥 생활에 관한 심리학 연구' 대신 '심리학 연구'라고만 적었다. 그리고 '감옥 실험'에 신청한 사람들과 '심리학 실험'에 신청한 사람들을 대상으로 심리 검사와 인성 평가를 진행했다. 그러자 경악할 만한 사실이 드러났다.

'감옥 실험'에 자원한 사람들은 유의미하게 높은 공격성, 권위주의, 권모술수주의, 자기 도취증, 사회 지배성을 보였으며, 유의미하게 낮은 기질적 연민과 이타주의를 보였다. '감옥'이라는 단어를 광고에 넣은 것만으로 특정 유형의 학생들을 모집하게 된 것이다.[52]

권력은 권력을 갈망하는 자들을 갈망한다. 인도에서 진행된 한 연구에서는 공공 기관의 권력이 주는 이득이 분명한 곳에서 어떤 종류의 사람들이 정부 관련 직업에 이끌리는지 조사했다. 인도의 벵갈

루루에서는 정부 공무원이 되면 부정 이득을 얻을 수 있는 수단이 특별히 많다.

두 경제학자가 학생 수백 명을 대상으로 작은 이득을 제공하는 실험을 했다. 학생들은 주사위를 42번 굴려서 높은 숫자가 나올수록 더 많은 현금을 받아 갈 수 있도록 했다. 하지만 결과를 직접 보고하는 방식이었기 때문에 학생들은 얼마든지 거짓 보고를 할 수 있었다. 실제 많은 시도를 한 만큼 통계적으로는 매우 가능성이 낮은 결과가 나왔는데, 6이 나온 횟수는 25%에 달한 반면, 1이 나온 횟수는 10%에 불과했다. 몇몇 학생은 심지어 42번 연속으로 6이 나왔다고 주장했다. 사실 실험 전에 학생들에게 희망하는 직업군을 물었는데, 이중 '거짓 보고를 했을 가능성이 큰 학생들'은 그렇지 않은 학생들에 비해서 공무원이 되고 싶다고 한 비율이 더 높았다.[53]

결국 가장 리더가 되면 안 되는 유형의 사람들은 리더의 핵심 역할을 '권력 행사'라고 생각한다. 스타트업에서 흔히 수평적 조직 구조를 많이 이야기하지만, 이것이 의사 결정자가 없거나 의사 결정의 책임이 모두에게 공통하게 분배되어 있다는 의미는 아니다. 하지만 동시에 권위나 직급에 기반하여 특정 누군가가 의사 결정을 남발하고 권력을 행사한다는 의미는 더더욱 아니다. 양 극단이 답이 아닌 것은 분명하지만, 올바른 리더란 어떤 모습이며 좋은 리더십이란 무엇인가에 대한 답은 점점 모호하게 느껴질 수도 있다. 이러한 궁금증에 대해 단적으로 답하자면, 리더는 곧 책임지는 자다.

미국 해군 특전대 '네이비실'의 은퇴 장교인 조코 윌링크는 극한의 오너십(Extreme Ownership)이라는 용어를 통해 책임지는 리더십에 대해 역설한다.[54]

　　네이비실은 최강의 육체와 정신을 가진 이들이 지원한다. 네이비실의 훈련 기간은 총 71주로, 24주에 달하는 수중 폭파 훈련을 잘 견뎌 낸 훈련생들은 그중에서도 더욱 뛰어난 육체와 체력을 갖고 있다.

　　하지만 지옥 주간이 시작되기 이틀 전, 남은 훈련생의 약 3분의 2가 중도 포기한다. 지옥 주간은 체력 테스트 과정이 아니다. 지옥 주간에서 끊임없이 도전받는 것은 정신이다.

　　훈련생들은 5일 동안 평균 4시간 수면을 취하며, 일곱 명이 한 조가 되어 이동할 때는 항상 100킬로그램이 넘는 보트를 머리에 이고 다닌다. 심지어 보트에 물과 모래를 가득 채우고 6미터가 넘는 모래 언덕을 오르내리고 백사장 수 킬로미터를 수시로 달린다. 각 조는 끊임없이 경쟁하는데, 1등 조는 훈련에서 열외되고 꼴찌 조는 추가 훈련을 받게 된다. 서로가 서로를 비난할 수밖에 없는 구조다.

　　이번 꼴찌 조는 6조였다. 6조에서 서로 제 몫을 하지 않는다고 욕하고 비난하는 소리가 멀리서도 들렸다. 조장은 팀원들의 형편없는 실력을 비난했다. 그때 주임 상사가 꼴찌 조의 조장과 1등 조의 조장을 바꿀 것을 명령했다. 6조 조장은 기가 살아난 듯 보였다. 자기 잘못은 없고 단지 운이 나빠서 열등생들이 모인 팀에 배치되었다고 생각했기 때문이다.

놀라운 반전은 조장을 바꾼 6조가 단번에 1등으로 올라온 것이다. 대체 무슨 일이 일어난 걸까?

6조로 온 1등 조장은 먼저 현실을 있는 그대로 받아들였다. 6조의 성적이 지금까지 형편없었다는 것을 인정하면서도 나아질 수 있을 거라고 믿었다. 그는 누구도 비난하지 않았고, 나쁜 성적을 정당화하려고 변명하지도 않았다. 다른 누군가가 자기 조의 문제를 해결해 주기를 기다리지도 않았다. 조장이 책임을 지자 6조원들은 서로에 대한 비난을 멈추고 한마음이 되어 힘을 모았다. 오로지 승리만 생각했다.[55]

스타트업에서는 바로 이런 리더가 필요하다. 현실을 명확히 인식하고, 책임을 다른 누군가에게 돌리지 않고, 스스로 잘못을 인정하고, 먼저 바뀌고 행동하는 리더가 필요하다. 리더가 책임지면 팀원들은 서로에 대한 비난을 멈추고 오로지 문제 해결만 생각하게 된다.

리더가 팀원을 비난하기 시작하면 끝장이다. 완벽한 사람은 없다. 역량이나 인성이나 대인 관계가 완벽한 사람들로 이루어진 드림팀을 꿈꿀 수 있다. 스타트업계에서는 '인재 밀도'의 중요성과 A급 인재를 뽑는 것의 중요성에 대해 많이 이야기한다. 적합한 인재를 버스에 태우면 버스가 올바른 방향으로 갈 거라고 믿어 의심치 않는다. 어떤 창업자는 대표 이사로서 자신의 가장 중요한 역할로 채용을 꼽기도 한다.

좋은 인재를 채용하는 일의 중요성을 폄하하려는 것은 아니다.

하지만 어쩌면 문제의 원인을 '함량 미달인 직원'으로 너무 간단히 생각하고 있는 것은 아닐까? 책임은 언제나 리더에게 있다.

리더의 숙명

나는 스스로 리더 역할을 하기도 했지만, 그보다 더 많은 시간과 에너지를 리더를 육성하고 세우고 코칭하는 데 썼다. 그래서 신임 리더들이 겪는 어려움에 관해 이야기를 많이 나눈다. 개인적인 성향이나 부서, 고유한 역량이나 스킬 셋을 막론하고 이들이 겪는 어려움은 놀랄 만큼 비슷하다.

이들은 한 무리에서 가장 뛰어난 역량을 가졌고 동료들이 가장 신뢰하는 동료였으며 주도적으로 일하는 탁월한 '팀원'이었다. 그런데 리더가 되는 순간, 갑자기 팀원들의 불만이 속출한다. 리더로서 역량이 부족하거나 소통 스킬이 부족하거나 팀원들에게 업무 공유나 지시가 명확하지 않다는 식이다.

반면 리더는 리더 나름대로 팀원들이 역량이 떨어지거나 일을 잘 안 하려고 하거나 혹은 자신을 존중하지 않고 업무에 협조하려 하지 않는다고 불만을 토로한다.

이럴 때 내가 항상 하는 첫 번째 말이 있다. 신임 리더의 말을 시간과 공을 들여 충분히 들어준 후에 "이 일은 당신의 책임입니다"라고 말하는 것이다. 그러면 대부분 억울해한다. 이게 어째서 내 책임이냐고, 잘못한 것은 저들인데 왜 나에게 뭐라고 하냐는 것이다. 이들의 억울함은 사실 충분히 이해가 간다.

신임 리더들이 자신의 책임을 받아들이기 어려운 이유 중 하나는 '책임'과 '잘못'을 혼동하기 때문이다. 영어 단어로 하면 fault와 responsibility의 차이라고 할 수 있는데, 이 일이 발생한 것에 대한 잘못이 리더에게 있다는 것이 아니라, 이 일을 해결할 책임이 리더에게 있다는 것이다. 조직의 문제를 리더가 책임지고 해결하려 하지 않으면 해결할 수 있는 개인은 없다. 일어난 일에 대한 잘못이 아니라, 문제 해결의 영향력을 가진 주체가 리더라는 의미로 책임에 대한 관점을 바꿔야 한다.

리더가 책임을 져야 하는 또 다른 이유는 조직의 문제는 언제나 구조의 문제이기 때문이다. 온전히 책임지지 못하는 리더는 문제의 원인을 개인에게서 찾는다. 역량이든 태도든 열정이든 문제는 언제나 그 개인에게 있다는 것이다.

냉정하게 생각하면 틀린 말은 아니다. 애초에 훌륭한 개인이었으면 문제가 발생하지 않았을 수도 있다. 그러나 문제의 원인을 개인에게 돌리면 그 문제는 해결이 불가능하다. 제 나름의 가치관과 성향과 신념을 지닌 한 개인을 말 한마디로 일순간에 바꿀 수 있는 사람은 아무도 없다. 완벽한 개인이 없듯 완벽한 팀은 더더욱 없다. 결함이 있는 구성원을 데리고 최고의 성과를 내는 팀이 되도록 만드는 것, 이것이 모든 리더가 해결해야 할 궁극의 문제다.

구조의 관점에서 문제를 바라보기 시작하면 보이지 않던 문제들이 눈에 띄기 시작한다. 한 개인의 무능함과 열정 없음에서 눈을 돌리면, 그가 바쁜 일상 업무에 치이고, 하락하는 실적에 압박감을 느끼고, 상사의 평가와 피드백에 좌절하고, 타 부서의 업무 협조를 받는 데 위축되고, 이러저러한 개인 사정으로 인해 힘들어하는 것이 보이기 시작한다.

리더가 문제를 팀원 개인에게서 찾지 않고 '같은 문제'를 해결하는 조력자로서 대화를 나누기 시작하면, 그가 이야기하는 문제의 원인들이 변명이 아니라 '설명'으로 들리기 시작하고, 그가 처한 상황에 대해 진심으로 '공감'하게 된다. 《명심보감》에는 "사람이 의심스럽거든 쓰지 말고, 사람을 쓰려거든 의심하지 말라"라는 말이 나온다.

일단 내 팀원이면 기본적으로 신뢰해야 한다. 개인의 무능과 불성실을 무시하고 눈감아 주라는 것이 아니다. 이런 부분이 있다면 엄격하게 피드백을 줘야 하지만, 팀원의 기본적인 성실함과 성장하고 싶은 열망, 문제를 해결하고자 하는 의지 등 팀원의 '좋은 의도'를 신뢰해야 한다는 의미다. 이렇게 팀원에게 신뢰를 주는 것도 리더의 책임이다. 리더에게 신뢰받고 있지 못하다고 느꼈을 때 성과를 낼 수 있는 팀원은 없다.

무엇보다 리더가 책임짐으로써 팀십(Teamship)을 세울 수 있다. 각 개인은 문제가 생기면 서로를 비난하기에 바쁘다. 상대가 업무 공유가 잘 안 되고 역량이 떨어지며 열심히 하지도 않고 태도도 안 좋다는 식이다.

사실 이런 일이 발생하게 된 것은 모두 리더의 책임이다. 리더가 팀원과 충분히 소통하며, 각자의 역할과 업무에 대한 기대 수준과 프로세스를 명확하게 설정하지 않았기 때문이다. 리더는 의사 결정 권한이 있을 뿐 아니라, 각 팀원을 평가하고 보상하고 동기 부여하며 때로는 강한 피드백을 통해 행동을 제재할 권한이 있는 유일한 사람이다. 그런데 만약 특정 팀원이 최고의 성과를 내지 못하는 상황이 발생한다면 그것은 궁극적으로 모두 리더의 책임이다. 리더가 이러한 문제를 인식하고 자신의 책임을 팀원들에게 인정하고 진심으로 사과하며 개선할 것을 약속하면 팀원들끼리 서로를 비난하는 문화는 빠르게 사라지고, 모두가 한마음으로 문제 해결에 집중하게 된다.

이쯤 되면 리더가 되고 싶은 사람은 아무도 없을지도 모른다. 이미 스타트업의 리더는 고달픈 자리라고 이야기한 바 있다. 심지어 리더는 직위나 직급도 아니고 다른 사람들에게 영향력을 행사하는 자면 누구나 리더라고까지 이야기했으니, 권한은 없고 책임만 막중하여 피하고 싶은 자리처럼 느껴질지도 모른다.

실제로 나에게 신임 리더가 된 뒤 이런 불만을 토로하는 사람이 많았다. 자신이 '그렇게까지 해야 하는 일인지 모르겠다'면서 내가 좀 '특이한 사람'이라 쉬운 길을 놔두고 '굳이 그런 어려운 길로 돌아가는 거 아니냐'는 이야기도 들었다. 왜 '팀원들만 두둔하고 리더인 자신의 편은 들어주지 않느냐'는 이야기도 빠지지 않았다. 그리고 내가 이렇게 리더에게 굉장히 높은 기준을 강요하기 때문에, 자신은 리더로서 나에게 '어떤 판단과 평가를 받게 될지도 좀 두렵다'는 꽤 충격적인 이야기도 들었다. 그럴 때마다 나는 리더들에게 이야기한다.

"당신이 그렇게 느끼는 건 온전히 당신의 리더인 제 책임입니다."

이 말이 해당 리더에게 충분히 가닿기 전에 나는 덧붙인다.

"한 가지 드릴 수 있는 약속은, 어떤 팀원이 당신을 싫어해도, 당신이 제게 어떤 불평과 불만을 이야기해도, 누구와 어떤 갈등이 있더라도 저는 당신이 문제라고 생각하지 않습니다. 내 문제라고 생각합니다. 제가 리더인 당신의 현실 인식을 바꾸지 못했고, 충분히 의도를 전달하지 않아 오해하게 했고, 충분한 시간과 노력을 들여 상황을 듣고 소통하지 않았기 때문입니다. 모든 것이 당신의 리더인 저의 책임입니다."

정말 그렇다. 갓 리더가 된 신임도 팀원을 온전히 신뢰하고 팀의 모든 책임을 져야 하는데, 하물며 리더의 상위 리더야 말할 것도 없다. 리더 자신이 책임지는 데 본을 보이지 못하면, 그를 뒤따르며 책임질 리더는 단 한 사람도 없다. 이것이 리더의 숙명이자 품격이다. 책임질 줄 아는 리더는 자연스럽게 새로운 리더를 배출한다.

반대로 권력을 남용하고 책임지지 않으며 팀원들만 비난하는 리더가 많다면, 아무도 리더가 되고 싶어 하지 않을 것이다. 바로 '그런' 리더가 되고 싶은 사람만 제외한다면 말이다.

앞서 인도의 부패한 공무원 시스템 사례를 들면서 '가장 부패한 사람'이 공무원이 되고 싶어 할 가능성이 크다고 이야기했다. 이번에는 또 다른 연구진이 공무원 체계가 깨끗하고 투명한 덴마크에서 비슷한 실험을 했는데, 완전히 정반대의 결과가 나왔다. '정직하게 점수를 보고한 학생들'은 공무원이 되겠다고 할 가능성이 훨씬 컸던 반면,

'거짓 보고를 했을 가능성이 큰 학생들'은 막대한 부를 쌓을 수 있는 다른 직업을 원한 것이다. 부패한 시스템은 부패한 사람을 끌어당겼고, 정직한 시스템은 정직한 학생들을 끌어당겼다.[56]

우리 조직에서 리더가 되고 싶은 사람은 어떠한 사람들일까? 그 사람들이 우리 조직에서의 리더십을 말해 줄 것이다. 리더의 수준이 곧 조직의 수준이다. 우리 회사에는 인재가 없다고 푸념만 하지 말고, 왜 좋은 인재들이 리더가 되고 싶어 하지 않을까를 진지하게 고민하며 상위 리더인 혹은 기업가형 인재인 자신을 돌아봐야 한다.

6. 창업자여,
왕관의 무게를 견뎌라

권력의 대가

앞서 창업자는 불확실한 환경에 과감하게 뛰어드는 퍼스트 펭귄이라
고 했다. 창업 초기가 아니더라도 스타트업에는 위기의 순간이 수도
없이 온다. 10년 이상 생존했다고 해도, 혹은 유니콘에 가까운 기업
가치를 인정받았다고 해도 창업자는 안심할 수 없다. 투자를 받은 만
큼 책임은 더욱 무거워지고 성장해야 한다는 절박함은 더 커진다. 창
업자의 자리는 매우 고되고 힘든 자리이며 누구에게도 이해받기 힘든
외로운 자리다. 그래서 이들에게 필요한 것은 '권력'이다.

　　앞서 기업가형 인재의 리더십에 대해 이야기하면서 어떻게 권력
이 리더십과 관계가 없는지, 어떻게 부패한 조직이 부패한 개인을 끌
어들이는지 이야기했는데, 이와 정반대의 이야기를 하는 것이 모순처

럼 느껴질 수 있다. 이는 창업자가 처한 상황의 특수성 때문이다.

기원전 4세기 시칠리아 시라쿠사의 왕 디오니소스는 참주였다. 다시 말해, 혈통에 의해 왕이 되거나 민주정하에서 선출된 것이 아닌 실력으로 왕위를 찬탈했다. 그의 심복이었던 다모클레스는 늘 왕의 자리를 부러워했으며, 항상 왕의 곁에서 아첨하는 신하였다. 어느 날 왕은 다모클레스에게 "그렇게 왕의 자리를 부러워하니, 하루만 왕좌에 앉아 볼 텐가" 하고 제안했다. 다모클레스는 왕의 제안에 뛸 듯이 기뻐하며 승낙했고, 왕은 연회를 열어 다모클레스를 왕의 자리에 앉혔다. 연회에서 왕의 자리에 앉은 다모클레스는 아름다운 시녀들이 갖다주는 진수성찬과 부드러운 술에 황홀해했다. 그러다 문득 천장을 보니 말총 한 올에 간신히 매달린 예리한 칼이 자신의 머리 바로 위에 있는 것이 아닌가. 다모클레스는 깜짝 놀라 저것이 무엇이냐고 왕에게 물었다.

"왕이라는 자리는 저 칼이 언제 떨어질지 모르는 것처럼 언제라도 사라질 수 있는 것이다. 그래도 이 자리가 부러운가?"

다모클레스는 혼비백산하여 왕좌에서 내려왔고 그 후 다시는 권력을 탐하지 않았다고 한다.

창업자의 삶이 화려해 보이는가? 수백억 원대의 투자금을 유치하고 수백 명으로 구성된 조직을 이끌며 미디어에 나와 자신 있게 성공 방정식에 관해 이야기하는 모습을 보면 그렇게 보일 수 있다. 그러나 실제 내가 일하면서 근거리에서 만난 창업자들의 일상은 항상 불안과 압박에 시달리는 모습이었다.

디캠프와 분당서울대병원이 2022년 국내 창업자 271명을 대상으로 조사한 바에 따르면, 창업자 세 명 중 한 명(32.5%)은 우울감을 겪고 있다고 한다. 이 수치는 성인 평균 대비 두 배 이상 높은 수치였는데, 창업자 중 불안감을 느끼고 불면증에 시달리는 비율도 성인 평균 대비 높았다. 가장 큰 스트레스 요인은 '자금 압박과 투자 유치'였고 2위가 '조직 관리와 인간 관계'였다.[57]

권력은 대가를 요구한다. 세계적인 신경심리학자 이안 로버트슨 교수에 따르면, 권력자들은 전반적으로 스트레스를 많이 받고 이로 인해 노화가 더 빠르게 진행되는 경향이 있다고 한다. 그럼에도 불구하고 창업자가 권력을 가져야 하는 이유는 이것이 승리의 선순환을 가져오기 때문이다.[58]

승리의 선순환

조지아주립대학교의 연구자들은 술집과 피자집 등에서 이탈리아와 브라질 축구 팀의 경기를 지켜보는 사람들을 대상으로 타액을 채취해서 테스토스테론 수치를 측정했다. 승부차기 끝에 브라질이 이탈리아를 이기는 것으로 경기가 끝난 뒤에, 동일한 사람들을 대상으로 테스토스테론 수치를 측정했더니 브라질 팬들의 테스토스테론 수치는 평균 28% 올라갔고, 이탈리아 팬들의 수치는 평균 27% 떨어졌다.

승리는 높은 테스토스테론 수치의 원인일 뿐만 아니라 반대로 높은 테스토스테론 수치가 승리의 원인이 되기도 한다. 케임브리지 연구자들은 런던 주식 중개인 17명의 투자 양상을 연구하면서, 아침과 오후에 이들의 테스토스테론 수치를 측정했다. 이들의 수치는 제각각이었는데, 놀랍게도 아침에 측정한 테스토스테론 수치가 이들의 수익률을 예측하는 신호라는 것이 밝혀졌다. 아침에 테스토스테론 수치가 높은 중개인들이 그렇지 않은 중개인들에 비해 더 높은 수익을 올렸던 것이다. 이들은 위험을 무릅쓰고 모험적이고 전투적인 자세로 과감하게 투자해 상대적으로 더 큰 성과를 얻어 냈다.

또 다른 연구 팀인 마주어와 그의 동료들은 체스 클럽 회원 16명을 대상으로 토너먼트 전후와 경기 중에 타액을 채취해서 테스토스테론 수치를 측정하고 분석했다. 이 실험에서도 동일하게 승자들의 테스토스테론 수치가 매우 높을 뿐 아니라, 경기 전에 가장 높은 테스토스테론 수치를 보였던 사람들이 더 높은 승률을 보였다고 밝혔다.[59]

하지만 이렇게 일시적으로 높아진 호르몬 수치가 지속적으로 뇌에 영향을 미칠 수 있을까? 위스콘신대학교 매디슨 캠퍼스의 매튜 푹스예거와 그의 동료들은 수컷 생쥐들을 싸움을 붙인 후, 뇌의 핵심 부분에서 남성 호르몬 수용체(androgen receptor)가 얼마나 많이 발생하는지 실험했다. 남성 호르몬 수용체는 테스토스테론을 받아들이는 세포 표면의 돌기로, 이 수용체가 많으면 많을수록 테스토스테론 분출이 뇌에 미치는 영향이 더 커진다. 즉, 싸움에서 이긴 경험은 테스토스테론 수치를 증가시킬 뿐 아니라 남성 호르몬 수용체의 수를 증가시킴으로써 뇌의 구조를 변화시킨다.

이러한 메커니즘을 통해 권력은 우리를 더 똑똑하게 만들고 집중력을 높여 주며 창의성을 증가시킨다고 이안 로버트슨 교수는 말한다. 권력은 걱정을 덜 하게 하고 위험을 무릅쓰고 과감한 시도들을 하게 만듦으로써 승자가 될 확률을 한층 높여 준다. 그리고 승리는 더 높은 테스토스테론을 분출하게 할 뿐 아니라 남성 호르몬 수용체를 증가시켜 권력의 효과를 증대시킨다. 결국 권력은 승리를 부르고 승리는 다시 권력을 낳는 선순환 구조가 형성되는 것이다.

창업자의 야심

스타트업 창업자는 생존자들이며 과감한 시도를 통해 성공의 사다리를 타고 올라온 자들이다. 창업자는 회사가 추구해야 할 사명과 비전을 수립하고, 조직의 문화와 인재상을 규정하며, 나아가야 할 전략적 방향을 제시한다. 창업자의 비전과 전략하에 하나가 된 팀은 큰 조직은 흉내 낼 수 없는 엄청난 속도와 파괴력을 창출한다.

이때 창업자의 야망은 훌륭하고 좋은 것이다. 성공과 성취로 가게 만드는 연료이자 원동력이다. 권력의 남용은 폐해가 매우 크지만, 권력 그 자체는 곧 사람들에게 영향력을 행사하는 힘이다. 정치인이나 기업가뿐만 아니라 과학자, 사회 복지사, 간호사, 교사, 경찰관 모두 선한 의도를 가지고 사회와 환경과 사람들이 긍정적인 방향으로 나아갈 수 있도록 영향력을 행사하는 직업이다. 이런 좋은 의도를 가지고 올바르게 행사하는 권력은 선한 것이다. 앞서 권력을 잡는 데 대가가 필요하다고 이야기했는데, 이 대가를 덜 치르려면 권력을 '원해야' 하고 또 권력을 휘두르는 것을 '즐겨야' 한다.

미시간대학교의 미셸 워트 교수 연구 팀은 피실험자들을 짝지어 승자와 패자가 정해지는 게임을 하게 했다. 그리고 연구진은 게임의 결과를 조작한 다음, 이 결과를 기반으로 사람들을 승자 집단과 패자 집단으로 분류했다. 게임 전에 설문 조사를 통해 피실험자들의 권력욕을 측정했다. 권력욕이 강한 사람들은 승리를 거두었을 때 스트레스 호르몬인 코르티솔 수치가 큰 폭으로 떨어졌고, 반대로 패했을 때에는 코르티솔 수치가 급격하게 올라갔다. 반면 권력욕이 약한 사람들은 패배했을 때도 그다지 큰 스트레스를 받지 않아서 코르티솔 수치의 변화가 별로 없었다.

여기까지는 크게 놀라울 것이 없다. 흥미로운 사실은 이들이 승리했을 때 발견됐다. 권력욕이 약한 집단은 승리를 했을 때 오히려 코르티솔 수치가 올라갔다. 이들에게는 승리조차도 스트레스 요인이었던 것이다. 수단과 방법을 가리지 않고 이기고 싶어 하는 사람도 있는 반면, 어떤 사람들은 승리하는 것에 모종의 불편함을 느끼며 심지어 일부러 패배를 택하기도 한다.[60]

결국 창업자가 권력욕이 낮거나 영향력 행사의 동기가 낮다면, 경쟁이 치열한 스타트업 환경에서 과도한 스트레스를 받게 될 수 있다. 지속적인 스트레스로 인해 코르티솔이 혈액에 만성적으로 유입되면 심혈관계가 안 좋아지고 전두엽, 기억 능력과 연관성이 높은 해마에 손상을 입게 된다. 하지만 이렇게 특별히 권력욕이 높지 않은 창업자도 왕관의 무게를 견딜 수 있는 비결이 있다.

왕관의 무게

사실 나와 같은 일반 직원들에게는 '왕관의 무게'라는 것이 어떤 것인지 잘 이해가 안 되거나 혹은 배부른 소리처럼 들릴 수도 있다. 스타트업 창업자라 하면 무소불위의 권력을 가지고 어떠한 스트레스도 없이 권력을 임의대로 행사할 수 있을 것처럼 생각되기 때문이다. 그러나 실상 창업자는 수많은 이해관계자에 얽매여 있다. 주주, 투자자, 이사회, 경영진 및 리더, 내부 직원들과 고객들, 그리고 외부에 있는 미디어나 기자들까지 신경 써야 할 주체가 한둘이 아니다. 직장인은 상사의 기호만 잘 맞춘다면 큰 갈등이나 불편함 없이 직장 생활을 할 수 있는데, 창업자는 이런 상사가 10명쯤 되는 셈이다.

심지어 창업자는 직원 대부분이 불편해하고 꺼리는 존재다. 무급도 아니고 정당하게 돈을 주고 고용한 직원인데, 대다수 직원은 창업자에 무관심하거나 아니면 막연히 부정적 인식을 가지고 있거나 심지어 아예 대놓고 싫어하기도 한다. 간혹 창업자와 친해 보이는 직원이 있다 하더라도, 금세 직원들의 구설수에 오르기 때문에 창업자나 그 직원이나 서로 몸을 사릴 수밖에 없다. 창업자가 이성과 친하면 이상하게 보고, 동성과 친하면 정치 집단을 만든다고 한다. 새로 입사한 신입 사원이나 막내라면 서로 챙겨 주겠지만 창업자를 챙겨 줄 이는 아무도 없다. 혹여 어떤 직원이 그렇게 하더라도 권력에 아부하는 사람으로 오해받기 십상이다. 이런 여러 가지 사유로 창업자는 자신이 설립한 회사에서 서서히 가장 외로운 존재로 남는다.

절이 싫으면 중이 떠나겠지만, 지주 스님 격인 창업자는 떠날 수도 없다. 스스로 '이 정도면 충분하다'고 생각하고 사임하려고 해도 이사회나 주주들이 쉽게 놓아줄 리 없다. 어떤 직장인 출신 창업자는 "다니던 회사가 싫어서 창업했는데, 내 회사가 싫으니 갈 데가 없다"라며 진심을 섞은 농담을 하기도 한다. 함께 일하고 싶은 사람을 선별하기 위해 특정 조직 문화를 만들 수도 있지만, 조직 규모가 커질수록 점점 초기 문화와는 맞지 않는 사람들이 들어오고 창업자는 자신의 가치관과 거리가 있는 사람들에 둘러싸여 군중 속의 고독을 느낀다.

군중 속에서 느끼는 외로움이 더욱 고독한 이유는, 이 많은 사람 중에 나와 감정을 나누고 소통할 사람이 단 한 명도 없다는 데서 느끼는 '상대적 박탈감' 때문이다. 창업자는 회사에서 가장 큰 권력을 가진 존재지만 수많은 이해관계자와 사정에 의해 무엇 하나 마음대로 하지 못한다고 생각될 때 느끼는 무력감이 매우 클 수 있다. 이때 필요한 것이 '자기 통제감'이다.

베트남 전쟁 당시 베트콩들은 포로로 잡은 미군들을 고문하며 '마인드 컨트롤'이라는 심문 기법을 사용했다. 이를 통해 세뇌가 된 미군은 미디어 앞에서 공개적으로 자본주의를 비방하고 공산주의를 찬양하기도 한다. 미군 당국은 이러한 세뇌 기법에 대응하기 위하여 관련 연구를 시작했다. 그 결과, 1979년에 군사 심리학자들은 관련 보고서를 작성했고 얼마 전까지 비밀 등급으로 열람이 금지되었던 이 보고서가 근래에야 대중에 공개되었다.[61]

이들이 알아낸 사실은 베트남의 전쟁 포로수용소나 아부그라이 브수용소 혹은 관타나모수용소의 심문관들이 어떤 사람은 굴복시켜서 원하는 정보를 알아내지만 어떤 사람은 끝내 굴복시키지 못한다는 것이었다. 이 두 그룹을 나누는 중요한 요인은 포로가 얼마만큼 자기 통제감을 가졌는지였다. 똑같이 고문당하고 결박된 상황이었지만, 자기 통제감이 높은 포로는 세뇌당하는 경향성이 더 낮았다.

자기 통제감은 다음과 같은 질문을 통해 확인할 수 있다. 0~5점 척도로 가장 동의하는 경우에 5점으로 답하는 방식이다.

- 시험 결과는 본인이 얼마나 공부하느냐에 좌우된다.
- 사람은 결국 자기가 받아 마땅한 정도의 존경을 받게 마련이다.
- 대체로 인간의 삶은 우리가 알지 못하고 또 통제할 수 없는 힘에 의해 결정된다.
- 시험에 나오는 문제들은 강의 내용과 무관한 경우가 너무 많으므로 시험 공부를 해 봐야 소용이 없다.
- 좋은 일자리를 잡는 데 가장 큰 관건은 적절한 시간에 적절한 곳에 있는 것이다.

1~2번에 대한 답은 높을수록, 3~5번에 대한 답은 낮을수록 자

기 통제감이 높은 것이다. 자기 통제감이란 자기 주위에서 발생하는 일에 대해 어느 정도까지 영향력을 끼칠 수 있을지 스스로 규정하는 신념 체계다. 이러한 '단순한 믿음'이 우리 몸에 발생하는 호르몬에 영향을 미친다.

자기 통제감과 함께 이러한 권력을 유지하는 데서 오는 스트레스를 잘 다루는 법은 '성장 마인드셋'을 갖추는 것이다. 미국의 심리학자 켈리 맥고니걸은 스트레스를 받을 때는 코르티솔과 함께 DHEA가 나온다고 한다. 이는 신경 스테로이드의 일종으로 두뇌 발달을 돕는 호르몬이다. 코르티솔의 해로운 영향을 일부분 상쇄시키기도 하며 우울증 치료에 효과가 있다.

코르티솔은 만성적으로 유입될 경우 매우 유해하지만 원래 목적은 스트레스를 받을 만한 위협적이고 위험한 상황을 극복하기 위한 것이다. 즉, 포도당을 혈액과 뇌로 펌프질해서 긴급 상황에 필요한 신체 및 뇌 에너지 활동 능력을 향상시키며, 아드레날린을 통해 맥박을 빠르게 하고 혈압을 높이고 장기에서 긴급하게 피를 회수해 근육으로 보내게 함으로써 빠르게 동작할 준비 태세를 취하게 한다. 또한 비교적 중요하지 않은 소화나 성장 등의 생리 기능을 억제한다.

인간에게는 두 가지 호르몬이 모두 필요하기 때문에 어느 것도 무조건 나쁜 호르몬이라고 볼 수는 없다. 하지만 두 호르몬의 비율은 스트레스의 장기적 결과에 영향을 미칠 수 있다. 코르티솔 비율이 지나치게 높으면 만성 피로, 두통, 불면증 등의 증상이 나타날 수 있지만 높은 DHEA 비율은 심장 질환, 신경 퇴화, 우울증 등 스트레스 관련 질병의 발병률을 감소시킨다.

이 코르티솔 대비 DHEA 비율을 '성장 지수'라고 부른다. 이 지수가 높아지면 스트레스로 인한 문제는 적으면서, 집중력이 강화되고 문제 해결 능력이 상승한다. 성장 지수가 높은 사람들은 다음과 같은 신념과 행동 체계를 가지고 있었다.[62]

- 스트레스성 사건이 일어났다는 사실을 받아들인다.
- 스트레스의 근원을 해결할 작전을 계획한다.
- 정보나 도움 및 충고를 구한다.
- 스트레스의 근원을 극복하거나 제거하거나 변화시키기 위해 조치를 취한다.
- 상황을 보다 긍정적인 태도로 바라보거나 성장의 기회로 활용한다.

즉, 성장 지수가 높은 사람들은 현실을 있는 그대로 바라보고, 문제 해결을 위해 실제적인 계획을 세우고 도움을 청하고 조치를 취하며, 위기를 기회로 활용하는 긍정적 태도를 취한다. 반대로 스트레스가 해롭다는 사고방식을 가진 사람들은 대처 방식이 회피라고 말하는 경향이 크다. 결국 스트레스 상황을 바라보는 관점이 실제 몸의 호르몬 비율을 변화시키는 것이다.

이런 관점의 변화는 스트레스로 인한 사망률 수치조차 변화시킨다. 스트레스 수치가 높은 사람들은 사망 위험이 43% 증가한다. 그런데 오직 스트레스가 '건강에 해롭다고 믿었던' 사람들만 사망 위험이 증가했다. 비록 높은 스트레스 수치를 기록했지만, 스트레스가 해롭다고 믿지 않은 사람들은 사망 확률이 증가하지 않았다. 이들은 심지어 스트레스를 거의 받지 않는다고 기록된 사람들보다도 사망 위험이 낮았다.[63]

자기 통제감과 성장 마인드셋을 갖춘 창업자는 마침내 권력을 올바로 다룰 수 있게 된다. 창업자는 권력으로 인해 더 집중력을 발휘하고 창의적으로 생각하며, 위험을 무릅쓰고 과감하게 의사 결정을 내린다. 이러한 과감한 의사 결정은 더 많은 승리를 가져오고 이는 다시 테스토스테론을 불러일으켜 또 다른 승리를 낳는다. 즉, 권력과 야심은 좋은 것이다.

그러나 창업자가 권력을 부정적으로 인식한다면, 가뜩이나 고독하고 힘겨운 왕관의 무게가 더욱 버겁게 느껴질 수 있다. 권력은 곧 영향력이다. 선한 의도를 가지고 권력을 올바르게 행사할 때 직원들을 동기 부여하고 업무 리소스를 최적화하며 성장할 수 있는 업무 기회를 제공할 수 있다. 또 고객들에게 훌륭한 서비스로 감동을 주고 자사 제품으로 사람들의 일상을 더 풍요롭게 할 수 있다.

건강한 권력욕

앞서 창업자의 야심과 권력은 좋은 것이라고 했다. 그러나 '권력 중독'은 언제나 해롭다. 권력은 테스토스테론을 분출시키면서 도파민 분출을 촉진하는데, 이 도파민은 모든 욕망의 공통 화폐라고 할 수 있다. 도파민은 적정한 수준일 경우 활력과 열정, 희망을 북돋아 주며 자기 효능감을 증가시켜 준다. 그러나 도파민은 너무 많거나 너무 적어도 문제가 생긴다. 도파민이 지나치게 적게 분출돼서 발생하는 장애가 파킨슨병이고, 뇌의 특정한 부위에 도파민이 지나치게 많이 있음으로써 발생하는 질병이 조현병이다. 그리고 권력으로 인한 지나친 도파민 분출은 권력 자체에 대한 중독으로 치달아 폭군과도 같은 행동을 하게 만든다. 그렇다면 권력의 종말은 결국 중독으로 인한 파멸이고, 절대 권력은 반드시 부패하게 마련인 것일까?

하버드대학교의 데이비드 맥클랜드 교수는 사람들의 언어를 통해 보다 큰 선을 위해서 개인의 충동을 억제해야 한다는 의무감 높은 권력욕을 파악할 수 있음을 밝혀냈다. 맥클랜드는 권력과 관련된 특정 단어들의 빈도를 따져서 사람들이 가진 권력욕을 크게 두 가지 유형으로 분류했다.

그는 P(Personal) 권력이 지배적인 사람들은 삶을 선악의 대결이나 '내가 이기고 네가 지는' 식의 제로섬 게임으로 묘사하는 경향이 있다고 했다. 이들은 경쟁에서 상대를 무너뜨리고 이기고자 하는 강력한 충동이 있으며 독단적 경향이 있다.

반면 S(Social) 권력이 지배적인 사람들은 단지 이기는 것을 넘어서, 그보다 더 폭넓은 어떤 편익을 가져다줄 수 있는 변화를 추구하는 경향을 보였다. 이들은 도덕적이거나 법률적인 기준이 자기 행동을 다스린다고 느끼며, 아울러 자기가 아닌 다른 사람들에 대한 의무와 관심을 느낀다. 또한 자기 성격과 자제력 및 선의를 비판적으로 검토하여 잣대로 삼는 자기 판단력을 가지고 있다.[64]

미시간대학교의 올리버 슐타이스 교수는 피실험자들의 P 권력욕과 S 권력욕 수치를 측정한 뒤 게임을 하게 했다. 이 게임은 낯선 사람 한 명과 숫자판 속에 있는 숫자들을 빠르게 연결하는 경쟁 게임이다. 그러나 게임의 결과는 연구 팀이 임의로 조작했다. P 권력욕 수치가 가장 높았던 사람들은 게임 전에 이기는 상상을 하는 것만으로 테스토스테론 수치가 치솟았다.

반면, P 권력욕과 S 권력욕을 동시에 가진 사람들은 게임에 이기는 상상을 했을 때 테스토스테론 수치가 그다지 높이 올라가지 않았다. P 권력욕만 가진 사람들의 절반 수준에 불과했다. 또한 게임에 이긴 뒤에 분출되는 테스토스테론의 양도 적었다. 이들에게는 경기에서 이기는 것과 테스토스테론 사이의 연관성이 상대적으로 적었다. 이 두 개의 권력욕을 동시에 가지고 있는 사람들은 여전히 영향력을 행사하고자 하는 욕구는 있지만, 낯선 사람을 상대로 벌이는 경쟁에서 이기는 일에는 큰 흥미를 느끼지 않았던 것이다.

S 권력욕은 또한 테스토스테론과 동반되는 경쟁적인 공격성을 다소 감소시키며, 도파민 분출로 인해 발생하는 권력에 대한 중독 경향성을 약화한다. 결국 공공의 이익과 대의라는 관점에서 권력을 행사하는 창업자는 권력 중독에서 벗어날 수 있다. 심지어 이렇게 의미 있는 목표를 가진 창업자는 스트레스에서 자유로우며 더 행복할 가능

성이 크다.

앞서 창업자의 자기 통제감과 성장 마인드셋이 권력을 올바르게 다루게 해 주고 스트레스에서 벗어나게 해 준다고 했다. 이 두 가지 기둥과 함께 마지막으로 창업자를 지탱하는 기둥은 '의미'다. 궁극적으로 일하는 목적이자 사명감에 가까운 감정이다.

이 시대의 창업자는 단순히 돈을 벌기 위해 기업을 세운 사람이 아니다. 경제학자 슘페터는 자본주의 시스템을 이끌어 가는 핵심 동력이 기업가의 '창조적 파괴'라고 말했다. 창업자는 처음에는 단순히 재미있어 보여서, 혹은 돈과 성공이라는 '외부 동기'로 사업을 시작했을지라도 결국 어느 순간 자신이 만들고 있는 것이 개인의 성공과 성취를 훨씬 뛰어넘는 것임을 깨닫게 된다.

2005년 갤럽의 연구원들은 전 세계 121개국의 12만 5000여 명을 대상으로 스트레스 지수를 측정하면서, 한 나라의 스트레스 지수는 삶의 행복도, 기대 수명, GDP(국내 총생산) 같은 다른 지수들과 어떤 관계가 있는지 연구했다. 결과는 놀라웠다. 국가의 스트레스 지수가 높을수록 국가 생활 만족도와 전반적인 삶의 행복도가 높았으며 심지어 기대 수명과 GDP도 더 높았다. 이러한 '스트레스의 역설'은 어떻게 설명할 수 있을까?[65]

2013년 스탠퍼드대학교와 플로리다주립대학교 연구원들은 미국 성인들을 대상으로 "전반적으로 내 삶은 의미가 있다"라는 문장에 얼마나 동의하는지 조사했으며, 이 외에 다양한 요인을 파악해서 상관관계를 분석했다. 놀랍게도 의미 있는 인생과 가장 깊은 상관관계가 있다고 밝혀진 예측 변수로 스트레스가 높은 순위를 차지했다. 우리 일상에서 스트레스의 원천 중 가장 높은 순위를 차지하는 것이 일, 육아, 대인 관계, 건강이다. 이러한 일은 많은 스트레스를 주기도 하지만 동시에 인생에서 가장 의미 있다고 여겨지는 일이다. 즉, 스트레스는 우리가 목적의식을 충족시키는 목표들을 추구하고 중요한 역할을 맡게 되면서 따라오는 당연한 부산물인 것이다.[66]

창업자의 꿈

파타고니아의 회장 이본 쉬나르는 2022년 10월 기업 공개를 하지 않고, 회장단 가족이 가진 지분 100%를 환경 단체에 기부하기로 결정했다. 쉬나르 일가가 소유한 지분 가치는 30억 달러(약 4조 2000억 원)에 달하는 것으로 평가된다. 이뿐만 아니라 파타고니아에서 나오는 수익 중 1억 달러를 기후 변화 예방과 환경 보호 활동에 사용한다고 했다. 환경과 사회에 대한 관심이 높은 고객들이 파타고니아 브랜드에 더욱 열광할 것은 자명하다. 그는 "지구가 목적, 사업은 수단"이라고 천명할 정도로 사회 환경적 가치를 중요시 여긴다.

1997년 예일대의 에이미 브제니에프스키 교수와 연구진은 의사, 사무원, 프로그래머, 도서관 사서 등 다양한 직업을 가진 사람들을 대상으로 자신의 일을 바라보는 관점에 대해 조사했다. 크게 세 가지 관점이 있었는데, 먼저 직업(job)으로 보는 관점이다. 여기에 속한 사람들은 자신의 일을 생계 수단으로 보며, 일의 주요 목적은 돈을 버는 것이다. 따라서 경제적 여유가 생긴다면 대부분은 지금 하고 있는 일을 그만둘 것이라고 답했다.

둘째는 경력(career)이다. 이들은 자신의 일을 경력 개발 과정으로 본다. 주요 목적은 승진이며, 비록 지금 하고 있는 일이 힘들거나 의미가 없다고 생각해도 더 좋은 자리로 가기 위해 견디고 있다고 답했다.

마지막으로 소명(calling)이다. 이들은 지금 하고 있는 일이 자기 삶의 중요한 일부이며, 자기 정체성을 구성하는 핵심이라고 생각한다. 돈을 벌기 위해 일하는 면도 있지만, 그것보다는 지금 하는 일을 즐기고 있으며, 그 일이 세상을 더 나은 곳으로 만드는 데 기여한다고 믿는다.[67]

이 연구에서 놀라운 점은 사람들이 큰 어려움 없이 자신의 일을 셋 중 하나의 유형으로 구분할 줄 안다는 것이었다. 또 하나 흥미로운 사실은 세 유형의 사람들이 비슷한 비중으로 분포했다는 것이다. 이 연구 결과의 가장 중요한 시사점은 자신의 일을 소명이라고 생각하는 사람일수록 삶에 대한 만족도가 가장 높았다는 것이다.

서울대학교 심리학과 최인철 교수는 그의 저서 《굿 라이프》에서 좋은 일이란 직업의 종류와 상관없이 '자신이 누구이며, 어디서 왔고, 어디로 향해 가고 있는지'에 대해 해답을 제공해 주는 일이라고 했다. 또한 자신의 일이 세상을 더 나은 곳으로 만들고 있다는 의미와 목적을 발견하는 삶, 즉 소명이 이끄는 삶이 '굿 라이프'라고 했다.[68]

대니얼 핑크는 직원들의 내재 동기를 활성화하기 위해서는 자율성과 숙련, 목적이 필요하다고 이야기하며 자율성과 숙련, 두 가지는 기업가형 인재의 역할이라고 했다. 반면, 창업자의 가장 중요하면서도 고유한 역할은 그가 가진 비전으로 직원들에게 목적의식을 부여하는 것이다.

그러나 모든 창업자가 사업보다 사회적 가치를 더 크게 여긴다고 생각하거나, 그들이 마냥 선한 동기와 소명 의식을 가졌다고 오해해서는 곤란하다. 이들은 불확실성이 높은 스타트업 환경에서 생존하고 성장하기 위해 누구보다 치열하게 노력하고 열정을 불살랐던 성공과 야망의 화신들이다. 그러나 창업한 기업이 어느 정도 궤도에 오르면서 함께해 온 내부 직원들, 고객들, 투자자들, 여러 파트너에게 감사함을 느끼고 그들이 잘되는 것에까지 책임감을 가지게 된 것이다. 그리고 이러한 진심은 자연스럽게 직원들에게 전해지고, 직원들의 이런 목적의식은 다시 고객에게 전달된다.

백패커의 김동환 대표는 도예학과를 졸업한 사촌 동생이 좋은 작품을 만들어도 판매처가 없어서 어려움을 겪고 있는 것을 보고 '아이디어스' 서비스를 론칭했다. 처음에는 이 창업 아이디어가 너무 좋다고 생각해서 아무에게도 이야기를 안 하다가, 미국의 핸드메이드 플랫폼인 엣시(Etsy)가 이미 아주 크게 잘되고 있는 것을 나중에 알게되어 허탈했다고 한다. 지금은 아이디어스 내에서 셀러들을 '작가님'으로 호칭하고 상품을 작품으로 부르는 게 너무 당연하지만, 이러한 문화는 아이디어스가 꾸준히 만들려고 노력한 결과물이다.

백패커는 이미 수천억 원대의 기업 가치를 달성해서 김동환 대표이사는 그가 보유한 주식의 가치로만 따지면 수백억 원대 자산가지만 그는 여전히 경기 외곽의 전세 주택에 살고 있다. 또 몇 달간 심도 깊은 고민을 마친 뒤 특정 국산 차를 중고로 샀다고 했다. 그런 그에게 일하면서 언제 가장 동기를 얻느냐고 물은 적이 있는데, 그는 한참 고민하더니 "아이디어스에서 작품을 판매하면서 생계를 책임지게 되고 삶이 나아졌다"라는 작가들의 글을 봤을 때 가장 기쁘다고 답했다.

처음에는 그도 자신이 생각한 사업 아이디어를 직장 상사가 받아들여 주지 않아서 '내가 나가서 창업하면 무조건 성공하지'라는 마음으로 사업을 시작했다고 한다. 그러다가 뛰어난 재능과 열정과 노력을 가지고도 적절한 판매처가 없어 생계조차 책임지지 못하는 작가들이 많은 것을 알게 되었고, 점점 이들이 잘되는 것에 책임감을 가지게 되었다.

텀블벅 인수도 마찬가지다. 언뜻 크라우드 펀딩 플랫폼과 핸드메이드 플랫폼이 잘 연결되지 않는 것처럼 보이지만, 자신이 가진 아이디어를 기반으로 창조적 작품을 구현하여 고객에게 제공한다는 점에서 작가와 창작자는 동일하다. 공예품이나 핸드메이드 작품이 활발하게 거래될 수 있는 온라인 플랫폼이 부재했던 것처럼, 텀블벅은 아이디어를 가진 창작자들이 그것을 실현할 자금이 부족한 경우, 프로젝트를 소개하고 자금을 지원받아 프로젝트를 시작할 수 있도록 창작자를 돕는다.

최근에는 단건 프로젝트에 그치지 않고 창작자가 자신의 '팬'을 기반으로 지속적으로 후원을 받을 수 있는 멤버십 서비스를 론칭했다. 이를 통해 창작자는 기존 동영상이나 사진 플랫폼에서 알고리즘의 '선택'을 받기 위해 자신의 창작 의도와 맞지 않는 작업을 할 필요가 없고, 생계에 대한 스트레스 없이 지속해서 창작 활동에 집중할 수 있게 될 것이다.

이러한 목적의식은 직원들의 동기 부여나 기업 브랜딩 측면에서 긍정적임을 이야기했다. 그러나 이는 무엇보다 창업자 개인에게 좋다.

행복한 창업자

뉴욕주립대학교 버펄로 캠퍼스 연구원들은 미국인 성인 1000명을 대상으로 3년 동안 추적 조사했다. 연구원들은 매년 참가자들에게 공동체에 얼마나 시간을 할애했는지와 일상에서 스트레스를 받는 정도, 그리고 건강 상태에 대해 물었다. 어떤 식으로든 공동체에 봉사한 경험이 없는 사람들은 이혼이나 실직 같은 스트레스성 생활 사건으로 인해 새로운 건강 문제가 생길 위험이 증가했다. 놀랍게도 사회 활동에 시간을 투입하는 사람들은 스트레스와 사망 위험도에 어떤 연관성도 없었다. 마치 스트레스의 해로운 영향으로부터 완벽하게 보호받은 것처럼 보였다.[69]

캘리포니아주립대학교 의대 교수인 스티븐 콜은 노스캐롤라이나대학교 채플힐 캠퍼스의 바버라 프레더릭슨 교수와 함께 매우 혁신적인 (어떤 그룹에서는 여전히 논란이 분분한) 연구 결과를 저명 학술지 《미국국립과학원회보(PNAS)》에 발표했다. 그들은 참가자 80명을 설문 조사를 통해 두 그룹으로 나눴다.

한 그룹은 행복을 쾌락주의적(hedonic)으로 보는 집단이고, 다른 그룹은 행복을 의미 지향적(eudaimonic)으로 보는 그룹이었다. 그런 다음 채혈을 해서 '역경에 대한 보존 전사 반응(CTRA)'을 알아보았다. 이는 스트레스에 대응하기 위해 유전자가 반응하는 방식인데, 스트레스를 받으면 염증을 유발하는 유전자의 발현은 증가하고 항바이러스 유전자의 발현은 감소하게 된다. 염증을 일으키는 유전자가 특히 해로운데, 심혈관계 질환과 전이성 암, 신경 퇴행성 질환을 악화시키기 때문이다. 그런데 쾌락주의적 집단에서는 위험한 면역 반응을 지닌 게놈 지문이 나타났지만, 의미 지향적 그룹은 세포 차원에서 보호받고 있음을 확인할 수 있었다. 콜은 이에 대해 다음과 같이 설명한다.

"만약 내가 느끼는 행복이 쾌락과 직결되었다면, 내게 안 좋은 일이 일어났을 때 그것은 나의 행복을 근본적으로 위협합니다. 하지만 나의 가치가 대의나 주변 사람들 혹은 내가 참여하는 공동체적 활동에 있다면, 즉 행복이 내가 아닌 외부의 무언가에서 비롯된다면, 내게 안 좋은 일이 생기더라도 큰 위협이 되지 못합니다. 내가 소중히 여기는 가치인 삶의 목적과 소명이 내 몸 안에 있는 게 아니라, 외부의 공동체에 있는 것이니까요."[70]

창업자의 삶은 고독하고 괴롭다. 하지만 동시에 창업자는 많은 영향력을 행사하여 직원들과 고객들, 그리고 사회에까지 큰 영향을 미칠 수 있는 가능성이 있다. 단, 자신의 영향력을 오롯이 인지하고 있을 때만 그렇다. 권력 자체에 부정적인 인식을 가지고 있다면 올바로 영향력을 행사할 수 없다.

이 권력의 선순환이 주는 이점을 오롯이 활용할 줄 아는 창업자는 승리하는 뇌 구조를 가지게 된다. 조심해야 할 것은 권력은 중독적이므로 자기 중심적인 욕구를 충족하려는 배포 작은 야심보다 훨씬 더 큰 공동체적, 전 지구적 야망을 가져야 한다는 것이다. 자신이 하고 있는 일이 어떤 의미를 가지고 있는지 잊지 말아야 한다. 사명감을 가진 창업자의 진심은 직원들에게, 그리고 고객에게 다시 전달된다. 열광하는 팬이 생기면 그 자체로 브랜딩이 된다. 이렇게 목적과 의미를 추구하는 사명감은 무엇보다 창업자 개인에게 좋다. 스트레스를 받아도 유전자가 보호해 줄 것이고 건강하게 장수할 것이며, 무엇보다 행복할 것이다.

세상에 이런 창업자가 더 많아졌으면 좋겠다. 그리고 그런 창업자들이 더 잘되어서 사회를 좀 더 나은 곳으로 만드는 데 기여했으면 좋겠다.

2부

세컨드 펭귄의
성장 공식

SECOND

PENGUIN

1부에서 창업자의 큰 야심은 사회를 더 나은 곳으로 만들어 줄 수 있다고 썼다. 세 컨드 펭귄의 일은 결국 그것을 돕는 것이다. 스타트업에서 다양한 역할과 포지션 을 맡고 있는 기업가형 인재가 공통적으로 하는 일에 대해서 문제 정의와 가설 기 반 사고, 그리고 리더십의 관점에서 구체적으로 풀어냈다. 내가 쌓은 커리어가 전 략 수립, 데이터 분석, 마케팅 및 영업이기 때문에 관련 영역의 예시와 사례들이 주로 나온다. 해당 분야에서 일하고 있다면 공감할 내용이 많을 것이다.

내 커리어와 역량을 사례로 들어 종종 이야기를 전하다 보니 기업가형 인재 가 되기 위한 특별한 자질이나 특정 커리어가 있다는 오해를 하는 사람들이 가끔 있다. 이런 오해를 불식시키기 위해 2부의 첫 번째 챕터인 '나는 기업가형 인재인 가?'에서 지능이나, 경험, 그리고 지식이 기업가형 인재가 되는 데 그다지 중요하 지 않음을 다양한 연구 결과의 개인적 경험을 근거로 들어 역설한다.

더불어 '스타트업에서의 커리어 설계' 챕터를 통해 커리어에 대한 조언을 한다. 불확실성이 높고 끊임없이 변하는 스타트업 환경 특성상 정해진 커리어 경로라는 것은 없다. 그렇지만 몇몇 후배들이 커리어에 대한 큰 고민 없이 그때그때 좋아 보 이는 기회를 택해 자신의 소중한 시간과 역량을 낭비하는 것을 보면서 조언의 필 요성을 느꼈다. 나 자신이 그동안 커리어를 쌓으면서 중요 시기마다 무엇을 기준 으로 의사 결정했는지 돌아보며 썼다.

1. 나는 기업가형 인재인가?

지능은 얼마나 중요할까?

1부에서는 창업자와 기업가형 인재는 어떤 차이가 있는지, 성공하는 스타트업에서 기업가형 인재가 창업자와 어떻게 상호 보완하고 균형을 이루며 협업해 나갈 수 있는지에 대해서 주로 이야기했다. 2부에서는 기업가형 인재의 자질이나 역량에 관해 이야기해 보려고 한다.

사실 기업가형 인재 또는 전략가라고 하면 비상한 두뇌를 가지고 있거나, 경험이 많거나, 직관이 뛰어난 경우를 많이 생각하는 것 같다. 하지만 나 자신만 돌아봐도 그것은 사실이 아니다.

나는 문과 출신으로 서울에 있는 중상위권 대학을 나왔다. 전국 기준으로 보면 상위권인 것은 맞지만, 처음 입사했던 글로벌 컨설팅 펌의 기준으로 보면 나는 특별할 게 없던 사람이었다. 아니, 오히려 컨설팅 펌에서 매우 '특별한' 인재였다. 경력이 일천한 주니어 컨설턴트였을 뿐 아니라 신입 컨설턴트라면 으레 거치게 마련인 학부 때 전략 학회나 동아리 경험도 없었기 때문이다.

그렇다고 특별히 머리가 좋거나 수학을 특출나게 잘하지도 못했고, 글로벌 경험이 있거나 영어가 유창한 것도 아니었다. 돌이켜 보면 애초에 어떻게 평범한 대학을 나와 대졸 신입으로서 글로벌 전략 컨설팅 펌에 들어갈 수 있었는지부터 의아한 일이다. 물론 운이 좋았다. 겸양의 말이 아니라 만약 그때 입사 지원서를 냈다면 서류조차 통과하지 못했을 것이다.

당시 컨설팅 펌에서 그해에 2년 차를 맞이하는, 대학생 대상 홍보 목적의 사례 기반 케이스 컴피티션 행사를 열었고, 그곳에서 운 좋게 수상해서 신입 입사 자격을 얻을 수 있었다. 그곳에는 말이 대학생이지, 유수의 대기업에서 5년간 휴대폰 개발 업무를 한 연구원 출신이나 학부 졸업 후 해외 유명 대학에서 MBA를 마치고 온 사람 등 눈빛만 봐도 베일 것 같은 예리함과 노련함을 갖춘 지원자가 즐비했다. 그 속에서 나는 단연코 '군계일학'이었다. 물론 모두가 두루미고 나만 혼자 닭이었다는 의미다.

세상에는 똑똑한 사람이 너무 많다. 특히 컨설팅 업계에서 머리가 비상한 사람들을 많이 만나 볼 수 있었다. 수학 능력이 뛰어나서 연산과 암산을 빠른 속도로 해낸다거나, 기억력이 매우 좋아서 클라이언트와 했던 이야기를 토씨 하나 틀리지 않고 기억하는 사람도 있다. 과학고와 서울대를 졸업했던 한 선배는, 어렸을 때는 책을 한 번 보면 머릿속에서 책이 한 장 한 장 넘어가면서 몇 페이지의 어느 부분에 어떤 내용이 있었는지 다 기억이 났는데, 요즘에는 나이가 들어서 그렇지 못하다고 답답하다고 했다. 그 이야기를 듣는 내가 오히려 가슴이 답답해지는 기이한 경험이었다.

이런 비상한 두뇌를 가진 천재들 사이에서 평범한 사람이 두각을 나타내기는 쉽지 않았다. 특히 컨설팅업은 개인의 이력서에 적히는 프로젝트 경험과 이력, 그리고 이에 기반한 인사이트가 전체 프로젝트의 성과에 기여하는 정도가 명확히 드러나는 구조였다. 개개인 맨파워의 합이 곧 팀의 경쟁력인 것이다.

또한 각자의 영역과 전문성이 다 달랐기 때문에, 조직 내에서 어떤 포지션을 차지하는지도 매우 중요했다. 예를 들어, 한 선배는 중공업 산업에서 계속 전문성을 쌓았는가 하면 어떤 선배는 엑셀 기반의 기업 재무 분석 쪽에 특화된 역량을 가지고 있었다. 이렇게 한 분야에서 두각을 나타내면 파트너도 그 사람을 명확하게 인식하게 되어서 개인이 명성을 쌓으며 위로 올라갈 수 있는 구조다. 회사 인력 관리 측면에서 일종의 포트폴리오처럼 다양한 인적 자산을 배치하여 관리하고 있어서, 각 개인은 그에 맞춰 자신을 어디에 포지셔닝할지를 고민하면서 프로젝트 경험과 역량을 쌓아 간다.

이런 삭막한 환경과 역량 '괴물'들 사이에서 아무것도 모르고 입사한 주니어 컨설턴트가 제대로 역량을 발휘했을 리 만무하다. 나의 무식함이 어느 정도였냐면, 첫 프로젝트에서 선배가 파워포인트로 네모를 그리라 했는데 어떻게 그리는지 알려 달라고 요청했을 정도다.

하지만 몇 년 후에는 후한 평가를 받게 되었다. 당시 나를 평가했던 상무님으로부터 "피드백을 줘야 하는데, 사실 지적할 단점이 없다. 이번 평가에서 가장 잘 받았다"라는 이야기를 들었다. 어떻게 평범한 역량에 경험도 부족한 주니어가 쟁쟁한 시니어들 사이에서 두각을 드러낼 수 있었을까?

처음에는 선배들의 비상한 머리와 풍부한 경험에 압도되었고, 또 그들의 역량을 간절히 배우고 싶었다. 선배들마다 가진 지식과 경험이 다 달라서, 점심 식사를 하거나 커피를 마실 때면 '이러이러한 것을 굉장히 잘하시는데, 어떻게 그러한 역량을 쌓게 되었는지' 물어보았다. 본투비(Born-to-be) 컨설턴트 선배들은 그런 나를 되레 신기하게 여겼고, 너무나 당연하게 생각했던 자신들의 역량을 되짚어 보면서 그 나름대로 답변을 들려주었다. 나는 하나라도 놓칠세라 주의 깊게 답변을 들으며 배울 점을 찾으려 애썼다. 그러다 시간이 흐르면서 한 가지 의문이 점점 강하게 고개를 들기 시작했다. '어떻게 저렇게 똑똑한 사람들이 저렇게 상식에 어긋나는 말과 생각을 하지?'라는 것이었다.

컨설팅 프로젝트는 팀원끼리 하루 12시간 이상 일주일 내내 붙어 다니면서 일하다 보니, 서로 이런저런 이야기를 많이 나누게 된다. 대화 주제는 매우 다양해서 역량과 스킬 셋에 관해서 뿐만 아니라 일상의 소소한 일이나 꽤나 중요한 가정사 같은 것도 이야기하게 된다. 이를 통해 자연스럽게 그들이 하는 고민들, 의사 결정 과정, 개인적인 사상과 가치관 등 다양한 생각을 듣게 되었는데 많은 것이 합리적인 것과는 거리가 멀었다.

　문제 정의를 탁월하게 잘했던 한 선배는 '점'을 지나치다 싶을 정도로 믿었다. 점쟁이가 하는 말이면 아무리 말이 안 되는 것처럼 보여도 일단 믿었다. 동일한 점쟁이에게 들었던 두 번째 점괘가 첫 번째와 다를 때에는 둘 다 믿었다. 스마트하고 명철하기로 사내에서 유명했던 다른 한 선배는, 창립 교주가 재림 메시아라고 믿는 세계적으로 유명한 사이비 종교의 신도였다. 또 다른 선배는 자신이 곧 종교였다. 후배 추종자들을 거느리고 다녔던 굉장히 영향력 있는 분이었는데, 자신이 깨닫고 주창한 이론을 모든 프로젝트에 적용하려고 했다. 경우에 따라 잘 들어맞지 않을 때도 많았다.

　이를 통해 내가 깨닫게 된 것은 '머리가 좋은 사람이 반드시 합리적인 것은 아니다'라는 사실이다. 기업가형 인재에게 필요한 자질은 뛰어난 두뇌나 풍부한 산업 경험이 아니다.

지능의 역설

역사적으로 가장 유명한 천재 한 명을 뽑자면 아마도 많은 사람이 아인슈타인을 뽑을 것이다. 아인슈타인은 '기적의 해'라 불리는 1905년에 특수 상대성 이론, 광양자 가설, 브라운 운동 등에 관련된 선구적인 논문 세 편을 냈다. 그리고 10년 뒤 이를 바탕으로 집대성한 일반 상대성 이론을 발표해 뉴턴의 고전 물리학과 중력 법칙이 지배하던 시대를 영원히 바꿔 버렸다.

　뉴턴은 빛이 입자라고 믿었지만, 빛의 회절 현상은 파동이 아니라면 설명할 수 없었기에 빛을 전달하는 매질이 되는 가상의 물질 '에테르'가 공기를 채우고 있다고 주장했다. 하지만 특수 상대성 이론 논문에서 아인슈타인은 에테르의 존재를 부정했고, 빛이 입자이면서 동시에 파동의 성질을 가질 수 있다는 중요한 함의를 광양자 가설을 통해 제시했다.[71]

　이를 기반으로 독일의 물리학자 막스 플랑크는 양자론을 비로소 완성해 낼 수 있었다. 하지만 정작 아인슈타인은 양자 역학을 받아들이는 것을 거부했다. 양자론의 불확정성의 원리에 따라 입자의 위치와 운동량을 동시에 정확히 알아낼 수 없다는 사실을 거부하며, "신은 주사위 놀이를 하지 않는다"라고 역설했다. 이후 아인슈타인은 남은 생애 내내 전자기와 중력을 통합된 하나의 이론에 집어넣어 우주를 이해하는 더 원대하고 포괄적인 이론을 만들려 했다.[72]

　물리학자 한스 오해니언은 자신의 저서에서 아인슈타인에 대해 다음과 같이 말했다.

　"아인슈타인의 기획은 처음부터 아예 쓸모가 없었다. 그는 자신의 이론을 반박할 만한 것에는 눈과 귀를 닫았다. 핵력의 증거를 무시했고, 양자론에서 나온 결과도 우습게 보았다. 프린스턴대학교 동료 로버트 오펜하이머는 아인슈타인이 아무렇지 않게 '실험에 등을 돌렸고' '진실을 벗어던졌다'라고 했다. 그는 생의 말미에야 양자 물리학자인 친구 루이 드브로이에게 '나는 사악한 양자를 보지 않으려고 상대성이라는 모래에 영원히 머리를 처박은 타조 꼴이었겠지'라고 말했다."[73]

하지만 그는 임종할 때조차 자신의 틀린 이론을 옹호할 방정식을 갈겨썼다.[74] 그는 시대의 '천재' 아인슈타인이 아닌가? 이 부조화를 어떻게 받아들여야 할까?

예일법학대학원의 댄 커핸은 총기 규제에 관한 의견을 조사하는 실험을 했다. 그는 참가자들에게 정부가 공개된 장소에서 총기 사용을 금지하는 방안을 검토 중인데, 그 규제가 범죄율을 높일지 낮출지 확실치 않다고 일러 주었다. 그래서 그런 규제가 있는 도시와 없는 도시에서 한 해 동안 범죄율 변화를 보여 주는 데이터를 제시했다고 말했다.

- 공공 장소에서 권총 소지 금지 도시: 범죄율이 감소한 도시는 107개, 반대로 범죄율이 증가한 도시는 21개
- 공공 장소에서 권총 소지 허용 도시: 범죄율이 감소한 도시는 223개, 반대로 범죄율이 증가한 도시는 75개

그런 다음 커핸은 참가자에게, 총기 문제와 무관한 산수 문제를 내서 계산 능력을 측정하고, 그들의 정치적 성향도 물었다. 위 데이터에 따르면 금지 도시의 25%에서, 허용 도시의 16%에서 범죄율이 높아졌다. 즉, 총기 규제가 효과가 없었다는 이야기다. 예상대로 계산 능력이 좋을수록 규제가 효과가 없다는 답을 내놓았다. 단, 원래 총기

규제를 반대하는 보수적인 공화당 지지자일 때만 그러했다. 진보적인 민주당 지지자들은 뻔한 계산을 무시한 채 원래 갖고 있던 신념대로 총기 규제가 효과 있다고 대답했다.[75]

이번에는 똑같은 실험을 총기 소지 금지가 효과가 있는 쪽으로 숫자를 바꿔 실시했다. 그러자 이번에는 계산 실력이 좋은 진보주의자(총기 반대자)들이 주로 정답을 내놓았고, 보수주의자(총기 옹호자)들은 계산 실력이 좋아도 대부분 틀린 답을 내놓았다. 전반적으로 참가자들은 자신의 신념과 일치할 때 데이터의 의도대로 판단할 확률이 45% 높아졌다.

이는 기후 변화 이슈에도 마찬가지다. 정치 성향이 진보적인 사람들은 과학 지능이 높을수록 사실을 더 잘 받아들이지만, 자유 시장을 옹호하는 자본주의자들에게서는 반대 현상이 일어난다. 과학 지능이 높을수록 기후 변화 관련 주장이 과장되었다고 믿는 것이다. 예방접종, 수압 파쇄법, 진화 등의 문제에서도 사람들의 견해가 극과 극으로 나뉘는 것을 볼 수 있다. 사람들은 교육 수준과 지능이 높을수록 자신의 정치적, 사회적, 종교적 정체성과 맞는 믿음을 더 정당화했다.

결국 아인슈타인은 높은 지능에도 불구하고 비합리적으로 행동한 것이 아니라, 바로 그 높은 지능 때문에 비합리적으로 행동했다. 버크셔해서웨이의 부회장인 찰리 멍거는 2007년 주주 총회에서 다음과 같이 말했다.

"교수가 가르치는 내용 중 50% 이상이 헛소리입니다. 문제는 이들의 아이큐가 높다는 사실입니다. 우리는 매우 똑똑한 사람이 매우 어리석게 행동한다는 사실을 일찌감치 파악했습니다."[76]

기업가형 인재는 비상한 두뇌를 가질 필요가 없다. 좋은 기업가형 인재의 자질은 지적 역량에 있지 않다. 자신의 맞음을 증명하는 데만 사용한다면 뛰어난 두뇌와 언변은 오히려 회사에 해로울 수 있다.

그렇다면 좋은 지능은 아예 무용한 것일까?

유동 지능과 결정체적 지능

인지 연구에 따르면 지능에는 유동 지능(Fluid Intelligence)과 결정체적 지능(Crystallized Intelligence)의 두 종류가 있다고 한다. 전자는 과거에 익힌 지식과 상관없이 새로운 문제들을 풀고 추론할 수 있는 능력으로, 추상적인 패턴들을 알아보고 논리를 활용하여 귀납적이고 연역적인 추론을 하는 능력이다. 반면 결정체적 지능은 각종 기술과 지식과 경험을 종합적으로 활용하는 능력이다.[77]

유동 지능은 작업 기억(working memory)과 관련이 깊다. 작업 기억은 정보를 일시적으로 유지하며 학습하고 이해하고 판단하는 인지적 과정을 수행하는 영역으로, 학업 예측도가 높다. 즉, 단기 암기력 및 새로운 지식을 습득하는 능력과 관련이 깊어, 좀 거칠게 정의하면 타고난 '공부 머리'에 가깝다.

반면, 결정체적 지능은 명시적 기억(declarative memory)과 절차 기억(procedural memory)과 관련이 높은데, 이 두 기억은 훨씬 더 장기적이다. 오랜 기간 동안의 경험과 반복 학습을 통해 습득되었으며 명시적으로 불러낼 수 있는 기억이다.

유동 지능은 나이가 들수록 쇠퇴한다. 그렇기 때문에 유동 지능의 쇠퇴를 막기 위해서 기존의 지식과 기술을 극대화해 줄 수 있는 일과 목표가 필요하다고 말한다. 반면, 결정체적 지능을 측정해 보면 중년 이후까지도 그 능력이 올라간다.[78]

대부분의 일에서 최고의 성과를 내려면 유동 지능과 결정체적 지능이 잘 조화되어야 한다. 수술이나 재무 분석 같은 일이 그 대표적인 예다. 유동 지능은 나이가 들면서 쇠퇴하지만, 업무 경험과 지식 또는 결정체적 지능이 그것을 상쇄해 주는 정도를 넘어 그 이상의 역량을 발휘하므로 중년의 나이를 넘기면서 오히려 전체 성과는 더 좋아진다. 물론 업무에 따라 유동 지능과 결정체적 지능 간의 필요 균형 상태도 달라진다.

예를 들어 간 이식 수술은 간에 있는 수많은 미세한 혈관으로 인해 수술 중에 여기저기서 동시 다발적으로 출혈이 일어나는 까다로운 수술로 악명 높다. 미국 메이오클리닉에서는 간 이식 수술 시, 유동 지능이 정점에 달해 눈과 손이 빠른 젊은 외과의와 결정체적 지능이 풍부해 의사 결정 및 진단 능력이 풍부한 나이 들고 노련한 외과의를 한 팀으로 배치하는 것이 최선의 방법이라 판단했다.

기업가형 인재에게 필요한 것도 유동 지능보다는 결정체적 지능이다. 타고난 지능이나 새로운 지식의 습득력보다 중요한 것은 지식과 경험을 종합하여 상황을 인식하고 의사 결정하는 능력이다. 이런

능력은 시간이 흐를수록 쇠퇴하기보다 오히려 더 노련해지고 탄탄해
진다.

경험과 지식

그렇다면 지능이 아니라 경험은 어떠할까? 지식이 많을수록, 특정 분
야에서 경험이 많을수록 좋은 기업가형 인재가 되는 것은 아닐까?

  앞서 컨설팅 초기 시절에 아는 것이 없어서 선배들에게 많은 질
문을 했다고 했다. 값진 지혜와 지식을 전수받을 수 있었지만, 사실
가장 많이 들었던 대답은 "그건 원래 그래"였다. 당시에는 무언가 심
오한 의미가 있을까 싶어서 고민했지만 결국 그들도 잘 모르는 영역
이었던 것이다.

  예일대학교의 매슈 피셔는 대학 졸업자들에게 그들이 전공 분야
의 핵심 주제를 얼마나 잘 알고 있는지 문제를 냈다. 그다음 그들이
안다고 주장한 원리를 글로 자세히 설명하게 하는 테스트를 했더니
많은 사람이 조리 있게 설명하는 것에 애를 먹었다. 반면 전공 분야와
무관한 일반적인 주제에서는 자신의 지식 수준을 훨씬 더 현실적으로
파악하는 성향을 보였다. 피셔는 다음과 같이 말했다.

  "이 현상을 아주 냉소적으로 해석하면, 우리가 학생들에게 꾸준
히 사용할 수 있는 지식을 주지 않는다는 뜻이에요. 그저 무언가를 안
다는 느낌을 줄 뿐이죠. 실제로는 모르면서요. 그리고 그게 역효과를

내는 것 같아요."[79]

우리는 어떤 단어에 친숙하면 그 주제를 잘 알고 있다고 생각한다. 기업에서 유독 많이 쓰는 물리학의 '퀀텀 점프'와 수학의 '기하급수'란 단어가 있는데, 이 두 단어의 의미를 명확히 설명할 수 있는 사람이 얼마나 될까? 하지만 우리는 자연스럽게 이 단어를 말하고 듣는 사람도 문맥상 알아듣는다.

경영 전략 분야에서 유명한 김위찬 교수의 《블루오션 전략》이라는 책이 있다. 많은 사람이 이 책을 읽지 않았음에도 '경쟁자가 없는 블루 오션으로 진출해야 한다'는 취지의 말을 할 때가 있다. 실제로 책을 읽어 보면 블루 오션 전략은 경쟁자가 없는 곳으로 가야 한다는 의미보다는, 오히려 치열한 경쟁 환경 속에서 어떻게 '다른 가치로 경쟁'할 것인가에 대한 전략으로 이해된다. 블루 오션이 관용어로 쓰일 정도니 저자로서 불만은 없겠지만, 의도했던 것과 오히려 반대로 쓰이는 듯한 것은 역설적이다.

사실 이러한 사례는 주위를 둘러보면 끝도 없이 나온다. 《손자병법》에 나온다는 유명한 말로 "지피지기면 백전백승이다"라는 말이 있다. 적을 알고 나를 알면 백 번 싸워서 백 번 이긴다는 뜻으로 손자가 한 말이라고 알려져 있다.

그러나 이는 사실이 아니다. 원래 손자가 한 말은 "지피지기면 백전불태"였다. 즉 적을 알고 나를 알면 백 번 싸워도 위태롭지 않다는 말이다. 손자가 주장한 전략의 정수는 사실 싸우지 않고 이기는 것이다. 그는 전쟁을 국가의 의지를 관철시키기 위한 정치의 연속이자 최후의 수단 중 하나라고 생각했다. 설령 승리한다 하더라도 전쟁은 나라가 망할 수도 있는 국가 중대사이기 때문에, 불필요한 싸움은 피해야 한다고 역설했다. 승률을 잘 따져서 이길 수 있는 싸움만 해야 하며, 만약 싸우지 않고 이길 수 있다면 그것이 가장 큰 '승리'라고 했다. 이런 그가, 후대에 널리 알려진 말이 '백 번 싸워 백 번 이기는 것'이라는 사실을 안다면 안타까워하지 않을까?

식당에 가면 자주 보이는 성경 구절이 있다. "네 시작은 미약하나, 네 나중은 심히 창대하리라." 성경에 나온 말이니 으레 하나님이 좋은 의도로 한 말이려니 하지만 이는 실제로 하나님이 한 말이 아닐 뿐더러 좋은 의도도 아니다.

당대의 의로운 사람 욥이 하나님의 시험을 받아 괴로워할 때, 친구가 '네가 분명 무슨 잘못을 저질렀겠지. 정의로우신 하나님이 괜히 너를 괴롭게 하겠니. 어서 너의 죄를 고하고 하나님께 용서를 구해라'라며 욥을 탓하는 말이다. 즉 '조금이라도 빨리 불면, 지금은 힘들겠지만 나중에 훨씬 나아질 거야' 이런 뜻이다.

이렇게 잘 알고 있다고 생각한 개념이 완전히 반대의 의미인 경우도 많다. 대체 왜 우리가 알고 있다고 생각한 지식은 우리를 배신하는 걸까?

심리학자 베리 슈워츠는 경험이 많은 이들도 학습된 경직성에 빠져든다는 것을 보여 주었다. 그는 대학생들에게 스위치들을 눌러서 전구들을 순서대로 켜고 끄는 논리 퍼즐을 제시했다. 퍼즐은 70가지 방법으로 풀 수 있었는데, 학생들은 시행착오를 통해 이 규칙을 알아내야 했다. 하나의 해법을 찾아낸 학생은 상금을 더 받기 위해 그 해법을 되풀이해 적용했다. 그 해법이 왜 먹히는지는 전혀 신경 쓰지 않았다.

그 뒤 새로운 학생들에게 같은 퍼즐을 주고서, 이번에는 모든 해법에 적용되는 일반 법칙을 찾아내라고 했다. 놀랍게도 그 퍼즐을 새로 접한 학생들은 70가지 해법에 적용되는 규칙을 모두 찾아냈다. 그러나 앞서 하나의 해법을 찾아내어 상금을 받은 학생들 중에서 일반 규칙을 찾아낸 사람은 한 명에 불과했다. 슈워츠는 논문의 부제목을 이렇게 붙였다. "규칙을 발견하지 못하도록 사람을 가르치는 법" 즉, 협소한 해법이라는 단기적인 성공을 되풀이할 때마다 보상을 제공하면 된다는 것이다.[80]

같은 맥락에서 한 산업 내에 오래 있으면서 경험을 쌓다 보면 '정해진 문제'를 푸는 역량은 증가하지만 새로운 문제에 맞닥뜨리면 실패하기 쉽다.

기업가형 인재의 합리성의 원칙은 간단하다. 내가 무엇을 알고 무엇을 모르는지를 아는 것이다. 이것이 참된 앎이라고 공자는 말했다. 두 가지 앎은 각각 지식과 인식을 의미한다. 이를 2×2 매트릭스에 그려 보면 다음과 같다.

Knowledge (지식)

	안다	모른다
안다	내가 무엇을 아는지 안다 (I know what I know) (인식=지식)	내가 무엇을 모르는지 안다 (I know what I don't know) (학습의 시작)
모른다	내가 무엇을 아는지 모른다 (I don't know what I know) (지식의 저주)	내가 무엇을 모르는지 모른다 (I don't know what I don't know) (미지의 영역)

(Awareness (인식))

인식과 지식이 일치하는 영역이 있는 반면, 내가 모르고 있음을 인지하는 영역도 있다. 바로 이 영역에서 학습이 시작된다. 문제가 되는 것은 '알고 있음을 인지하지 못하고 있는 영역'인데, 이 부분이 바로 지식의 저주라고 할 수 있다.

물리학자 리처드 파인먼이 개발한 '파인먼 학습법'이 있다. 단순하게 말하자면, 이해하고자 하는 개념을 어린아이라도 알 수 있게 쉽게 이야기로 풀어서 설명하는 것이다. 만약 머리로는 이해가 되는데 설명이 안 되거나, 아이가 이해할 정도로 쉽게 설명할 수 없다면 제대로 이해하지 못한 것이니 개념을 다시 숙달해야 한다. 이를 통해 '내가 무엇을 알고 무엇을 모르는지' 확실하게 파악하게 된다. 또한 상대의 지식 수준에 맞게 개념을 설명함으로써 상대방이 아는 것과 모르는 것을 파악하고, 아는 것에 기반하여 모르는 개념을 하나씩 해결해 갈 수 있게 된다. 이런 과정을 통해 '알고 있다는 것을 인지하고 있지 못하는 영역'을 줄여 나감으로써 지식의 저주를 풀 수 있게 된다.

마지막으로 '내가 모르는 것을 인지하지 못한 영역'은, 역설적으로 이 영역이 존재한다는 사실을 '아는 것'만으로도 큰 도움이 된다. 즉, 미지의 영역이 있다는 것을 인지하는 것만으로도 합리성의 기반이 되는 지적 겸손함을 가지게 된다.

토론토대학교의 심리학 교수인 키스 스타노비치는 합리성에 매우 중요한 것이 지적 겸손함의 바탕이 되는 '적극적 열린 사고'라고 주장한다. 그는 이를 테스트하기 위해 다음과 같은 질문을 던졌다.

• 새로운 정보나 증거가 나오면 예전 믿음을 항상 다시 생각해 보는가?
• 할 일을 정하기 전에 여러 유형의 증거를 모으는가?

놀랍게도 스타노비치는 이런 질문에 대한 참가자의 대답이 전반적인 합리성을 예측하는 척도로서 일반 지능보다 훨씬 낫다는 것을 발견했다.[81]

이 외에도 심리학자들은 일부러 시간을 내어 '반대 관점을 고려'한다면 논리적 사고를 할 때 앵커링, 과신 등의 편향 같은 다양한 실수를 줄일 수 있다는 사실을 발견했다.[82]

아마존의 제프 베조이스는 한 기사에서 자신이 같이 일하고자 하는 '똑똑한 사람'의 기준을 다음과 같이 정의했다.

"가장 똑똑한 사람들은 끊임없이 자신의 이해를 수정한다. 그들은 이미 해결했던 문제에 대해서도 다시 고려해 본다. 그들은 기존 사고에 대항하는 새로운 관점, 정보, 생각, 모순, 도전 등에 대해 열려 있다. 자신의 예전 생각이 잘못되었다면 언제든 바꾼다."

그 기사는 다음과 같은 글로 마무리된다. "상대가 진짜 똑똑한지, 아니면 허풍선이인지 구별하는 질문이 있다. 그것은 상대가 가장 최근에 기존 의견을 바꾼 것이 언제인지 확인하는 것이다. 상대가 자신이 틀렸음을 인정한 적이 별로 없다면 그 사람은 진짜 똑똑한 사람이 아님에 틀림없다."[83]

결국 기업가형 인재의 합리성이란 자신의 합리가 틀렸다는 것을 아는 지적 겸손함과, 자신이 편향되었음을 인정하는 균형 잡힌 관점, 그리고 자신이 무엇을 모르는지 모르고 있다는 것을 아는 자기 인식에서 나온다.

시간의 축

스타트업에서는 같은 비즈니스 직군이라 할지라도 전형적인 커리어 패스라는 것이 있기 어렵다. 또한 사람의 성향이나 가치관이 다르기 때문에 커리어 설계에 대해 조언하기가 조심스럽다. 그럼에도 이 조언이 필요하다고 생각하는 것은 스타트업에서는 바로 그 커리어의 전형성이라는 것이 없기 때문에 지나치게 무계획적으로 커리어를 방치해 놓는 경우가 생각보다 흔하기 때문이다. 더군다나 대기업이나 전문직과 달리 스타트업은 회사 상황이나 포지션 등이 지속적으로 변화하기 때문에 회사에 자신의 커리어를 맡기면 안 된다. 커리어는 주도적이고 체계적으로 설계해야 한다. 커리어에 정답은 없지만 커리어와 관련한 틀린 결정은 있고, 상대적으로 더 좋은 커리어 패스는 있기 마련이다.

커리어 개발에는 필연적으로 시간이, 그것도 몰입해서 집중할 수 있는 양질의 시간이 필요하다. 그런데 삶의 국면마다 커리어에 쓸 수 있는 시간이 다 다르다는 것을 많은 사람이 놓친다. 시간의 축을 먼저 이해해야 한다.

아래의 차트는 우리가 나이가 들면서 누구와 가장 많은 시간을 보내는지를 나타낸 차트다.[84] 미국인을 대상으로 했기 때문에 국내 실정과 다소 차이는 있겠지만 시사점은 동일하다. 우리가 '개인의 성장에 쏟을 수 있는 시간은 제한적이고 유동적'이라는 것이다. 그렇기

미국인은 누구와 함께 시간을 보내는가 (나이별)

다른 이와 보내는 평균 시간은 하루에 분 단위로 측정했으며 응답자의 나이에 따라 나타냈다.
이 결과는 2009년과 2019년 사이의 조사의 평균을 기반으로 한다.

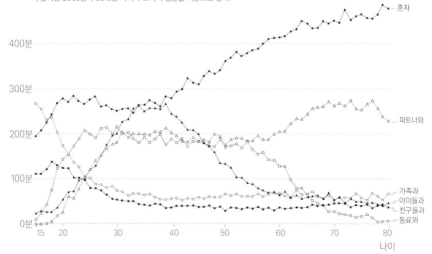

출처: American Time Use Survey(2009-2019) and Lindberg(2017)
*사람을 분류하는 데 쓰인 관계는 완벽한 것이 아님. 여러 사람과 보낸 시간은 한 번 이상 카운트되기도 했다.
(예: 친구 및 파트너와 함께한 파티는 '친구' 및 '파트너'에 모두 카운트되었다.)

때문에 각 시기마다 우선순위가 달라져야 하고, 제한된 시간 내에 최대한 압축 성장을 이루어야 한다.

한 가지 미리 말해 둘 것은 시간의 축은 나이와 상관이 없다는 것이다. 이 그래프는 어디까지나 평균적으로 '학업을 마치고 일을 시작하는 시간'과 '배우자를 찾고 결혼을 하여 가정을 꾸리는 시간' '아이를 가지고 육아를 하는 시간'이라는 측면에서 나이를 축으로 사용한 것뿐이며 이 시간의 축은 개인별로 모두 다를 것이다. 최근에는 결혼을 하지 않는 경우도 많고, 결혼을 하더라도 출산 계획이 없는 사람도 많다. 경력을 시작한 지 몇 년 되었다는 기준도 임의적이며 사람마다 다르다. 어디까지나 설명의 편의를 위해서 특정 나이와 연차를 사용한 것이니 너른 양해를 부탁드린다.

20대 중반부터 30대 초반, 혹은 경력을 시작한 지 3~7년 정도는 '탐색의 시간'이라고 생각한다. 대개 가족보다는 친구들이나 동료들과 보내는 시간이 압도적으로 많다. 여러 분야의 공부를 하고 다양한 사회 경험을 해 보면서 자신의 흥미와 적성을 찾는 시기다. 이 시기에는 특히 산업이나 직무 면에서 커리어의 큰 방향성을 결정해야 한다. 중요한 것은 어디까지나 '큰 방향성'이라는 것이다.

30대 초반부터 후반, 혹은 경력을 시작한 지 5~12년까지의 시기를 나는 '축적의 시간'이라고 부른다. 차트를 보면 거의 모든 선이 최고조를 찍고 있다. 커리어뿐만 아니라 연인, 결혼, 육아, 건강 등 시간이 들어가는 사람과 분야가 많은 시기다. 우선순위를 잘 세우고, 단기적으로 중요한 것과 장기적으로 중요한 일 사이에 균형을 잡고, 한정된 시간으로 가장 좋은 결과물을 얻어 낼 수 있도록 효율적인 시간과 자원 투입 계획이 필요하다.

40대 초반부터 50내 초반, 혹은 경력이 10~15년을 넘어가면서부터는 '발산의 시간'이라고 생각한다. 쌓아 온 역량과 경험을 본격적으로 발휘하여 원하는 분야에서 최대한의 성과를 내는 시기다. 이 시기에는 무엇보다 결과를 만들어야 하고, 자신의 커리어에 책임을 져야 한다. 마흔이 넘으면 각자 살아온 흔적이 얼굴에 드러나는 것처럼 커리어에도 자신만의 가치관과 우선순위가 고스란히 드러난다.

50대 중반부터는 쌓은 커리어를 개인적 가치관 및 삶의 의미와 통합하여 사회에 기여하고 자아를 실현하는 '의미의 시간'이면서, 배우자와 밀도 있는 시간을 함께 보내는 시기라고 생각한다.

탐색의 시간

이 시기는 평생을 즐기며 헌신할 업을 결정하는 시기다. 주로 대학생이나 사회 초년생에게 해당하는 이야기라고 생각할 수 있지만, 경력자라 할지라도 포지션 전환을 꾀하기도 하며, 혹은 대기업을 다니다가 스타트업 이직을 고민하거나 학교를 다시 가기도 한다.

이 시기에 사람들은 대부분 조급해한다. 나 역시 그러했기 때문에 잘 알고 있다. 몇 개월이라도 빨리 직업을 가지고 싶었고, 회사에서 일하는 것이 어떤 것인지 하루라도 빨리 경험해 보고 싶었다. 그러나 사회에 나와서 알게 된 것은 성장은 선착순도, 연차순도 아니라는 것이다. 이 시기에는 조금 시간을 들여서라도 중요한 몇 가지 경험을 쌓으며 큰 방향을 결정해야 한다. 어떤 삶을 원하는지, 일이 나에게 어떤 의미인지에 대한 진지한 고민이 없으면 어느 정도 '괜찮은' 회사에 들어가더라도, 몇 년 후에야 나와 맞지 않음을 발견하고 당황할 수 있다.

워런 버핏은 모교인 네브래스카주립대학교에서 학생들에게 주고 싶은 조언이 무엇이냐는 질문에 다음과 같이 대답했다.

"아침마다 출근하고 싶어서 침대에서 벌떡 일어나게 되는 직업을 찾아야 합니다. 누구나 졸업 후 곧바로 이런 직업을 찾을 수 있는 것은 아닙니다. 당장은 생계를 유지해야 하니까요. 그러나 아무 직업에나 만족해서는 안 됩니다. 그 회사가 감동을 주지 못하고 회사에 존경할 만한 사람이 없다면 생계 문제가 해결되는 즉시 평생 직업을 찾아 떠나야 합니다. 아직 찾지 못했더라도 어딘가에는 그런 직업이 있습니다."[85]

결국 생계를 해결하고 다양한 경험을 쌓으면서, 동시에 장기적으로 가야 할 방향을 구체화해야 한다. 그렇다면 어떻게 이런 방향을 찾을 수 있을까?

하버드대학교의 클레이튼 크리스텐슨 교수는 '파괴적 혁신' 이론으로 유명한 위대한 경영 사상가인데, 그는 원래《월스트리트저널(Wall Street Journal)》의 편집자가 되고 싶었다고 한다.[86] 그래서 MBA를 마치는 시기에《월스트리트저널》에 지원했지만 떨어지고 말았다.

상심하던 차에 한 컨설팅 펌에서 MBA 학비 1년치를 대 주겠다는 제안을 받고 컨설턴트가 된다.

막상 컨설팅 업무를 해 보니 상당히 잘 맞았다. 5년 정도 컨설팅 펌에서 일한 후 퇴사하면서 다시 《월스트리트저널》에 지원하려던 찰나에 친구의 제안을 받고 회사를 설립하게 된다. 컨설턴트로 일하면서 클라이언트들과 비즈니스 문제를 해결하는 것이 즐거웠기 때문에 회사를 설립하면 비슷한 일을 더 많이 할 수 있을 것이라는 기대를 했다. 게다가 회사를 설립하고 운영한 경험이 《월스트리트저널》의 편집자가 되는 데 도움이 될 것이라고 생각했다.

그가 설립한 회사는 한동안 승승장구해서 기업 공개까지 했지만, 닷컴 버블 붕괴로 금융 시장이 무너지면서 순식간에 어려움에 빠졌고 그는 결국 실직하고 만다. 이즈음에 다시 하버드 경영대학 시절에 알던 교수들로부터 Ph.D 프로그램 제안을 받게 되고 37세에 다시 학생이 된다. 이후 박사 과정을 마치고 교수로서 첫 발을 디디면서 이 일이 자신이 평생 해야 할 일이라고 확신하게 되었고 헌신적으로 집중하게 되었다. 그는 29년간 교수로 지내고 59세가 된 시점에도 '지금이 《월스트리트저널》의 에디터가 될 때는 아닌가?'라며 가끔 고민한다고 한다.

그에게 《월스트리트저널》 편집자라는 푯대는 좋은 방향성이 되어 주었다. 당장은 기회가 닿지 않거나 시기가 맞지 않더라도 다양한 기회에 대해 열린 태도를 지니고, 방향성에 맞게 커리어 선택을 하며 필요한 경험과 역량을 쌓는 것이 좋은 전략이다. 책을 쓰는 시점에 크리스텐슨 교수는 그가 원하면《월스트리트저널》의 편집장이나 사장이 되어도 무리가 없을 정도로 비즈니스와 관련된 역량과 명성을 쌓았다. 어쩌면 그는 비즈니스 업계에 영향력을 미치고 글을 통해 자신의 통찰을 전달하는 등《월스트리트저널》의 편집자가 되어서 하고자했던 것을 이미 이루었을지도 모른다. 현재의 직업과 경력에서 더 나은 모습으로 그것을 이뤘기 때문에 굳이 이직할 필요를 느끼지 않을지도 모른다.

이렇게 명확한 방향성을 가지고 있되 그것에 집착하지 않는 태도가 있으면 열린 마음을 갖고 다양한 기회를 탐색해 봄으로써 결과적으로 목표에 도달할 가능성을 높일 수 있다. 즉, 탐색의 시간에 정말 찾아야 하는 것은 지도가 아니라 나침반이다. 나침반의 바늘은 북극을 향한다. 그렇다면 우리 내면의 나침반은 구체적으로 어디를 향해야 하는가?

내면의 열정을 좇아라

이 시대의 스타트업은 여러모로 스티브 잡스에게 많은 영향을 받고있다. 그가 미친 영향은 IT 업계에 그치지 않고, 이 시대 젊은이들의 커리어 방향성과 인생의 목표를 설정하는 측면에까지 영향을 미친다. 그가 2005년 스탠퍼드대학교에서 한 졸업 축사는 명연설로 유명하다. 그는 다른 사람의 평가나 결과물을 신경 쓰지 말고, 오직 자신이 정말 사랑하는 일을 찾아야 한다고 말한다. 그리고 자신의 내면에 있는 열정과 직관을 따르라고 역설한다.("Follow your heart and do what you love.")[87]

이런 조언의 가장 열성적인 반대파로는 은퇴한 국민 센터 서장훈 전 선수와 같은 사람이 있다. 그는 "즐기는 자가 이긴다"라는 말을 가장 싫어한다고 밝혔다.[88] 자신은 죽을힘을 다해 연습했고 하루도 편한 날 없이 치열하게 노력해서 정상에 올랐기 때문이다. 그는 프로 선수가 된 후로 한 번도 농구를 즐긴 적이 없다고 했다. 오히려 은퇴한 지금이 살면서 가장 행복한 순간이라고 말한다.

둘 다 각자의 분야에서 최정상에 오른 사람인 만큼 그들의 말에는 분명 일정 분량의 진실이 있을 것이다. 이 두 가지를 어떻게 조화롭게 통합하여 우리에게 유용한 조언으로 활용할 수 있을까?

나는 무엇에서 동기를 얻는가?

커리어의 큰 방향성을 잡기 위해서는 무엇이 자신에게 동기를 부여하는지 잘 살펴야 한다. 생각보다 이 부분에서 어려움을 겪는 사람들이 많다. 커리어 조언을 할 기회가 있어서 20대 청년들에게 동기 부여가 되는 일을 찾으라고 하면 "좋아하는 것을 하라고 하는데 내가 무엇을 좋아하는지 잘 모르겠어요. 어떻게 좋아하는 것을 찾죠?"라는 질문을 많이 한다.

어떻게 보면 안타까운 질문이다. 내가 무엇을 좋아하는지를 타인에게 물어봐야 하는 부자연스러움은, 우리 내면의 자연스러운 '행복 추구와 자아 실현'을 가로막는 무엇인가가 외부에 있다는 강력한 반증이다.

연세대학교 심리학과 서은국 교수는 한국 사회의 집단주의적 문화가 개인의 행복에 악영향을 미친다고 역설한다.[89] 집단주의적 문화에서는 사회 공동의 목표를 추구하고 사회 구성원으로서 주어진 역할을 수행하는 것이 무엇보다 중요하다. 이런 환경에서는 타인의 시선과 평가가 지나치게 중요하다 보니, 개인의 자유나 선택을 억압하는 형태로 집단주의적 문화가 드러나기도 한다. 타인의 판단이 지나치게 중요해지면 본질적으로 주관적인 경험인 행복의 본래 의미가 퇴색되고 만다. 행복이 스스로 경험하는 것에서 남에게 보여 주는 것으로 왜곡되는 것이다. "나 지금 행복하니?"라는 질문을 타인에게 하는 꼴이다. 커리어도 마찬가지다. 우리 모두 '좋은' 커리어를 꿈꾼다. 거기에 잘못된 점은 없다. 그러나 좋은 커리어의 기준이 자신의 내면에서 샘솟은 것인지 밖에서 침투한 것인지 잘 살펴야 한다. 어떻게 이것을 구분할 수 있을까?

우선 결과물이 주는 동기와 과정이 주는 동기를 구분해야 한다. 부나 명예, 높은 지위 같은 것은 결과물로서 주어지는 것이다. 특정 회사에 들어가거나 어떤 자격증을 취득했다고 해서 결과가 바로 주어지는 경우는 없다. 의사 면허를 취득했다고 해서 즉시 부를 얻거나 탄탄한 커리어가 펼쳐지는 것은 아니다. 수년간 공부하고 훈련받으며 전문적인 기술과 역량을 쌓아야 하고, 개원이라도 하게 되면 서비스 제공자의 마인드까지 함양한 후에야 의미 있는 결과를 얻을 수 있다. 커리어를 통해 얻게 되는 결과물을 직접적으로 추구하게 되면, 결국 커리어 개발도 하지 못하게 되고 결과물을 얻는 데에도 실패하게 된다. 아웃풋이 아니라 인풋에 초점을 맞춰야 한다.

또한 천편일률적인 답을 경계해야 한다. 고액 연봉, 높은 지위, 큰 영향력, 사회적 존경, 안정감과 소속감을 좋아하지 않는 사람은 없다. 그러나 이런 것들은 커리어에서 추구해야 할 특별한 동기가 아니라 우리 모두가 항상 만족시키고자 하는 보편적인 욕구다. 누구에게나 적용되는 보편적 욕구가 아니라, 커리어를 통해 만족시키고자 하는 나만의 특별한 동기를 찾아야 한다.

세부적이며 주관적이고 개인적인

우리는 동기 부여 요인들을 지나치게 크고 단조롭게 정의하곤 한다. 이를테면 숫자를 좋아하니까 재무 부서에 들어간다는 식이다. 그러나 숫자를 좋아하는 사람이 선택할 수 있는 업무는 재무 업무뿐만이 아니다. 더군다나 재무 업무가 주는 동기 부여 측면도 '숫자를 다루는 즐거움'에 그치는 것이 아니라 매우 다양하다. 심지어 동일한 직무에서도 사람들이 동기 부여를 받는 부분은 모두 다르다.

같은 건축가라 할지라도 어떤 사람은 웅장하고 도발적인 건물 설계를 즐기는가 하면, 어떤 사람은 건물이 환경에 미치는 영향을 최소화하는 방법을 생각하며 즐거워한다. 같은 HR(Human Resource, 인적 자원) 업무를 하더라도 어떤 사람은 직접 이야기하며 고충을 듣고 상담하는 데 재능을 발휘하는가 하면, 어떤 사람은 조직 구조를 설계하면서 즐거움을 느낀다. 평가와 보상을 공정하게 설계하는 데 매력을 느끼는 사람도 있다.

이렇게 한 직업의 매력은 여러 가지가 있고 자신이 매력을 느끼는 요소도 한 가지가 아니다. 즉, 우리는 다차원적 동기 부여 요인을 바탕으로 열정을 극대화하도록 주도적으로 커리어를 설계해야 한다.[90]

이런 커리어 개발은 철두철미한 계획 속에서 이루어지는 것은 아니다. 그때그때 주어지는 기회들에 열린 마음을 갖고 다양한 분야를 경험하며 개인적이고 주관적이며 세분화된 동기를 찾아가고 계발해야 한다.

나의 경우 컨설팅 회사에서 첫 사회생활을 시작하다 보니, 다양한 프로젝트에 투입되어 여러 산업과 기업을 경험할 수 있었다. 유명 전자 기업의 UX(User Experience, 사용자 경험) 리서치 센터 전략을 짜는 일부터, 대기업 통신사의 의뢰를 받아 당시 뜨거운 감자였던 지적 재산권 분쟁에 대응하는 전략을 세우는 일까지 업과 주제를 넘나드는 다양한 프로젝트를 수행했다. 그러다 보니 나의 적성이나 취향에 대해 꽤 빠른 시간 내에 파악할 수 있게 되었다. 이때는 막연히 내가 좋아하는 부분은 당연히 다른 사람도 좋아할 것이라 생각했는데, 다른 동료들과 이야기를 나누면서 각자 매력을 느끼는 분야에 차이가 있음을 깨닫고 신기하게 여겼다.

어떤 컨설턴트는 막대한 자본이 투입되며 사업부나 매출 단위가 큰 건설업이나 중공업 쪽 프로젝트를 선호했고, 또 다른 이는 일상에서 자주 접할 수 있는 친숙한 소비재 쪽 산업과 프로젝트를 선호했다. 기업의 전사적 방향성을 고민하는 전략 프로젝트가 잘 맞는 사람도 있었고, 마케팅이나 신사업 부서 등 실무 부서가 당면한 문제를 해결하는 것을 좋아하는 사람도 있었다. 그러나 이러한 분류조차 지나치게 큰 분류다. 좀 더 세부적으로 자신이 특정 업무에서 어떤 부분에 만족하고 불만족하는지를 파악해야 한다.

나는 기업이 직접 해결하기 쉽지 않은 중차대한 문제를 해결하는 과업 자체는 좋았고, 논리와 데이터에 기반해서 클라이언트를 설득해 나가는 업무 방식도 잘 맞았다. 또한 프로젝트에 투입되면 긴 업무 시간과 높은 업무 강도로 인해 몸이 피곤하고 힘들었지만, 반대로 본질적인 업무 외의 것들은 거의 하지 않고 시간에 상관없이 업무에 몰두할 수 있는 점이 좋았다. 대학생 시절 종합 상사에서 인턴을 했는데 정작 업무보다는 상사를 대하는 법이나 술자리에서 분위기를 띄우는 스킬, 혹은 자기 자신을 상사에게 적절하게 홍보하고 동기들과 네트워크를 잘 쌓는 법 등 비업무적인 부분들이 해당 기업에서는 상당히 중요하다는 인상을 받았기 때문이다.

컨설팅 펌에서 프로젝트에 들어가면 오로지 본질적인 업무에만 집중하게 되지만, 한편으로 업무 시간의 90% 이상은 보고서를 작성하는 데 소요된다. 클라이언트에게 제출하는 프로젝트의 최종 결과물은 결국 파워포인트 형태의 보고서이기 때문에 가설을 세우고 문제를 정의하고 데이터를 분석하고 실무진과 인터뷰를 하는 시간은 제한되어 있었다. 또한 프로젝트를 이끄는 PM(Project Manager)이나 EM(Engagement Manager)의 성향에 따라 보고서를 '예쁘게' 만들기 위해서 도형이나 도식을 넣는 작업 등에 상당 시간을 투입하기도 했다.

　컨설팅 프로젝트의 다른 아쉬운 점은 실제 조직이 전략을 수행하는 과정을 전혀 볼 수 없다는 것이다. 보고를 마치고 프로젝트가 끝나면 컨설턴트는 떠나야 하기 때문이다. 구상한 문제 해결 방식이나 전략이 실제로 수행되는지 검증할 수 없다면 뭔가 중요한 것을 놓치고 있다는 생각이 들었다.

　더군다나 외부 업체인 컨설팅 펌에 해당 기업이 제공할 수 있는 자료는 언제나 제한적이었다. 요청하면 대부분 제공은 해 주지만, 딱 요청한 만큼의 자료만 제공받았고 그마저도 집계되거나 가공된 데이터가 대부분이었다. 직접적으로 데이터를 다루고 실무에 관여하면서 실제 전략을 수행하고 싶어 당시 스타트업이었던 쿠팡으로 이직을 하게 되었다.

　개인적인 사례를 들어 이야기한 만큼 이렇게 동기 부여를 받는 요인들은 철저하게 주관적이다. 컨설팅 펌에서 나와는 잘 맞지 않았던 PM과 유독 잘 맞았던 컨설턴트가 한 명 있었다. 그는 이미지나 도식을 통해 보고서의 가독성을 높이고, 독자가 직관적으로 받아들일 수 있도록 '예쁘게' 만드는 작업을 좋아했고 또 매우 잘했다. 좋아하

면 시간과 노력을 투입하게 되고, 그로 인해 역량이 쌓여서 더 잘하게
되고 결과적으로 더욱 좋아하게 되는 선순환이 시작된다.

나는 전략의 고안뿐 아니라 전략을 시행하면서 겪게 되는 실제
적 어려움을 해결해 나가는 과정을 경험해 보고 싶었던 반면, 속칭
'손에 흙을 묻히는 작업'을 선호하지 않는 컨설턴트도 많았다.

결국 동기 부여 요소에 대한 판단은 지극히 주관적이어서 직접
경험하며 파악해 나갈 수밖에 없다. 자신이 어떤 업무를 좋아하고 잘
하며 동기를 얻는지에 대해서 어느 정도 큰 방향을 잡아야 한다. 이렇
게 주관적이고 세부적으로 동기 부여 요인들을 찾게 되면, 그에 투입
한 시간과 노력만큼 역량은 쌓이게 된다. 그러나 이것만으로는 충분
하지 않다.

갈망, 역량, 필요

세 개의 원이 반쯤 겹쳐 있는 도식을 마음속에 그려 보자. 첫 번째 원
의 영역은 내가 원하고 갈망하는 것이다. 두 번째 영역은 내가 잘하고
능숙하게 해내는 것이고, 세 번째 영역은 나를 필요로 하는 영역이다.
줄여서 이야기하면 갈망, 역량, 필요의 원이다.

이 세 영역이 균형을 이루는 직업이 어딘가 있다는 굳은 신념을
가지고 이상향을 찾는 것이 당신의 목표가 되어서는 안 된다. 그보다
는 현재 업무를 하면서 주관적이고 세부적인 동기를 찾아 계발함으로

써 원의 영역을 조금씩 넓혀 가는 것이 더 좋은 목표다. 동시에 자신의 경험과 스킬이 시장에서 어떻게 평가받고 있는지에 대해서 현실을 객관적으로 직시해야 한다.

어떤 분야에서는 상위 30%만 되도 성공적으로 커리어를 영위해 나갈 수 있는데, 어떤 분야에서는 1등이 되지 않으면 별로 의미가 없다. 대표적으로 스포츠가 그렇다. 1등 육상 선수와 2등 선수의 차이가 겨우 0.0001초라도, 1등이 받는 성공과 영광은 2등과 비교할 수 없다. 그렇기 때문에 서장훈 선수는 1등이기를 원했고, 실제 고통스러운 훈련으로 점철된 세월을 거쳐 '국민 센터'가 되었다. 그런데 그는 방송에 나와 한 후배와의 일을 이야기하며 자신의 삶을 돌아봤다고 고백했다.

같은 팀에 자신보다 연봉도 훨씬 낮고 모아 놓은 재산도 거의 없는 후배가 있었다. 어느 날 그와 사우나를 같이 가게 되었는데, 그는 자신의 최근 일상을 서장훈 선수에게 즐겁게 들려주었다. 고등학교 때 만난 여자 친구와 오랜 연애 후 결혼을 했고, 얼마 전에 아기를 낳아 행복하게 살고 있다는 일상적인 이야기였다. 그 이야기를 가만히 듣고 있던 서장훈 선수는 문득 후배에게 말했다.

"야, 네가 나보다 훨씬 더 행복하게 사는구나."[91]

이때 그는 돈과 성공이 행복의 조건이 아니라는 깨달음을 얻었다. 보다 중요한 깨달음은 '그 자신의 궁극적 욕망'이 돈과 성공은 확실히 아니었다는 것이다. 타인의 욕망을 욕망하는 것으로는 결코 만족에 이를 수 없다. 자신만의 원을 그려야 한다.

그런 면에서 '자기 내면의 열정을 좇으라'는 스티브 잡스의 조언은 일리가 있다. 그러나 그 열정은 어떤 불변하는 특정 대상은 아니다. 예컨대 처음에는 막연히 작가가 되고 싶었을 수 있다. 그러나 그 분야에 대한 이해가 깊어지면서 작가가 매력적으로 느껴졌던 구체적 요인은 '스토리를 창조하는 창의적 과정'임을 깨달을 수도 있다. 누군가에게는 그 구체적 요인이 '단어와 단어가 만들어 내는 아름다운 운율과 조화'일 수도 있고, 혹은 '베스트셀러 작가가 되어 많은 사람과 소통하는 것'일 수도 있다.

이렇게 자신만의 동기를 명확히 이해하게 되면 해당 영역에 시간과 노력을 투입하여 역량을 쌓게 된다. 이 역량을 바탕으로 다양한 가치를 창출하다 보면 자연스레 자신에 대한 시장의 평가에 대해 구체적이고 현실적인 그림을 가지게 된다.

워런 버핏의 파트너인 찰리 멍거는 2020년 모교인 칼텍(캘리포니아공과대학교)에서 사회자와 성공에 대해서 다음과 같은 이야기를 나눴다.

"출세하기가 얼마나 어려운지 생각해 보십시오. 당신이 학문을 매우 좋아해 칼텍에서 종신 재직권을 얻으려 한다고 가정합시다. 능력이 탁월해 매주 80~90시간씩 연구하면서 9~10년을 보내면 종신 재직권을 얻게 됩니다. 이는 호머 조 스튜어트 교수[92]와 경쟁하는 셈이어서, 이른바 쉬운 일이 아닙니다."

"그런 생활을 좋아하는 사람도 있습니다."

"물론이죠. 하지만 그런 방식으로는 크게 성공하지 못하기 때문에 나는 그런 생활을 선택하지 않았습니다. 일반 기준으로 보면 성공한 교수는 될 수 있겠지만 스타는 되지 못할 겁니다."

"자신의 길을 찾으라는 말씀이군요. 자신이 빛날 수 있는 곳을 찾으라는…."

"아닙니다. 대단한 재능이나 노력 없이도 성공할 수 있는 자리를 찾으라는 말입니다."[93]

모든 분야가 학계나 스포츠 분야처럼 좁은 길을 향해 경쟁적으로 질주해야 하는 제로섬 게임은 아니다. 심지어 스포츠 분야에서도 최고가 아니더라도 자신만의 독보적 영역을 계발하거나, 선수로서는 두각을 나타내지 못했더라도 감독으로서 제2의 인생을 시작하는 경우도 있다.

세 가지 원이 그려 내는 영역을 고정불변한 것이 아니라 지속적으로 모양이 바뀌는 역동적인 것으로 받아들여야 한다. 차별화된 역량과 세부적 동기 부여 요인을 지속적으로 계발하면서, 시장의 필요에 맞춰 자신의 역량과 기대 수준을 끊임없이 조정해야 한다.

축적의 시간

탐색의 시간을 거치면서 어느 정도 큰 방향성을 결정했으면, 집중하여 역량과 경험을 쌓는 축적의 시간으로 넘어가야 한다. 축적의 시간은 일종의 '피크 타임'이다. 이는 방송 용어로 시청률이 가장 높아 광고 단가가 가장 높은 시간대를 말한다. 이 시기는 커리어뿐만 아니라 연애와 결혼, 육아까지, 해야 하는 일의 리스트가 길게 늘어져 있는 시기다.

미국 유명 소설가 제임스 피터슨은 인생이란 다섯 개의 공을 저글링하는 것과 같다고 이야기했다. 다섯 개의 공은 일, 가족, 건강, 친구 그리고 자신이다. 이 중 일은 고무공이라 떨어지면 다시 튀어 오르지만 나머지 공은 유리 공이라 한 번 떨어지면 깨져 버린다고 한다. 이 비유는 특히 축적의 시간에 더 적합한 것 같다. 그만큼 이 시기는 일들 간의 우선순위를 잘 세워 가장 가치 있는 자원인 시간을 최고로 가치 있는 일들에 투자해야 한다.

우선순위를 잘 세우기 위해서는, 먼저 개념들 간에 정립이 필요하다. 사람은 누구나 성공하고 싶어 한다. 그러나 성공의 정의는 다 다르며, 성공의 다양한 결과물에 대한 가치 판단도 다 다르다. 어떤 이에게는 '인정과 명예'가 중요한 반면, 어떤 이에게는 '영향력과 권력'이 중요할 수 있다. 어떤 이는 돈이 중요하다고 말하면서도 원하는 것이 '높은 연봉'인지 '현금성 자산'인지 명확하지 않으며, '부'와 '돈'의 차이에 대해서도 깊이 생각하지 않는다. 치열하게 일하는 이유가 '행복해지기 위해서'라고 이야기하면서도 내가 생각하는 행복의 정의가 무엇인지, 무엇을 할 때 제일 행복한지, 반대로 불행할지에 대해서 진지하게 고민하여 제 나름의 결론을 내리지는 않는다.

우선순위에 대한 자신만의 가치 판단을 바탕으로 덜 중요한 것들부터 지워 나가야 한다. 소설가 김영하는 '살아 보니 친구는 그렇게 중요하지 않다는 것을 깨달았다'고 했다.[94] 그는 '친구를 덜 만났다면 내 인생이 더 풍요로웠을 것 같다. 쓸데없는 술자리에 시간을 너무 많이 낭비했다'라고도 말했다. 꽤나 논란이 되었던 말인데, 그의 설명을 들어 보면 친구와의 관계 자체가 쓸모없다는 것이 아니라, 자신과 가치관이나 성향이 잘 맞지 않는 친구들에 억지로 맞추느라 시간과 에너지를 너무 소비했다는 자성에 가깝다.

커리어 측면에서도 우선순위를 세워, 하지 않을 것들의 기준을 명확히 세워야 한다. 경험의 폭을 넓히기보다 깊이를 쌓아야 한다. 그러나 이것은 한 우물만 계속 파야 한다는 것은 아니다.

핵심 역량을 기반으로 확장하라

스콧 애덤스는 만화《딜버트》의 작가다. 그를 만화가로만 알고 있는 사람도 많지만, 그는 전업 만화가가 되기 전 대형 은행과 통신 회사에서 일했으며, 대학에서는 경제학을 전공했고 이후 UC버클리에서 MBA 학위를 취득했다. 그는 자신이 만화나 경영 분야에서 최상위 실력자는 아니라고 자평한다. 그러나 각 분야에서 상위 25% 정도에 들 실력은 되어서, 이 두 가지를 결합해 '기업에서 일어나는 일상에 통찰을 담아 해학적으로 풀어내는 만화가'로서 독보적인 포지션을 구축하게 되었다고 말한다.[95]

나는 스스로를 '데이터를 기반으로 전략을 제공하는 의사 결정자'로 정의한다. 그러나 나의 전략 역량을 다양한 프로젝트를 수행한 전략 컨설턴트나 한 산업에 오래 있었던 전략 기획자에 비교하면 부족할 것이고, 데이터 분석 기술 역시 전문가 수준에는 미치지 못할 것이다. 그러나 이 두 가지 역량을 결합함으로써 내 나름의 독보적인 포지셔닝을 구축할 수 있었다. 또한 영업 및 마케팅과 같은 실무 부서에 속해 일하면서 쌓은 현업 이해도가 내 역량과 스킬 셋에서 중요한 부분을 차지하고 있다. 그러나 이 모든 업을 정의하는 과정이 철두철미한 계획 아래 체계적으로 이루어진 것은 아니다.

쿠팡에서 초기에는 전사 전략을 담당하는 CFO(Chief Financial Officer, 최고 재무 책임자) 직속 부서에서 근무했다. 쿠팡이 수백 명 규모의 스타트업 조직에서 막 벗어나 전략 조직이 필요하던 차에 나를 포함한 전략 컨설턴트 몇 명이 포함된 팀을 꾸린 것이었다. 해당 조직에서 당시 전사적으로 고민이 많았던 NPS(Net Promoter Score, 순고객 추천 지수) 및 배송 만족도를 높이는 전략 등을 고민했다. 그러다 영업 조직이 커지고 셀렉션(selection) 전략의 중요도가 높아짐에 따라 영업 부서의 전략 및 기획 업무를 서포트하는 조직으로 발령이 났고, 얼마 후에는 아예 영업 본부에 속한 영업 기획팀으로 옮겨 갔다. 불과 1년 만에 직무와 부서가 완전히 바뀌었다고 해도 과언이 아니다.

컨설팅 펌이나 IB(투자 은행) 등에서 이직해 같은 부서에서 근무했던 동료들은 이러한 급작스러운 부서 이동 과정에서 경력을 망친 것 같다며 고민이 많았다. 나 역시 고민이 되지 않은 것은 아니지만 당장 현실에서 경험할 수 있고, 배울 수 있는 것은 무엇인지에 집중했다. 영업 부서와 가깝게 일하면서 MD(Merchandiser, 상품 기획자)들이 데이터를 요청하고 받는 과정에 불편한 점이 있는 것을 발견했고, 이 기회에 데이터 분석 언어인 SQL을 학습하기로 결심했다. 처음에는 옆 팀 친한 동료에게 도움을 받았지만 얼마 후에는 데이터베이스에 직접 접근하여 데이터를 추출 및 가공할 수 있게 되었고, 분석 및 인사이트 도출까지 한 번에 수행할 수 있었다. 결과적으로 영업 부서가 원하는 데이터를 획득하는 데 걸리는 시간이 눈에 띄게 줄었고, 다양한 문제를 동시다발적으로 신속하게 다뤄 볼 수 있었다. 이때의 경험이 내 커리어의 초석을 다지는 데 큰 역할을 해 주었다.

또한 실무 부서의 관심 분야와 해결하고자 하는 문제가 무엇인지 더 깊이 이해하게 되었다. 영업 본부에 소속되어서 현장을 보니 MD나 영업 팀장들은 부서를 이끄는 전략이 아니라 세부적인 질문에 대한 답을 얻고 싶어 했다. 예를 들어서 당시 쿠팡에서는 하나의 '딜'이 오픈하고 종료되기까지 일정 기간이 있었는데, 이 기간을 얼마로 해야 가장 좋을지, 혹은 신규 카테고리에서 유명 브랜드를 영업해 왔는데 수수료율이나 가격대는 어떻게 구성하는 게 좋을지와 같은 문제들에 대해 매우 구체적인 답을 원했다. 이러한 질문에 데이터를 분석하여 내 나름의 답을 내놓았는데, 실무진의 반응이 좋았다. 기존에는 이런 구체적인 문제에 대해 데이터나 전략 측면에서 지원을 받아본 경험이 전무했던 것이다. 성과가 나오니 일이 재미있었고 더 가치 있는 결과물을 제공하고 싶어 스스로 실력과 경험을 적극적으로 키워 갔던 시기였다.

기회와 유혹을 구분하라

탐색의 시간을 거쳐 평생의 업에 대한 큰 방향성을 잡고 핵심 역량과 기술을 쌓아 왔다면, 축적의 시간에는 예상치 않은 기회를 많이 만나게 된다. 핵심 역량을 기반으로 이 기회들을 주도적이며 선별적으로 수용해 자신만의 독보적 영역을 만들어 가야 한다. 그러나 위험 역시 기회의 형태로 오기 때문에 조심해야 한다. 기회라고 생각했던 새로운 업무나 이직 기회가, 시간이 지나고 나서 내 이력과 연관성이 떨어지는 업무였거나 중구난방식의 이직으로 판명날 수도 있다.

하버드대학교의 크리스텐슨 교수는 존경하는 CEO인 놀런 아치볼드의 이야기를 소개한다.[96] 그는 《포춘》 500 기업 중 하나인 '블랙앤드데커'에서 최연소 CEO로서 탄탄한 커리어를 쌓았다. 그는 이직 시기 때마다 이력서에 어떻게 보일지보다는, 자신에게 부족한 경험과 역량을 쌓는 것에 신경 쓰며 특정 회사로 이직했다고 한다. 그의 커리어의 큰 방향성은 대기업의 CEO가 되는 것이었는데, 회사를 선택할 때마다 이 커리어 목표에 도달하기 위해 현재 부족한 경험을 메꿔 줄 수 있는 회사와 포지션을 선택한 것이다.

예를 들어, 그의 첫 번째 직장은 '노던퀘벡'이란 곳이었는데 석면을 채굴하는 광산 기업이었다. 이곳은 어떻게 봐도 그의 경영 대학 동기들이 선호하는 회사나 경영진이 되는 최단기 코스는 아니었다. 그러나 해당 회사에서 경험할 수 있는, 악조건 속에서 사람들을 관리하고 이끄는 경험이 자신의 장기적인 커리어에 꼭 필요하다고 판단했다.

이직 때마다 그는 연봉이나 얼마나 사람들이 선망하는 위치인지는 아예 고려하지 않았다고 한다. 오로지 생각한 것은 '여기서 일하는 것이 내 장기 목표를 달성하는 데 필요한 경험을 주는가?'였다. 이 전략은 성공적이어서 그는 얼마 지나지 않아 '베아트리체푸드'의 CEO가 되었고 42세에 블랙앤드데커의 최연소 CEO가 되었다. 그는 그곳에서 24년간 성공적으로 기업을 이끌었다.

축적의 시간에는 원한다면 단기적인 보상을 추구하고 그 결과로 꽤 괜찮은 대우를 받을 수도 있다. 주변 동료들로부터 유망한 회사에 들어가거나 높은 직급을 달았다는 소문이 들려올 수 있다. 그러나 이 시기는 무엇보다 커리어 측면에서 '좋은 경험'을 쌓는 것을 최우선 순위로 설정해야 하는 시기다. 이 시기에는 사전 경험이 부족하더라도 다양한 기회가 주어지는데, 커리어 후반부로 갈수록 이런 '열린 기회'는 점점 줄어든다. 이 시기에 과감하게 기회를 잡아 가치 있는 경험을 쌓고 자신만의 역량으로 바꿔야 한다.

이 시기의 딜레마는 가장 몰두해서 역량을 축적해야 할 시기지만, 동시에 자신의 커리어와 평생의 업에 대해 가장 고민이 많은 시기라는 것이다. 한 분야를 어느 정도 파 보면서 그 길의 한계와 어려움을 누구보다 가장 잘 알게 되기 때문이다. 그러나 이는 자신의 핵심 분야를 발판 삼아 확장해 가야 한다는 신호지 그 분야를 완전히 버리라는 의미는 아니다.

스콧 애덤스는 초창기 《딜버트》를 그릴 때 사무실과 비즈니스 현장에서 일어나는 주제만을 다루지 않고 다양한 주제를 다뤘다. 그런데 독자들의 반응이 사무실 에피소드에서 가장 폭발적이었고, 얼마 후에는 무능력한 상사나 부조리한 회사의 모습을 해학적으로 비꼬는 이야기들만 다루게 되었다.[97] 이처럼 탐색의 시간에 구축한 비전과 방향성을 바탕으로 쌓아 온 역량 및 경험과 조합할 수 있는 새로운 역량과 기술, 분야를 고민하여 확장해야 한다.

　이 시기에는 무엇보다 인내심과 끈기가 필요하다. 스콧 애덤스는 《딜버트》를 1989년에 그리기 시작해서 현재까지도 그리고 있다. 구르는 돌에는 이끼가 끼지 않는 법이다. 축적에는 일정량의 인풋이 필요하다. 투입량을 최대화하여 시간을 단축할 수는 있지만, 그런다고 필요한 양이 줄어드는 것은 아니다. 폭발적으로 성장하지 않는 것처럼 느껴질 때도 있겠지만 장기적인 방향성 아래에서 필요한 시간을 견디는 지혜가 필요하다.

발산의 시간

발산의 시간은 승부수를 던지는 때다. 자신이 최고의 성과를 낼 수 있는 환경에 과감히 뛰어들어 결과를 만들어 내는 시기다.

　쿠팡에서 일하던 초기 몇 년간은 직접 데이터 분석을 하며 주도적으로 실무 부서의 문제를 해결하다 보니 일하는 재미가 있었다. 그러다 인원 규모가 수천 명을 넘어가며 조직이 급속도로 커졌고 개인이 수행하는 역할은 점점 세분화되었다. 기존에는 전체 고객의 만족도를 높이는 일이었다면, 이제는 '특정 고객층에게 신발류의 판매량을 높이는' 식이었다.

전문적인 역량을 갖춘 각 기능 조직에서는 어떤 일을 하는지 가까이서 지켜보며, 훌륭한 경험을 가진 사람들과 협업하는 경험은 흥미로웠고 배울 점이 많았다. 이런 경험이 훗날 더 규모가 작은 스타트업에서 일하며 조직과 인력을 세팅할 때 큰 도움이 되기도 했다. 하지만 점점 기업 전체를 보기 어려워지는 것은 아쉽게 느껴졌다. 그러다 우연한 기회에 설립한 지 2년 정도 된 작은 규모의 스타트업인 뤼이드에서 COO(Chief Operating Officer, 최고 운영 책임자)를 모집한다는 것을 알게 되어 합류하게 되었다.

지금에야 쿠팡과 뤼이드 모두 유니콘이 되어서 주변에서는 커리어를 잘 쌓았다고들 한다. 그러나 2014년은 최초의 소셜 커머스 기업으로 국내 직원이 200명에 달했던 '그루폰코리아'가 낮은 사업 성과로 인해 폐업했던 시기였다. 지인으로부터 컨설팅 펌에서 높은 연봉을 누리던 한 컨설턴트가 연봉을 삭감하고 과감하게 이 기업으로 이직했다가 몇 년 만에 직업을 잃게 된 이야기를 전해 듣기까지 했다.

당시 결혼을 앞두고 있던 나에게 몇몇 분은 결혼하기 전까지 몇 년만 기다렸다가 이직하라고 애정 어린 조언을 주었다. 쿠팡으로 이직 후 3년도 채 되지 않아 뤼이드로 이직할 때도 모두가 말리는 상황이었다. 쿠팡에 입사하고 나서 얼마 되지 않아 블랙록, 세콰이어 캐피털, 비전펀드에서 연달아 천문학적 규모의 투자를 유치하자, 주변 사람들은 쿠팡을 달리 보기 시작했다. 그런데 내가 쿠팡을 나와서 다시 작은 규모의, 그것도 토익 앱을 만드는 스타트업에 간다고 하니 이번에야말로 짐 싸 들고 말리기 시작했다. 당시 뤼이드는 20억 원 규모의 시리즈 A 투자를 받았지만 수익 모델은 전혀 없는 상태였고, 그나마 있었던 앱도 유료 버전으로 전환하기는 어려운 프로토 타입 정도였다.

사실 나도 처음에는 토익 앱을 만드는 교육 회사에서 내가 어떤 기여를 할 수 있을지 잘 상상이 안 되었다. 하지만 대표 이사를 만나 그가 가진 비전과 회사가 가지고 있는 기술에 대한 설명을 들으면서, 내 역량을 기반으로 할 수 있는 것들이 있겠다는 생각이 들었다. 프로덕트를 론칭하고 비즈니스 모델을 만들어 마케팅과 성장 전략을 수립해 시장의 판도를 바꾸고 싶었다.

사실 이는 리스크가 높은 선택이었다. 결과적으로 좋았기 때문에 좋은 선택이었다고 생각하면 위험하다. 반대로 리스크가 높은 선택이었기 때문에 위험하다고 생각할 필요도 없다. 여기서 나는 의도적으로 '위험'이란 단어를 '바람직하지 않은'이라는 부정적인 의미로 썼다. 그러나 '리스크가 높은 선택'은 금융 용어로 '불확실성'을 의미하는데 반드시 나쁜 것은 아니다. 불확실성은 곧 변동성으로, 고위험 자산은 하방의 변동성만큼이나 상방의 변동성 역시 높다. 따라서 높은 기대 수익률을 원한다면 높은 리스크 감수는 필연적이다.

투자 격언 중에 100에서 자신의 나이를 뺀 비율만큼 위험 자산에 투자하라는 말이 있다. 만약 20세라면 80%를 위험 자산에 투자하고, 60세라면 40%를 위험 자산에 투자하는 식이다. 공식의 기계적 적용보다 원칙이 중요한데, 젊을수록 고위험 자산의 비율을 높이고 나이가 들어갈수록 안전 자산의 비율을 높이라는 뜻이다. 개인적으로 여기에는 크게 세 가지 이유가 있다고 생각한다.

첫째는 위험도나 변동성 등이 다양한 자산에 투자함으로써 실패를 경험하고 교훈을 얻고, 이를 통해 자신만의 투자 노하우나 철학을 쌓을 수 있기 때문이다.

둘째는 나이가 젊을수록 투자에 실패하더라도 회복할 기회가 많고 근로 소득 등을 통해 손실을 감당하기가 좀 더 수월하기 때문이다.

셋째는 초기에 쌓은 경험을 바탕으로 과감하게 투자해야 고수익을 달성하고 일정 규모의 자산을 모을 수 있기 때문이다.

언뜻 들으면 너무 당연한 말 같아 보인다. 이해를 돕기 위해 다음의 두 가지 사례를 비교해 보자.

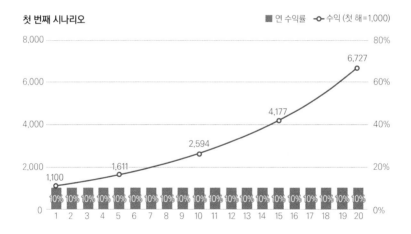

첫 번째 시나리오 ■ 연 수익률 ─○─ 수익 (첫 해=1,000)

세컨드 펭귄

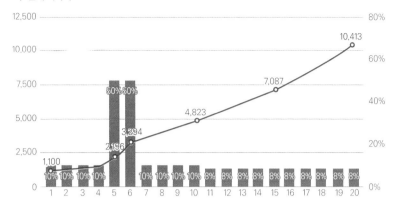

　　20년간 투자를 한다고 했을 때, 매년 연평균 10%의 수익률을 꾸준히 내는 경우와 초·중반기에 잠깐 높은 수익률을 내고 후반기에는 꾸준히 낮은 수익률을 내는 경우다.

　　어떤가? 두 번째 시나리오의 20년 후 수익률이 약 55% 높다. 처음에는 동일하게 연 10%씩 수익률을 기록하다가, 5년 차에 50% 수익률을 2년 연속으로 낸 것이 전부다. 이후 14년 동안은 수익률이 8%에 불과하다. 무려 14년 동안이나 더 낮은 수익률을 기록했음에도 불구하고 두 번째 시나리오가 결과적으로 훨씬 더 높은 수익을 가져온 것이다. 바로 이런 이유로 어느 정도 축적의 시간을 거친 후에는 과감한 승부수를 던져 전체 수익률을 극적으로 높여야 한다.

　　이때 조심해야 할 것은 승부수를 남발하지 않는 것이다. 특히나 역량과 경험을 잘 쌓아 왔다면 높은 연봉과 함께 이직 제안이 많을 것이다. 만약 한두 번 정도 잘 맞지 않는 기업이나 포지션에서 일 하게 되어 경험과 역량에 마이너스가 된다면 생각보다 타격이 클 수 있다.

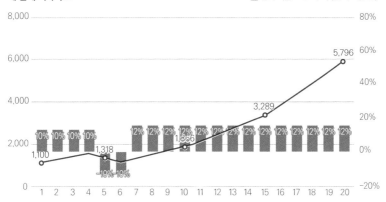

세 번째 시나리오　　　　　　　　　　　■ 연 수익률　─○─ 수익 (첫 해=1,000)

세 번째 시나리오는 5년 차에 단 2년간 −10%의 성장률을 기록하고 이후 14년간 12%의 수익률을 기록한 경우다. 이 시나리오의 수익은 첫 번째보다는 14%가량 낮고, 두 번째보다는 약 44% 정도 낮다.

이제 앞서 첫 번째 시나리오의 그래프를 다시 보자. 비록 과감한 승부수를 던져서 초기에 좋은 결과로 판세를 바꾼 두 번째 시나리오에 비할 바는 못 되지만, 직선이 아니라 곡선을 그리며 우상향하는 지수적 그래프의 모습을 보이고 있다.

커리어의 결과물 중 하나인 성과나 연봉, 포지션 등도 이와 마찬가지다. 초반에는 작은 성과 하나를 내는 것도, 연봉의 앞자리를 바꾸는 것도 쉽지 않다. 그러나 이런 꾸준한 노력이 쌓이면 중반부 이후부터는 탄력이 붙어 지수적으로 증가하게 된다.

종합하자면 발산의 시간에는 어떤 기회를 잡고, 언제 승부수를 던지며, 얼마만큼 리스크를 감수하여 베팅하는지의 삼박자가 중요하다. 먼저 자신의 역량을 극대화할 수 있는 판을 찾는다. 그리고 과감하게 승부수를 던진다. 그러나 다 잃을 정도로 베팅하지는 마라. 꾸준함의 지수적 성장률을 믿어라. 단기적 성과보다는 장기적 방향성에 맞는 일련의 작은 성과가 더 소중하다.

어떤 커리어가 좋은 커리어인가?

주변에서 커리어 조언을 해 달라는 요청을 종종 받는다. 그럴 때마다 내 커리어가 '좋은' 것이라고 외부에서 생각한다는 사실을 새삼 깨닫고 쓴웃음을 짓고 만다. 이직할 때마다 배우자를 포함해 주변 사람 모두가 말렸기 때문이다. 만약 내가 이직한 기업들이 유니콘이 되기는커녕 사업 부진으로 폐업을 했다면 여전히 나의 커리어를 '좋은' 것으로 봐줄까?

물론 빠르게 성장하는 스타트업에는 성장 요인들, 즉 비즈니스 모델, 창업자의 의사 결정, 시장 환경, 조직 구조, 마케팅 전략 등 배울 것이 많다. 그러나 회사에 소속되었다고 그 역량이 모두 내 것이 되는 것은 아니다. 반대로 쇠락세에 있는 기업에서도 자신만의 역량을 개발할 기회는 얼마든지 있다.

경남 소재의 거창고등학교에는 직업 선택 10계명이 있다.

1. 월급이 적은 쪽을 택하라.
2. 내가 원하는 곳이 아니라 나를 필요로 하는 곳을 택하라.

3. 승진의 기회가 거의 없는 곳을 택하라.

4. 모든 것이 갖추어진 곳을 피하고 처음부터 시작해야 하는 황무
   지를 택하라.

5. 앞을 다투어 모여드는 곳은 절대 가지 마라. 아무도 가지 않는 곳
   으로 가라.

6. 장래성이 전혀 없다고 생각되는 곳으로 가라.

7. 사회적 존경 같은 건 바라볼 수 없는 곳으로 가라.

8. 한가운데가 아니라 가장자리로 가라.

9. 부모나 아내, 약혼자가 결사반대를 하는 곳이면 틀림없다. 의심
   치 말고 가라.

10. 왕관이 아니라 단두대가 기다리고 있는 곳으로 가라.

저 중에 하나라도 커리어 조언으로 삼을 만한가? 직업 선택에 대
한 조언이라기보다는 선교사를 파송하는 교회의 결연한 사명 선언문
같다.

다시 한번 자신에게 물어보자. 좋은 커리어란 무엇인가? 나는 '자
신만의 세부적이고 개인적인 동기를 극대화하는 방향으로 역량과 전
문성을 쌓아, 독보적인 시장 가치와 포지셔닝을 구축하여, 과감하게
승부수를 던져 성과를 만들어 낸 경험'이라고 생각한다.

루이스 캐럴의 소설 《거울 나라의 앨리스》에는 붉은 여왕의 나
라가 나온다. 이곳에서는 주변 풍경이 모두 달리고 있기 때문에, 달리
는 것으로는 앞서 나갈 수 없고 제자리에 머물 뿐이다. 보통을 목표로

해서는 평범에 이를 수 없다. 모두 다 최선을 다해 달리고 있기 때문이다. 탁월한 역량을 발휘하고 싶다면 모두가 달리고 있는 쳇바퀴에서 벗어나 자신만의 길을 걸어야 한다. 위험해 보이고 돌아가는 길처럼 보여도 그것이 가장 안전하고 빠른 길이다.

3. 기업가형 인재의 일

스타트업에 왕도는 없다

실패하는 스타트업에는 몇 가지 공통점이 있다. 도스토옙스키가 쓴 소설 《안나 카레리나》의 첫 구절은 매우 유명한데, "행복한 가정은 모두 비슷한 모습으로 행복하고, 불행한 가정은 모두 다른 모습으로 불행하다"라는 것이다. 여러 가지로 해석될 수 있지만 행복한 가족을 구성하는 여러 조건 중 하나만 잘못되어도 불행해지기 쉽기 때문에 불행한 가정의 모습이 다양하게 드러나는 것 아닐까?

기업의 흥망성쇠의 역사에서 이 구절은 종종 반대의 모습으로 드러난다. 성공하는 기업들의 모습은 제각각인 반면, 실패하는 기업들의 모습은 모두 비슷하다. 경영진은 오만하고 독선적이어서 좋은 인재들이 떠나가고, 비합리적인 조직 구조와 의사 결정 과정이 전반적인 업무 효율성을 떨어뜨리고, 시장 흐름을 읽지 못한 제품과 서비스로 인해 고객들의 선택을 받지 못하고, 방만한 재정 관리와 수익 모델 구축 실패로 결국 파산한다.

반면 성공하는 기업과 경영진의 모습은 모두 제각각이다. 스티브 잡스처럼 고객 서베이를 믿기보다는 직원의 의견이나 자신의 심미안과 영감을 기반으로 혁신적인 제품을 개발해 성공한 창업자도 있지만, 제프 베이조스와 같이 모든 제품과 서비스 개발을 고객으로부터 시작하는 이른바 '거꾸로 일하기' 방식을 자사의 성공 비결로 꼽는 창업자도 있다.

한편으로 잡스와 베이조스는 두 사람 다 무자비한 독재적 리더십 스타일로 유명하지만, 엔비디아(NVIDIA)의 젠슨 황이나 픽사의 에드윈 캣멀처럼 직원들의 말을 경청하고 겸손한 자세로 소통하기로 유명한 창업자들도 있다. 전략 측면에서는 코스트코처럼 한 카테고리당 하나의 브랜드만 유통해서 성공한 경우도 있고, 아마존처럼 세상 모든 것을 판매하는 만물상을 표방하여 성공한 경우도 있다. 패션 쪽에서는 럭셔리 하이엔드를 표방하여 성공적으로 포지션을 구축한 브랜드가 있는가 하면 '모두를 위한 옷'이라는 기치를 내걸고 좋은 품질의 옷을 합리적인 가격에 제공하며 성공을 일구어 나가는 브랜드도 있다.

이렇게 스타트업계는 끊임없이 변하고 매번 새로운 기술과 비즈니스 모델이 출현하기 때문에 성공으로 가는 왕도는 없다. 이런 환경에서 창업자가 선택할 수 있는 최고의 전략은 그냥 뛰어내리는 것이다. 창업자는 본질적으로 성공 확률이 5% 미만인 게임에 과감하게 뛰어든 퍼스트 펭귄이며, 내가 그 5% 안에 들 거라는 긍정적 환상을 가진 존재들이다. 그리고 이들의 긍정적 환상과 미래 지향적 비전이 조직에 활력을 불어넣고 어려운 상황에서 구성원을 단결시켜 준다. 그래서 이들의 이기는 전략은 '옳은 의사 결정'을 하는 것이 아니라 적시에 '과감한 의사 결정'을 하는 것이다.

이런 창업자의 역할을 보완하는 기업가형 인재의 역할은 반대로 '틀리지 않는 일'이다. 기댓값이 아무리 크더라도 5%에 걸면 안 된다. 95%의 확률로 틀리기 때문이다. 가장 합리적인 의사 결정자가 살아남는 것이 아니라, 살아남는 의사 결정자가 가장 합리적인 것이다. 그리고 오래 살아남기 위해서는 역설적으로 옳은 의사 결정을 많이 하려고 하기보다는, 틀린 의사 결정을 최소화해야 한다.

리스크와 불확실성이 높은 스타트업 현장에서 창업자가 자신의 철학과 신념과 스타일대로 자신의 강점을 극대화해서 결단력 있는 의사 결정을 한다면, 기업가형 인재는 창업자의 의사 결정을 데이터로 검증하고, 효율적인 조직 구조와 업무 프로세스를 만들고, 느리고 비효율적인 의사 결정 프로세스를 개선하고, 인재들을 육성하고 권한을 위임하며, 급변하는 고객과 시장의 니즈에 맞춰 제품과 서비스를 개선하고, 재무적 리스크를 고려하여 비용을 효율적으로 관리해야 한다. 이것이 창업자와 기업가형 인재의 균형이며, 창업자의 약점을 보완하고 창업자의 역량을 극대화할 수 있는 기업가형 인재의 일이다.

기업가형 인재의 다섯 가지 역할

창업자가 절벽 꼭대기에서 신뢰의 도약을 하는 퍼스트 펭귄이라면, 기업가형 인재는 창업자와 같이 뛰어드는 세컨드 펭귄이다. 뛰어들지 말지 결정하는 것은 세컨드 펭귄의 일이 아니다. 창업자는 이미 절벽에서 뛰어내린 상태다.

나는 기능적으로는 '전략 기획'과 '데이터 분석' 업무를 했고, 부서로 치면 '마케팅', '영업' 등에 해당하는 조직에 주로 속해서 일했기 때문에 이에 기반해서 기업가형 인재의 역할과 역량을 설명하고자 한다. 그러나 이는 개인의 경험과 한계 때문에 선택한 제한적인 설명일 뿐이고, 각자의 역량과 역할에 맞게 창업자의 역할을 보완할 수 있다면 모두 기업가형 인재의 일일 것이다.

내가 경험하고 정리한 기업가형 인재의 일은 문제를 해결하고, 데이터를 분석하며, 의사 결정을 서포트하고, 리더십을 발휘하는 것이다. 이 업무를 잘하기 위해 가져야 하는 역량을 크게 다음의 다섯 가지로 정리했다.

첫째, 현 상황에서 핵심 원인이 되는 문제를 찾아내는 '문제 정의 역량'.

둘째, 선행 지표를 움직일 수 있는 레버리지를 찾아내고 테스트해 가설을 검증하는 '가설 기반 사고'.

셋째, 현 상황을 수치로 측정하고 진단하며 지표를 개선하는 '데이터 분석 역량'.

넷째, 데이터와 가설 검증 결과를 기반으로 상황을 해석하고 방향을 제시하는 '데이터 내러티브 역량'.

다섯째, 사람들을 이끌고 동기 부여하며 올바르게 판단하고 의사 결정할 수 있는 '리더십 역량'.

이 다섯 가지 일 중 '데이터 분석' 및 '데이터 내러티브' 역량은 다소 상세하고 여러 가지 숫자와 지표도 많이 나오기 때문에 3부 '세상 어디에도 없는 CSO의 비법 노트'를 통해 설명하고자 한다.

나는 현재 백패커에서 CSO(Chief Strategy Officer, 최고 전략 책임자) 역할을 맡고 있는데, 한 인터뷰에서 CSO는 어떤 일을 하느냐는 질문을 받았다. '전략 책임자'라는 직무에 대해 기업마다 요구하는 바가 다르고 각 개인도 다르게 정의하고 있기 때문에 충분히 나올 법한 질문이다. 나는 "데이터를 분석해 올바르게 문제를 정의하고, 문제 해결을 위해 의사 결정을 하는 사람"이라고 답했다.

이상한 답이다. 그럼 데이터 분석가와의 차이는 무엇일까? 중요한 차이는 분석은 도구일 뿐이고, 이를 기반으로 문제를 해결하는 것이 주 목적이라는 것이다. 전략을 제시하는 것만으로는 문제가 해결되지 않는다. 전사 및 팀 커뮤니케이션, 주요 이해관계자 설득, 예산 투입, 조직 구조 변경, 세부 전술 방안 수립 등의 의사 결정을 통해 그 전략을 실제로 수행해 낼 수 있어야 한다.

문제 정의

종류는 다양하겠지만 기업가형 인재가 마주하는 업무는 대부분 문제 해결의 형태를 띠고 있다. 그러나 산업이 처한 거시적 환경에 따라 문제 정의가 필요한 정도가 다르다. 수십 년 전의 산업 구조나 경쟁 구도, 소비자의 행태, 핵심 역량이 지금과 크게 다르지 않은 '고착화된 산업'에서는 직급마다 업무가 상당 부분 정해져 있다.

내가 속한 산업이 고착화된 산업인지를 알고 싶으면 우리 회사 부장님이 가진 지식이 얼마나 가치 있는지를 객관적으로 평가해 보면 된다. 그가 가진 경험과 지식이 굉장히 가치 있고, 신선한 관점을 던져 주고, 내가 가지고 있는 문제를 단번에 해결해 준다면 고착화된 산업일 가능성이 크다. 반대로 부장님이 가진 지식과 조언이 잘 맞지 않는 경우가 많다고 생각하면 변화하고 있는 산업일 가능성이 크다.

정해진 프로세스에서 주어진 업무를 정확히 해내는 것이 중요한 고착화된 산업에서 역량이란 '숙련도'에 가깝다. 이런 기업에 신입 사원으로 들어가서 몇 년 먼저 경력을 쌓은 대리급 선배를 보면 굉장히 일을 잘하는 듯 보인다. 내가 모르는 업무 프로세스와 업무를 수행하는 데 필요한 각종 스킬을 숙지하고 있기 때문이다. 그렇게 업무 숙련도를 높이다가 팀장급이 되면 기존의 업무 관행을 탈피하는 신사업을 추진하기도 하고 순환 보직을 통해 다양한 업무와 스킬을 배워 감으로써 역량을 쌓는 경우가 많다.

반면, 모바일 시대로의 전환과 데이터 처리 및 저장 능력의 비약적인 향상 등 기술 환경 변화로 인해 기존에 없던 시장이 탄생하고 산업 간에 경쟁하고 대체하며 때로는 연합하는 산업 환경에 속한 기업들은, 정해진 업무를 해내는 것보다 문제를 찾아내고 업무를 재정의하는 역량이 필수적이다. 가장 근본이 되는 첫 번째 역량이 문제 정의 역량인 이유다.

스타트업의 신입들이 많이 받는 피드백으로 '일을 시킬 때까지 기다리지 말고, 스스로 찾아서 하라'는 것이 있다. 이 말의 단편적인 의도는 일일이 업무 지시를 할 만큼 담당 사수와 정해진 프로세스가 있지 않으니 알아서 잘하라는 것일 수 있지만, 좀 더 크게 보면 스스로 문제를 찾아서 정의하고 해결하라는 주문일 수 있다. 그러면 도대체 문제 정의는 어떻게 해야 하는 것인가?

사실 나도 컨설팅 회사에 신입으로 들어가서 선배 컨설턴트에게 "프로젝트의 성공은 문제를 잘 정의하는 데 달려 있다"라는 말을 들었을 때 정확히 무슨 의미인지 몰랐다. 그저 클라이언트의 의도와 프로젝트의 목적을 잊지 않는 게 중요하다는 정도로 받아들였던 것 같다.

문제 정의의 중요성을 절감하게 된 것은, 한 프로젝트에 돌입해서 특정 주제에 많은 시간과 노력을 들이다가, 프로젝트의 말미에 가서 정작 클라이언트가 생각했던 방향성과 다른 것을 깨닫고 돌이킬 수 없는 깜깜한 질벽을 마주하고 나서였다.

　한 전설적인 선배 컨설턴트가 있었는데, 이분은 실제 프로젝트가 진행되는 내내 하는 것이 별로 없었다. 그런데 사내 평가는 매우 좋아서 프로젝트가 발주되면 모두 그분과 같이 일하고 싶어 했다. 나중에 알고 보니 이분의 역량은 문제 정의에 집중되어 있었다. 이분과 한 번 같이 일할 기회가 있었는데, 사안의 핵심을 찌르면서 창의적으로 문제를 정의하는 능력이 매우 인상 깊었다. 그렇지만 그분이 가진 문제 정의 역량을 옆에서 어깨 너머로 배우기란 쉽지 않은 일이었고, 당연히 나도 이제 와서 누군가에게 가르치기도 어렵다. 뛰어난 문제 정의 역량을 가진 사람과 같이 일하면서 지척에서 피부로 느끼며 스스로 깨닫는 수밖에 없다.

　나와 같은 범부가 10년 넘게 일하면서 실증적으로 알게 된 것은 오히려 무엇이 '제대로 정의된 문제가 아닌가'였다. 그리고 바로 이런 오해와 실수를 피함으로써 문제 정의의 본질에 조금이나마 더 가까워질 수 있었다. 그렇다면 무엇이 올바로 정의된 문제가 아닌가?

4. 문제냐 아니냐,
그것이 문제로다

증상은 문제가 아니다

클라이언트가 컨설팅 회사 간에 경쟁 입찰을 붙일 때 RFP(Request For Proposal, 제안 요청서)를 제공하는데, 이를 읽어 보면 고객사의 고민과 니즈를 이해할 수 있다. 가장 흔한 케이스로는 매출이 감소하거나 시장 점유율이 떨어지거나 하는 이슈다.

컨설팅 회사에 대학생 인턴이 들어와서 범하는 가장 흔한 실수는 매출 감소 자체를 문제로 정의하는 것이다. 얼핏 당연해 보이는 이 논리는 실제로 프로젝트를 진행해 보면 그 모순이 바로 드러난다. 예를 들어 매출을 증가시키기 위해서 제품이나 서비스의 가격을 내리거나, 신규 고객을 인입하도록 제안하는 것이 실제로 매출 향상으로 이어질지는 전혀 알 수 없다. 왜냐하면 매출이 감소하는 원인이 무엇인

세컨드 펭귄

지 제대로 파악이 안 됐기 때문이다. 만약 매출 감소의 원인이 고객의 취향이 고급화됨에 따라 프리미엄 제품을 선호하는 것이라면, 가격을 내리는 솔루션은 이보다 더 틀릴 수 없는 제안이 될 것이다.

같은 맥락에서 '매출을 올리고 싶다'는 니즈 역시 문제가 아니다. 예를 들어 매출은 떨어지지만 수익성이 낮은 제품이나 고객이 감소함으로써 영업 이익은 오히려 증가한다면 '공헌 이익이 낮은 제품의 매출을 감소시키는 것'이 오히려 올바른 문제 정의가 될 것이다.

듣고 나면 상식처럼 생각되는 이런 과정을 내면화하고 실행하는 것은 생각보다 어려워서, 실제 우리들은 일상 속에서 증상을 문제로 착각하는 실수를 반복하곤 한다.

예를 들어 연초가 되어 인사 팀과 연봉을 협상하는 과정을 상상해 보자. 인사 팀에서는 당신의 성과와 실적을 평가하여 10% 인상을 생각하고 있는데, 당신은 15%를 인상받기 원한다. 인사 팀에서는 그 나름대로 한 해의 인건비 예산과 평가에 따른 인상 폭이 정해져 있어 당신에게만 특혜를 줄 수는 없는 상황이고, 당신은 당신 나름대로 만약 15%를 받지 못한다면, 지난번에 오퍼를 받았던 다른 회사로 갈 마음을 품은 상태다.

어느 한쪽도 양보할 수 없는 교착 상태에서 해결책은 없어 보인다. 그러나 문제 정의를 조금만 다르게 해 보면 없던 타결책이 갑자기 생길 수도 있다. 당신은 문제를 '연봉 15% 인상'이라고 무의식적으로 정의했지만 당신이 왜 이것을 원하는지를 잘 살펴보면 보다 본질적인 문제에 접근할 수 있다.

만약 당신이 쓰는 비용 중 왕복 교통비와 주차비, 차량 유지비 등 해결해야 할 지출이 많아서 연봉을 올리고 싶은 것이라면 어떨까? 혹은 최근 외국어 회화 과외를 받느라 상당 금액이 지출되고 있는 것을 문제로 정의하면 어떻게 달라질 수 있을까?

인사 팀 입장에서는 인건비는 제한되어 있지만 복리 후생비나 교통비 지원은 다른 재원을 통해 제공해 줄 수 있을지 모른다. 물론 이는 인사 팀 역시 문제를 '최대 10%밖에 올려 줄 수 없는 상황'으로 정의할 것이 아니라 '다양한 베니핏을 통해 정해진 예산 내에서 직원이 느끼는 만족도를 최대화'하는 관점에서 문제를 정의했을 때만 얻을 수 있는 해결책이다.

일견 솔루션을 내기가 어려운 상황으로 보인다면 내가 마주하고 있는 문제가 혹시 증상은 아닌지 살펴봐야 한다.

솔루션은 문제가 아니다

남자들이 많이 가지고 있다고 여겨지는 안 좋은 습관이 하나 있다. 이슈를 보자마자 그것을 문제로 착각하고 해결책을 내는 것이다. 이는 디자이너 또는 개발자와 협업할 때 두드러지는데 문제를 정의하지 않고 해결책을 바로 요청해 버리는 식이다.

예를 들면, "홈 화면에 있는 이 버튼을 크게 해 주세요"라고 요청하는 경우, 사실상 '홈 화면에 있는 그 버튼이 작은 것'을 문제라고 정의한 것이다. 하지만 이는 진정한 문제가 아니다. 만약 특정 버튼이 작다고 판단한 근거가 해당 버튼의 클릭 수가 기대보다 적어서였다면, 문제는 버튼의 크기가 아니라 다른 것일 수 있다. 예컨대 '유저가 해당 버튼의 목적이 무엇인지 명확히 인지하고 있지 못해서'일 수도 있다.

이렇게 해결책부터 제시함으로써 발생하는 또 다른 문제점은 작업자의 사고를 제한할 수 있다는 것이다. 작업자는 문제가 무엇인지, 해결책의 의도는 무엇인지 알 수 없는 상황이기 때문에 작업자의 동기 부여가 떨어지는 것은 둘째 치고, 결국 요청자의 의도대로 되지 않아 불필요한 수정 과정이 잦아지는 경우가 많다.

데이터 분석가도 마찬가지다. 새로운 분석 툴이나 프레임워크를 통해 새로운 산출물을 현업에 제공하고 싶어 하지만, 실제 현업에서는 이것을 받아도 시큰둥해하거나, 혹은 인사이트가 있는 것처럼 보여서 처음에는 반색하지만 막상 실제 업무에 적용하기는 어려운 경우가 많다. 이 경우도 '문제'가 아니라 새로운 '솔루션'에서 시작했기 때문에 오는 혼동이다.

스타트업의 지표나 데이터 분석에도 일종의 유행이 있어 Stickiness(사용자 고착도), Carrying Capacity(환경 수용력), Quick Ratio(당좌율) 등 다양한 분석 프레임을 외부에서 접하고 내부에 무리하게 적용할 때 어느 순간 어려움에 부딪힌다. 이를 피하기 위해서는 일을 하다가 잠깐 생각할 시간을 가지고 내가 왜 이 일을 하고 있는지, 내가 하는 일이 누구에게 어떤 가치를 제공하는지를 생각해 봐야 한다. 이에 대한 답이 명확하지 않다면 일을 하고는 있으나 가치를 창출하지는 못하는 상황일 가능성이 크다.

핵심 문제를 찾아라

컨설팅 펌에 있을 때 기억에 남는 재미있는 프로젝트가 있었는데, 야구 관련 프로젝트였다. 야구 팀의 유니폼과 구장이 광고로 '도배'가 되어서 시청자들이 경기에 몰입하는 것을 방해한다는 내용이었다. 처음에는 광고의 크기나 위치를 제한하는 규정이야 각자 팀끼리 협의해서 만들고 준수하면 그만인데 이것이 컨설팅 펌에까지 의뢰할 일인가 하는 생각이 들었지만, 알면 알수록 다양한 주체의 이슈가 복잡하게 얽혀 있었다.

구단의 지나친 유니폼 광고로 인해 야구의 인기가 떨어진다면 야구와 관련한 가장 큰 수익원인 중계권 수익이 감소할 것이나, 그렇다고 각 구단에서 자발적으로 광고를 자제하면 수익 감소로 인한 직격탄은 고스란히 해당 구단에 돌아오는 상황이었다. 경제학에서 말하는 공유지의 비극이 일어나고 있었다.

또한 구단마다 수익 구조가 달라 어떤 구단은 메인 스폰서를 통해 재정 지원을 탄탄하게 받는 반면, 어떤 구단은 소규모 스폰서들에게 멀티로 지원을 받아 스폰서 수익이 일정치 않은 경우도 있었다. 특히 메인 스폰서가 없어 재정 지원을 받지 못하는 구단은 재정 악화 문

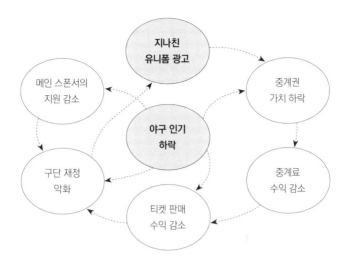

제가 심각해, 해당 구단 수익 대부분이 유니폼 등에 대한 광고에서 나오고 있는 실정이었다. 그러니 제도적으로 유니폼 광고를 제한하는 것도 현실적으로 쉽지 않은 방안이었다.

위 그림은 각각의 문제가 서로 얽혀서 상호 영향을 주고 있는 모습을 도식화한 것이다.

클라이언트는 초기에 핵심 문제를 지나친 유니폼 광고로 인해 야구의 인기가 하락하는 것으로 생각했다. 하지만 해외 구단과의 수익 구조 비교를 통해 알게 된 것은 해외 구단은 수익의 상당수가 티켓뿐 아니라 야구장의 광고나 음식 판매 등 부대 수익에서 나온다는 것이었다. 국내 구단에는 이 부분이 전무했는데, 내부 인터뷰를 통해 부대 수익은 구단이 아니라 '구장'에서 가져간다는 것과, 국내에서는 구장 소유주가 대부분 지자체라는 것을 알게 되었다.

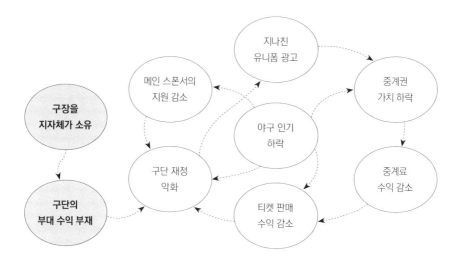

결국 주요 수입원이 구장에 귀속되기 때문에 탄탄한 메인 스폰서가 부재한 구단은 어쩔 수 없이 유니폼 광고에 의존할 수밖에 없었던 것이다. 이렇게 야구의 인기 하락과 지나친 유니폼 광고에 대한 제재 이슈로 시작했던 프로젝트는 '구장에 대한 지자체와 구단의 수익 배분 구조'로 문제를 재정의할 수 있게 되었다.

문제를 이렇게 정의하고 나니 해결책도 자연스럽게 어떻게 민관이 컨소시엄을 구성해서 수익을 분배하는 구조를 만들 수 있을지에 대한 방향으로 수렴하게 되었다. 여러 가지 문제와 원인이 서로 복잡하게 얽혀 있을 때 악순환의 중심에 있는 핵심 문제를 잘 파악하고 짚어 냄으로써 새로운 해결 방향을 제시한 좋은 사례였다.

측정 가능성

오마에 겐이치와 사이토 겐이치가 쓴《맥킨지 문제해결의 기술》[98] 이란 책에서는 문제를 현상과 이상의 차이라고 정의한다. 잘 정의된 문제란, 문제가 해결됐을 때 달성 가능한 이상이 측정 가능하도록 구체화된 상태여야 한다.

예를 들어 많은 기업에서 내세우고 있는 비전도 이런 관점에서 비판적으로 돌아봐야 한다. '2030년까지 매출 1000억, 영업 이익 200억'이란 비전은 뭔가 의미 있어 보이지만, 실제로는 왜 그만큼의 수치가 나와야 하는지에 대한 명확한 근거가 없기 때문에 공허할 뿐만 아니라 목적을 달성하기 위한 전략도 모호할 수밖에 없다.

비전을 세우려면 문제가 해결된 상태에 대한 구체적인 기준이 있어야 할 뿐 아니라 문제 해결로 인한 결과가 정량적으로 측정 가능해야 한다. 막연히 영업 이익이 더 나아졌으면 좋겠다고 문제를 정의했을 때, 영업 이익이 5억 원 증가했다면 문제를 성공적으로 해결했다고 할 수 있을까? 과연 어느 정도나 '해결'된 것일까? 어쩌면 문제 해결을 다 하고 나서야 사실은 이것이 전혀 해결할 만한 문제가 아니었다는 것을 깨달을 수도 있다. 문제 해결에 투입된 시간과 비용, 자원으로 해결할 수 있었던 다른 문제의 기회비용을 고려하면 시작부터 이미 실패한 프로젝트일 수도 있는 것이다.

스타트업에서는 다양한 제휴와 업무 제안이 쏟아져 들어오는데, 기업 내 리소스는 매우 제한적인 상황이 대부분이다.

뤼이드는 인공 지능 관련 핵심 기술을 연구하고 실제 프로덕트에 적용하여 그 나름의 성과를 내고 있었기 때문에, 유수의 대기업에서 본 기업이 어떤 기술을 가지고 있는지 굉장히 알고 싶어 했다. 처음 콜드 콜이나 콜드 메일에서는 "전략적 파트너십을 맺을 수 있는 방안과 나아가 향후 투자까지도 고민하고 있다"라고 모두가 말했지만 실제 투자까지 이어진 사례는 단 한 건도 없었다. 막상 방문하면 기술과 비즈니스 모델, 심지어 여러 지표까지 서슴없이 묻는 경우가 많았는데 한 번에 이해하기도, 설명하기도 어려운 기술적 개념이 대부분이라, 미팅 시간이 한두 시간을 훌쩍 넘기는 경우도 많았다. 그중에 한두 건은 MOU(양해 각서)나 비즈니스 제휴 단계까지 넘어간 경우도 있었지만, 그것 역시 엄청나게 시너지를 낼 수 있을 거라는 기대보다는 '한번 해 보지. 잘될 수도 있잖아' 정도의, 기회를 놓치고 싶지 않은 마음이 컸고, 실제 비즈니스 성과도 그리 좋지 않았다. 이후 전략 팀에 입버릇처럼 했던 이야기가 있다.

"잘나가는 스타트업은 먹을 것이 없어 굶어 죽는 것이 아니고, 이것저것 욕심내다 배가 터져 죽는다."

백패커를 운영하는 아이디어스에서도 한 대기업과 제휴 및 투자 관련 논의를 한 적이 있었다. 상대 쪽에서 적극적인 투자 의지를 보여서 성사된 미팅이었는데, 사업 실적과 상세 지표까지 보여 주고 나서 몇 달 후에 그 기업에서 '핸드메이드 전문관'을 오픈한 것을 보고 헛웃음이 나왔다. 심지어 그 전문관의 작가 중 몇 사람은 아이디어스에서 상위 작가로 활동하고 있는 분이었다.

물론 대기업의 인프라를 활용하여 다양한 제휴 활동을 할 수 있는 매력적인 기회를 무조건 차 버리는 것은 쉬운 일이 아닐뿐더러 기업 차원에서도 바람직한 일이 아닐 수 있다. 다만 상대가 제시하는 제휴로 인한 결과보다는, 우리가 생각하기에 제휴로 인한 결과물이 무엇일지, 그것은 얼마만큼의 효과를 가져올지, 내부에서 필요한 인풋은 얼마가 될지, 동일한 인풋으로 다른 일을 했을 때 어느 정도의 성과를 낼 수 있을지를 내부에서도 따져 보고 결정하는 프로세스를 갖추는 것이 중요하다.

해결 가능성

컨설팅 펌에서는 RFP(Request For Proposal, 제안 요청서)가 뜨면 프로젝트 기간과 비용을 기초로, 프로젝트 맨 먼스(man month, 한 명이 한 달 동안 할 수 있는 업무량)와 투입될 예상 인력을 고려해서 프로젝트를 진행할지 말지를 결정한다. 이때 프로젝트의 범위를 잘 산정하는 것이 중요하다. 프로젝트를 시작하여 문제를 정의하기 이전 단계에서 미리 프로젝트 범위를 어느 정도 정해 놓는 것이다.

이는 클라이언트와 상호 기대 수준을 맞추는 과정일 뿐만 아니라 사전에 프로젝트 범위 내에서 해결 가능한 문제의 범위를 정해 놓는 것이다. 범위 산정 시 중요한 것은 무엇을 할지보다는 '무엇을 하지 않을지'다. 올바른 문제 정의는 제약 조건을 명확히 인지하는 데서 나온다. 정해진 프로젝트 범위 내에서 해결할 수 있는 문제를 정의하는 선택과 집중의 과정이 없다면 프로젝트는 자원 분산으로 인해 실패하기 쉽다.

이는 단순히 프로젝트 기반으로 움직이는 컨설팅 펌만의 사례는 아니다. 예를 들어 스타트업 마케팅 부서에서 브랜드 노후화를 막기 위해 다소 연령대가 있는 기존 고객이 아닌 10대 신규 고객을 인입시켜야 하는 이슈가 있다고 가정해 보자. 이때 마케팅 부서의 R&R(역할과 책임)에 제품과 서비스 개선까지 포함되어 있는지 아닌지를 아는 것은 중요하다.

만약 젊은 층이 인입되지 않는 원인을 다소 시대에 뒤처진 제품과 서비스의 UX라고 정의했는데, 마케팅 부서에서 제품과 서비스를 바꿀 수 있는 권한과 역량이 전혀 없다면 이것은 올바른 문제 정의가 아니다. 문제를 좁게 재정의하든지, 혹은 문제 해결 전에 의사 결정자와 논의를 통해 타 팀을 참여시켜 프로젝트 범위를 넓혀야 한다.

혹은 급변하는 트렌드를 파악하는 데 적합하지 않은 '인력 구성과 조직 구조'를 문제로 정의한다면 이것도 역시 올바른 정의가 아니다. 현재 부서의 업무와 자원으로 해결할 수 없는 문제기 때문이다.

오해가 있을까 봐 첨언하자면, 이는 주제넘게 다른 부서나 경영진의 업무를 침범하지 말라는 뜻이 아니다. 제약 조건을 명확히 인식하고 가용 가능한 자원을 해결 가능한 영역에 집중하여 문제 해결 효과를 극대화하는 것이 중요하다는 의미다.

아이디어스의 경쟁사 등장

현재 내가 일하고 있는 백패커의 사례를 들어서 진정 '해결해야 할 문제'가 무엇인지에 대해서 고민해 볼 여지를 던져 보려 한다. 백패커에서 서비스하는 아이디어스는 작가들이(아이디어스에서는 셀러를 '작가'로, 제품을 '작품'으로 부른다) 핸드메이드 작품을 판매하는 이커머스 플랫폼이다.

당시 아이디어스가 마주했던 이슈는, 특정 카테고리를 전문으로 하는 버티컬 커머스사가 핸드메이드에 진출한 것이었다. 해당 경쟁사는 수수료 0%와 파격적인 프로모션 정책으로 경쟁사의 셀러들을 자사로 이전시키는 공격적인 전략으로 유명한 곳이었다. 아이디어스에서 활동하는 작가들은 판매 수수료로 약 15~22%를 내고 있었기 때문에, 해당 경쟁사의 진출은 위협적으로 느껴질 수밖에 없었다. 또한 해당 경쟁사는 셀러들이 무료 배송을 해야만 입점 가능하도록 했기 때문에, 고객 입장에서는 무료 배송 혜택까지 누릴 수 있었다.

내부 직원들은 우리도 수수료를 할인하거나, 혹은 작가들에게 무료 배송 정책을 강제해야 하는 것이 아니냐는 등 여러 가지 우려에서 나온 대응 방안들을 논의했다. 전략 팀에서는 대응 전략을 수립하기 위해 현재 작가당 판매량, 이익, 팔로워 등 여러 가지 지표 분석을 수행했다.

결과적으로 내린 의사 결정은 '아무런 대응도 하지 않기'였다. 좀 더 정확히 말하면 '현재 하고 있는 것을 그대로 유지하는 것'이었다.

아이디어스는 오랫동안 적자를 내고 있는데 적자 구조에 가장 크게 기여하는 부분이 마케팅 비용이다. 소셜 미디어에서 아이디어스 광고를 본 고객은 알고 있겠지만, 대부분 아이디어스에 대한 홍보가 아니라 작가들과 작품들에 대한 홍보다. 또한 광고비의 절반 이상을 차지하는 프로모션 비용 대부분은 '배송비 지원금'이다.

고객들은 배송비 내는 것을 싫어하고, 아이디어스는 작가들이 개인적으로 주문하여 처리하는 시스템이기 때문에 합배송을 통해 건당 배송비를 낮추는 것이 불가능하다. 이러한 불편을 해소하기 위해 아이디어스는 연 3만 원 혹은 월 3300원만 내고 멤버십에 가입한 고객에게는 작품가가 1만 원이 넘는 경우 배송비를 전부 부담하고 있다.

판매량 상위 작가들의 손익을 뜯어 보면 대부분은 판매 수수료로 내고 있는 금액보다 배송비 지원 혜택으로 받는 금액이 더 컸다. 고객들 역시 멤버십 금액보다 훨씬 더 큰 배송비 무료 혜택을 누리고 있는 것으로 분석되었고, 멤버십 가입 후 더 적극적으로 구매하는 경향이 있어 이는 다시 작가들의 판매를 늘려 주는 선순환이 작동하고 있었다.

이러한 선순환 구조를 보면서, 작가 대부분은 단기적인 수수료 인하에 쉽사리 넘어가지 않을 것이라고 확신했고, 실제로 경쟁사가 핸드메이드 카테고리를 오픈한 지 6개월이 되도록 주요 작가들은 이탈하지 않았다. 이후에는 더 이상 모니터링도 하지 않게 되었다.

아이디어스는 이커머스 플랫폼으로 많이 알려져 있지만, 실은 작가들의 창작 활동을 지원하는 다양한 서비스를 하고 있다. 작품 제작에 필요한 품질 좋은 원·부자재를 국내 최저가로 제공하는 '작가 스토어' 서비스를 운영하고 있으며, 오프라인에서도 작품을 판매하는 '아이디어스 스토어'와 함께, 작업을 위한 공유 공방인 '크래프트 스토 어'도 운영하고 있다.

이뿐만 아니라 작가들의 작업과 판매 활동을 지원하는 교육 및 컨설팅 활동과 일정 이상의 매출을 올린 작가들에게 축하 선물 박스 를 보내는 '금은동 굿즈' 등을 통해 진정성 있게 다가간 것이 보이지 않는 심리적 해자를 만들었다고 생각한다. 실제로 이런 부분에 대한 작가들의 만족도가 매우 높아, 소셜 미디어에 해당 내용을 올리며 받 은 감동을 공유하기도 한다.

이처럼 겉으로 보기에는 상대적으로 높은 수수료처럼 보이나 다 양한 베니핏을 통해 입점한 작가들이 실제 누리는 혜택을 그 이상으 로 만드는 것이 아이디어스의 주요한 경쟁 전략이다.

큰 관점에서 경쟁사라고 할 수 있는 쇼피파이나 스마트스토어 같은 이커머스의 풀필먼트 서비스는 고객 유치나 판매 촉진보다는 쇼 핑몰을 쉽게 구축해 주는 것에 특화되어 있다. 따라서 직접 판매를 중 개하는 이커머스 플랫폼에 비해 수수료가 저렴할 수밖에 없고, 중개 수수료 외에 다양한 수익 모델도 가지고 있다. 스마트스토어는 주로 검색 광고를 통해 추가 수익을 올리고, 쇼피파이는 자체 앱 스토어를 구축해 쇼핑몰 운영에 도움이 되는 약 6000개의 앱 판매를 통해 수익 을 창출한다.

스마트스토어에서 자사 몰을 운영하는 브랜드사는 검색 광고를 집행하지 않으면 노출될 가능성이 거의 없다. 그래서 실제 광고 비용을 감안하면 차라리 40~50%의 수수료를 부과하더라도 확실한 판매를 보장하는 전문 몰이 낫다고 생각하는 경우도 많다. 더군다나 그렇게 광고를 통해 잠깐 인입된 고객들이 장기적인 고객으로 남는 것은 또 다른 문제다.

반면, 아이디어스에서는 작가들이 자신의 브랜드를 강화하는 데 특화되어 있다. 작가 중에서는 팔로우나 피드, 1:1 메시지 같은 소셜 미디어 기능을 통해 고객과 적극적으로 소통함으로써 탄탄한 팬덤을 구축한 경우도 많다.

이런 팬들은 심지어 작품 구매 시 정해진 가격에서 추가 금액을 지불하는 '후원하기'를 하는 경우도 많다. 아이디어스 전체 주문량의 10% 이상에 후원하기 기능이 사용되고 있다.

다양한 서비스를 통해 작가들을 지원하고, 수수료 수익 이상의 금액을 작품 마케팅에 사용하고, 신규 고객을 지속적으로 유치하고 유지하는 데 쿠폰과 적립금 비용을 지불하는 아이디어스는 단기적으로는 적자 구조를 피할 수 없지만, 장기적으로는 이러한 가치들을 체감한 작가들과 고객들이 점점 증가하면서 선순환 구조를 형성하여 흑자 구조를 달성할 수 있을 것이라 생각한다. (책이 나오는 2023년 시점에는 실제로 흑자를 달성하고 있다.)

5. 당신의 가설은 무엇인가

가설을 드러내는 OKR

문제 정의는 곧 가설 설정 과정이다. 가설을 세우고 이를 테스트하고, 그 결과를 보고 다시 가설을 수정하여 문제를 재정의한다. 컨설팅업계에서는 이런 가설 기반 사고를 매우 중요하게 활용하고 있는데, 나는 이것이 스타트업의 '린 싱킹(lean thinking)'과 다르지 않다고 생각한다.

'린 싱킹'의 어원적 뜻은 '가볍게 시도하는 관점이나 생각' 정도로 해석할 수 있다. 많은 분석과 오랜 시간을 들여 문제를 정의하기보다는 가설을 먼저 정하고 그것을 작고 가볍게 테스트하여 가설을 검증하고 다듬는 반복 과정을 통해 문제를 해결하는 프로세스를 말한다.

경영학자 짐 콜린스는 성공하는 기업의 원칙으로 "총 먼저 쏘고 대포 나중에 쏘기"라는 행동 지침을 제시한다.[99] 자원이 많이 드는 과감한 시도를 하기 전에 적은 자원으로 가설을 검증해 보는 '저렴한 시도'가 필요하다는 것이다.

앞서 불확실성이 높은 스타트업에서는 과감한 시도를 하는 것이 창업자의 이기는 전략이라고 말했다. 창업자의 이러한 과감하지만 동시에 실패 확률도 높은 시도를, 테스트해 볼 수 있는 프로젝트로 만들어 작게 시도하고 검증하고 개선해 나가는 것은 기업가형 인재의 필수 역할이다.

이러한 관점에서 스타트업이 가장 활용하기 좋은 툴이 OKR이라고 생각한다. OKR은 기본적으로 Objective(목표)와 KRs(Key Results, 핵심 지표)로 이루어지고, Initiatives(시도)를 추가로 구성해 볼 수 있다. OKR이 KPI(Key Performance Index)나 연간 목표와 다른 것은 그것이 '가설 기반'이라는 점이라고 생각한다.

예컨대 연간 목표를 거래액 1000억 원 달성으로 정했을 때, 사실 이러한 목표는 어떠한 문제 정의를 하고 가설을 세운 것이 아니라 막연하게 원하는 모습이기 때문에 모호할 수밖에 없다. 목표를 세우는 데 그칠 뿐 그것을 달성하기 위한 당위나 달성 가능하다는 근거, 달성을 위해 해결해야 할 문제가 무엇인지 모호하기 때문에 그것을 달성하기 위한 전략도 당연히 없다.

물론 스타트업의 성장 과정에 맞는 마일스톤이나 핵심 지표 등 목표는 필요하다. 구성원 입장에서는 다소 모호하게 느껴질 수 있는 이러한 목표들을 달성 가능한 목표로 전환하기 위해 OKR을 활용한다.

일반적으로 OKR은 분기마다 한 번씩 세우는데, OKR을 세우기 전에 먼저 가설 기반의 문제 정의를 한다. 예를 들면, 이커머스 서비스에서 연간 1000억 원의 거래액을 달성하기 위해서는 고객 100만 명이 인당 10만 원을 써야 하는데, 현 상황을 분석해 보니 고객 70만 명이 인당 5만 원을 쓰는 데에 그치고 있다고 치자.

좀 더 살펴보니 고객 증가 속도는 가파른 반면, 인당 지출액은 정체되어 있다. 인당 지출액의 정체는 예전보다 방문 횟수가 감소하여 구매 빈도가 줄어든 데 있다고 하자.

담당 팀과 논의를 해 보니 예전에는 고객들이 자주 방문할 요소가 많았는데, 최근에는 지나치게 신규 고객 유치 프로모션을 많이 해서 기존 고객들에게는 그것이 오히려 방해가 되거나 피로도를 높였을 것이라고 이야기한다. 그래서 이번 분기의 목표를 '고객들의 방문 빈도를 높여 인당 구매 횟수를 높인다'로 잡았다. 이 목표에는 몇 가지 가설이 있다.

첫째, 고객들을 어떻게든 더 자주 방문하게 하면 자연스럽게 구매 횟수도 증가할 것이다.

둘째, 구매 횟수가 증가함에 따라 인당 지출액이 증가할 것이다.

셋째, 인당 지출액이 증가하면 연간 목표를 달성하는 데 기여할 것이다.

넷째, 고객들의 방문 빈도가 떨어진 주요 원인이 있고, 이를 해결하면 방문 빈도가 다시 높아질 것이다.

이 밖에도 논의 과정에 따라 여러 가설이 있을 수 있지만 주요한 사항은 이 정도다. 중요한 것은 이는 모두 검증이 필요한, 말 그대로 '가설'이라는 것이다. 실제로는 방문 횟수를 늘렸는데 구매 빈도는 떨어질 수도 있고, 구매 횟수는 늘었지만 인당 지출액은 감소할 수도 있다. 만약 그렇다면 가설 검증 결과에 따라 문제를 재정의하고 가설을 다듬어 가면 된다.

핵심 지표 설정

목표를 이와 같이 잡았으면, 목표 달성을 위해 전사가 개선에 집중해야 할 핵심 지표를 정의하는 과정이 필요하다. 목표는 다양한 부서에서 전사가 집중해야 하는 만큼 지나치게 좁게 정의하는 것보다 포괄적이면서 동기 부여가 되는 문장이 좋다.

예를 들면 '처음 구매한 고객에게 잊지 못할 경험을 제공해 다시 방문하게 한다'라는 목표를 보자. '잊지 못할 경험'과 같은 다소 모호한 표현이 있지만, 포괄적이고 구성원이 직관적으로 받아들일 수 있는 만큼 충분히 좋은 목표라고 생각한다. 물론 목표를 설정한 배경과 맥락에 대한 설명이 이어지면 더 좋을 것이다.

예를 들어, 첫 구매 이후 잔존율이 떨어지고 있는 이유를 분석해 보니 배송이나 상품 품질, CS(Customer Service, 고객 서비스) 대응 등에서 좋지 않은 경험을 한 유저들의 잔존율이 떨어지고 있고, 잔존율을 과거 수준으로 회복하면 연간 목표를 달성하는 데 기여할 수 있음을 보여 주는 식이다.

반면, 핵심 지표는 정량적으로 측정 가능하도록 설계되어야 하며, 실제 그것을 달성했을 때 목표를 달성했다는 것을 알 수 있는 바로미터가 되어야 한다. 앞서 목표의 예를 들자면, '잊지 못할 경험'을 측정 가능하도록 구체화해 주는 것이 핵심 지표의 역할이다. 경험을 측정하기 위해서 첫 구매를 한 유저에게 서베이를 돌려 측정할 수도 있고, 해당 구매에 대한 평점이나 리뷰를 분석할 수도 있다. 이 과정에서 '잊지 못할' 경험이 얼마나 좋은 경험인지에 대해서 핵심 지표를 통해 좀 더 명확한 지향점을 그릴 수 있다.

예컨대, '유저들의 구매 평점 3점 이상'이라는 핵심 지표와, '잊지 못할 경험이었다고 답한 유저의 비중이 전체의 50% 이상'이라는 핵심 지표는 상당히 다른 방향을 가리킬 것이고, 이에 따라 각 실무진에서 추진하는 업무도 굉장히 다를 수밖에 없다. 핵심 지표는 구체적인 만큼, 하나의 핵심 지표가 가지는 의미는 한정적일 수밖에 없기 때문에 보통 두세 개 정도 설정하는 것이 좋다.

핵심지표(KRs)는 목표가 의미하는 방향성을 구체화할 뿐만 아니라, 정량적인 수치로 나오기 때문에 얼마만큼 달성했는지를 직관적으로 파악하게 해 준다. 핵심 지표의 설정 자체도 가설 기반이다. 본 예에서는 '구매 평점 3점 이상'이라는 핵심 지표를 달성한다면 고객들은 '잊지 못할 경험'을 하게 된 것이고 그로 인해 '다시 방문하게 될 것'이다. 만약 핵심 지표를 달성했는데도 목표가 달성되지 않는다면 이 역시 가설을 수정하고 핵심 지표를 재조정하면 된다.

마지막으로 시도가 있는데, 이는 핵심 지표를 달성하기 위해 실무에서 추진하는 전략적 시도들이다. 앞서의 핵심 지표를 달성하기 위해서라면 '과거 리뷰 평점이 3점 이상인 제품을 좀 더 노출'하거나, '첫 구매한 유저들에게 깜짝 베니핏을 제공'한다는 시도들을 세울 수 있다. 이런 시도들도 순전히 가설 기반이다. 어떤 시도가 지표를 개선할지는 말 그대로 해 봐야 안다.

린 싱킹 방법론에서는 좋은 가설을 세우는 것이 중요하다. 그렇다면 좋은 가설은 어떻게 세울 수 있을까? 가설은 특출한 개인이 오랜 경험과 뛰어난 통찰을 바탕으로 도출해 내는 위대한 아이디어 같은 것이 아니다. 오히려 좋은 가설은 사고의 질보다 고민의 깊이와 아이디어의 양에서 나온다. 미팅 때 자신의 생각과 주장을 계속 고집하는 사람들은 자기 확신에 찬 것처럼 보이지만, 의외로 아이디어가 빈곤한 경우가 많다.

모든 아이디어는 말 그대로 가설이기 때문에 실험해 보기 전에 옳고 그름에 대해 너무 많은 시간을 들여 끝장 토론을 하는 것은 의미가 없다. 회의를 통해 상대방의 아이디어를 듣고 피드백을 주고, 다양한 생각이 쌓여 가며 의견이 발전해 나가야 하는데 누군가가 자기 의견만 고수하느라 회의가 답답하게 진행되는 경우가 있다. 반대로, 처음에는 별로인 것 같은 아이디어도 다양한 피드백이 더해지면서 새롭고 창의적인 방향으로 발전되어 좋은 가설로 귀결되는 경우도 많다.

결국 좋은 가설은 다양한 관점과 생각에서 나온다. 그리고 다양한 아이디어는 좋은 질문을 던지는 데서 나온다. 좋은 질문은 다음과 같은 중요한 특성을 가진다.

첫째, 질문은 프레이밍(Framing, 틀 짜기)이자 앵커링(Anchoring, 닻 내림) 과정이다. 우리는 질문할 때 일정 부분 의도와 가설을 가지고 하며, 질문의 틀 자체가 대답하는 사람의 생각의 흐름을 어느 정도 제한한다. 프린스턴대학교의 엘다 샤피어 교수는 한 실험에서 부모가 양육권을 가지고 다투는 상황을 가정해서 프레이밍의 효과를 보여 주었다. 실험 참가자들은 배심원 역할을 해서 부모 둘 중에서 누가 양육권을 가져야 하는지를 판단하는 역할을 했다. 다음은 각 부모의 특성이다.

부모 A
- 평균적인 소득과 업무 시간
- 보통의 건강 상태
- 자녀와의 관계가 괜찮음
- 안정적인 사회생활

부모 B
- 평균 이상의 소득 수준

- 일과 관련된 출장이 빈번함

- 아이와의 관계가 매우 친밀함

- 극도로 활발한 사회생활

- 건강 문제가 약간 있음

　　실험 참가자들에게 "부모 둘 중 누가 양육권을 가져야 하는가?"라고 물었더니 부모 A를 선택한 참여자는 36%, 부모 B를 선택한 참여자는 64%였다. 이번에는 "부모 둘 중 누가 양육권을 가져서는 안 되는가?"라고 물었더니, 부모 A를 선택한 참여자는 45%였고 부모 B를 선택한 참여자는 55%였다. 사실상 같은 것을 묻는 질문임에도 다른 답이 나온 것이다.

　　질문이 양육권을 '가져야 하는 이유'를 조망했더니 상대적으로 더 많은 장점, 예컨대 높은 연봉과 아이와의 매우 높은 친밀감 등을 토대로 부모 B를 선택했다. 그런데 반대로 양육권을 '가져서는 안 되는 이유'라는 단점을 조망하는 질문에도 부모 B가 가지고 있는 건강 문제나 출장이 빈번한 점 등을 토대로 부모 B를 선택한 것이다.[100]

　　이처럼 질문 자체가 특정 방향으로 생각하도록 유도하는 힘이 있기 때문에, 여러 관점의 아이디어를 이끌어 내려면 다양한 각도에서 질문을 던지는 연습이 필요하다.

　　둘째, 질문을 통해 상대의 가설과 가정을 확인할 수 있다. 문제 정의 과정에서 설명한 바와 같이 특별히 인식하고 연습하지 않으면 사실상 인식하지도 못한 채 자동적인 사고를 하는 경우가 많다. 더군다나 사람들은 으레 상대가 나와 같은 관점으로 상황을 보고 문제를 인식할 것이라고 생각한다. 그러나 같은 현상에 대한 해석과 문제 정의 방식은 천차만별이다. 그렇기 때문에 질문을 통해 상대가 가진 가설과 문제 인식을 명확히 하는 것이 필요하다.

예를 들어, 신규 사업을 론칭할지 말지에 대해 의견을 나누는 자리가 있다고 해 보자. 한쪽에서는 신규 사업이 감소하는 전사 매출액을 반등시킬 수 있고 기존 사업과 고객이 겹쳐 시너지가 날 수 있다는 이유를 들어 찬성한다. 다른 쪽에서는 해당 신규 사업의 성공 가능성이 크지 않을 것과 실패로 인한 비용이 클 것을 들어 반대한다.

논의 진행은 대부분 자신이 어느 쪽을 지지하며, 그렇게 생각하는 근거는 무엇인지 설명하거나, 혹은 반대쪽의 근거들을 반박하는 과정을 끊임없이 반복하는 것에 그치기 쉽다. 물론 이러한 과정이 필요하지 않은 것은 아니나, 상대의 주장이나 근거의 뒤에 깔려 있는 주요한 가정을 찾아내는 것이 보다 심도 깊은 논의에 필요하다. 다음과 같은 질문을 생각해 보자.

"말씀하신 것을 들어 보면, 반대하는 주요 이유로 실패 가능성이 클 것이라고 생각하시는 부분이 제가 가진 가정과 좀 다른 것 같아요. 저는 실패 가능성이 크기는 하지만 반반 정도라고 생각했거든요. 혹시 어느 정도로 실패 가능성을 생각하시는지, 또 그렇게 가정하신 이유를 들어 볼 수 있을까요?"

이러한 질문은 자연스럽게 실패 가능성을 객관적으로 측정해 보는 관점으로 양쪽의 주의를 환기시킬 수 있다. 또한 양측이 정말 비슷한 수준으로 실패 가능성을 예측하는 것인지, 아니면 이 추정 자체에 중대한 차이가 있는지를 밝혀내 좀 더 의미 있는 논의를 할 수 있다.

"찬성하는 주된 이유로 전사 매출이 감소하는 상황에서 신규 매출원이 필요하다는 점을 말씀하셨는데, 혹시 본 신규 사업 외에 신규 매출을 창출할 더 나은 대안은 없을까요?"

이런 잠정적으로 내포된 가정에 대한 질문은 일견 너무 당연해 보일 수 있다. 그러나 실제 대답의 방향성에 따라, 해결해야 할 주요 문제의 정의가 '신규 서비스를 통해 신규 매출원을 창출하는 것'일 수도 있고 '메인 서비스의 매출 정체를 해결하는 것'이 될 수도 있다. 후자에 가깝다면 신규 서비스는 하나의 대안으로서 이를 다른 대안과 비교하는 과정이 더 중요할 것이다.

내가 자주 던지는 질문은 "상황이 어떻게 바뀌면 그 가설이 틀릴까요?"라는 질문이다. 이런 질문을 받으면 사람들은 자신의 의견에 대한 집착에서 벗어나 좀 더 객관적인 관점에서 자신의 주장을 '가설로서' 검증해 볼 수 있다.

셋째, 깊은 질문은 본질적인 의미를 돌아보고 단기적인 관점에서 벗어나 장기적인 관점에서 생각해 보게 함으로써, 생각의 확장을 유도한다.

피터 드러커는 '우리의 사명은 무엇인가?' '누가 우리의 고객인가?' '우리는 어떤 가치를 전달하고 있는가?'와 같은 질문을 던져, 수많은 기업가형 인재로 하여금 자사의 비즈니스에 대해 본질적 고민을 하게 했다. 마이클 포터라면 '우리의 경쟁사는 누구인가?'라는 질문을 던질 것이고, 게리 해멀이라면 '자사의 핵심 역량은 무엇인가?'라는 질문을 던질 것이다.

일견 당연해 보이는 이런 질문들은 바쁘게 돌아가는 업무 속에서 하고 있는 업무의 목적과 의미에 대해 다시 생각해 보고, 목적에 맞게 업무를 다시 재정렬하게 한다.

허병민이 쓴 《최고의 석학들은 어떤 질문을 할까?》라는 책에서는 우리 시대 최고의 지성들에게 단 하나의 질문을 뽑는다면 무엇이며 왜 그 질문을 뽑았는지 이유를 물었다. 이 중 '몰입 이론'의 주창자로 유명한 미하이 칙센트미하이는 "내가 지금 이 일을 하고 있는 이유는 무엇인가?"라는 질문을 뽑았다. 그리고 이 질문을 뽑은 이유는 좋아하지 않는 일을 하며 인생을 낭비하기보다는 즐거운 일로 인생을 채우고 싶기 때문이라고 답했다.

90명에 달하는 석학이 각자 다른 질문을 뽑았지만 칙센트미하이와 같은 질문을 뽑은 사람이 한 명 더 있었다. 레로이 차오는 나사(NASA)에서 일하며 세 번이나 우주 왕복선에 탑승해 우주에서 229일을 보낸 전설적인 우주 비행사다. 그는 이 질문이 중요한 이유는 "인생을 살아가는 데 필요한 관점을 정립해 주기 때문"이라고 답했다.[101]

좋은 질문은 이렇게 새로운 관점으로 보게 하는 힘이 있다. 좋은 질문 몇 개를 마음속에 품어 둔다면 고민 중인 문제와 하고 있는 업무에 대해 생각을 확장할 기회를 가지게 된다. 개인적으로는 "이 일과 동일한 자원을 투입해 할 수 있는 다른 일은 무엇일까?"라는 질문을 스스로에게 매번 던진다.

가설을 세웠으면 검증해야 한다

가설 설정 이후에 중요한 것은 가설 검증 과정이다. 흥미로우면서도 씁쓸한 사실은, 어떤 주제에 대해 각자 가진 가설을 주장할 때는 치열하게 논의하다가, 마침내 합의에 이르러 특정 안을 실행한 후 가설을 검증할 때는 생각보다 시큰둥하다는 것이다. 예를 들어 특정 유저군에 쿠폰을 발급하는 논의를 생각해 보자.

문제가 되는 유저군은 최근 180일 동안 방문을 하지 않은 이들로, 이들에게 10% 할인 쿠폰을 발급하는 안에 대해 마케팅 파트와 재무 파트가 논의를 하고 있다. 대상 유저는 10만 명으로, 인당 평균 주문 금액이 5만 원이라고 가정했을 때 인당 5000원 정도의 비용이 지출되어 총예산은 5억 원 정도로 적지 않은 금액이다. 마케팅 파트에서는 플러스 ROAS(Return On Advertising Spend, 광고비에 대한 매출 비율)를 근거로 들어서 쿠폰 발행안을 추진하고 싶어 하고, 재무 파트에서는 비용 대비 효율 측면에서 반대하는 입장이다.

마케팅 파트의 추정은 쿠폰을 사용하는 유저들이 평균 주문 금액인 5만 원을 사용함에 따라 자사 플랫폼의 수수료 약 10%를 매출로 가져온다면, 쿠폰 비용과 이익은 둘 다 5000원으로 ROAS는 100%가 나오기 때문에 LTV(고객 생애 가치)를 생각하면 남는 장사라는 것이다.

마케팅 파트의 가설

- 180일 동안 방문하지 않은 유저 10만 명 중 20%인 약 2만 명이 쿠폰을 사용할 것이다.
- 2만 명×AOV(Average Order Value, 평균 주문 금액) 5만 원 = 추가 거래액 10억 원 발생
- AOV 5만 원×플랫폼(자사) 수수료 10% = 고객당 매출 5000원
- 고객당 쿠폰 비용 5000원
- 즉, ROAS는 100%다(매출 1억 원/비용 1억 원).
- 첫 구매 후, 구매자의 연간 ARPPU(Average Revenue Per Paid User, 구매 유저당 평균 지출액)가 10만 원임을 생각하면 이득이다.

반면, 재무 파트는 쿠폰이 타깃 유저가 아닌 다른 유저에게까지 발행될까 봐 고민이다. 즉, 쿠폰을 제공하지 않아도 자연스럽게 방문할 유저들에게 발급되는 쿠폰은 불필요한 비용이라는 관점이다.

과거 데이터를 분석해 보았더니 180일간 방문하지 않은 유저 중 약 5%는 쿠폰이 없었더라도 다시 돌아와 구매를 하는 것으로 드러났다. 즉, 이들에게 쓰인 쿠폰 비용은 나갈 필요가 없는 금액이기 때문에 실제로는 불필요한 비용 집행이다. 그러니 실질적인 ROAS는 불필요한 비용 부분을 제외한 ROAS로 75%인 것이다.

재무 파트의 가설

- 180일 동안 방문하지 않은 유저 10만 명 중 20%인 약 2만 명이 쿠폰을 사용할 것이다.
- 그러나 이 2만 명 중에서 전체의 약 5%인 5000명은 쿠폰을 사용하지 않아도 어차피 구매할 유저였다.
- 5000명×AOV 5만 원×플랫폼 수수료 10%=제외 매출 2500만 원
- 즉, ROAS는 어차피 구매할 유저의 매출을 제외한 7500만 원을 전체 비용 1억 원으로 나눈 75%다.
- 또한 '쿠폰을 사용한 유저'의 첫 구매 후 연간 ARPPU는 10만 원보다 상당 수준 낮을 것이다.

ROAS의 분자에 반영할 유저의 수, 즉 '증분 유저'가 얼마가 될 것인지가 핵심 쟁점이다. 또한 쿠폰 사용 이후 유저의 연간 ARPPU도 중요한 핵심 가설이다.

마케팅 파트는 ROAS에 대한 재무 파트의 가설이 사실이라 하더라도 그 이후의 ARPPU를 생각해 보면 여전히 이득이라고 주장한다. 과거 데이터 분석 결과 재방문한 유저의 연 ARPPU는 10만 원이기 때문이다. 이에 대해 재무 파트는 쿠폰을 사용하지 않았으면 구매하지 않았을 유저들은 체리 피커(cherry picker, 혜택만 받고 추가적인 활동을 하지 않는 유저)의 비중이 높을 것이기 때문에 평균적인 매출 곡선을 그리지 않을 것이라고 주장한다. 어느 쪽 말이 맞을까?

사실 양측 다 굉장히 좋은 관점과 가설 들을 가지고 의견을 개진

해서, 어느 쪽 의견이 맞는지는 중요하지 않다. 이러한 논의를 통해 예상 가능한 리스크를 헤징하고 효율을 극대화하는 방안을 마련하는 것이 더 중요하다.

예컨대, 쿠폰의 최소 구매 금액 조건을 상향 조정하고, 정교한 CRM(Customer Relationship Management, 고객 관계 관리) 기법을 통해 '쿠폰이 없어도 구매할 것 같은 유저'를 제외하고, 유저가 체리 피커로 전락하는 것을 방지하기 위해 후속 마케팅 전략까지 설계할 수 있다.

그런데 막상 실행하고 나면 가설들을 주장하는 것만큼 가설 검증에 대해서는 치열하게 판단하지 않는 경우가 많다. 매출과 같은 큰 지표들이 얼마인지만 보고서 성공인지 실패인지를 한눈에 판단하고, 초기에 논의했던 세부적인 가설들에 대한 판단에는 생각보다 시간과 노력을 들이지 않는다.

기대했던 실적이 예상만큼 안 나온 경우라면 가설을 검증할 의욕 자체가 안 생길 수도 있다. 그렇다고 가설 검증을 제대로 하지 않게 되면 비슷한 종류의 시도 자체를 앞으로 다시 하지 않게 될 수도 있다. 중요한 것은 시도의 성공이나 실패 여부보다 애초에 세웠던 가설이 어느 정도로 맞았는지 검증해 보는 것이다. 이 경우에는 증분 유저가 얼마나 될지에 대한 가설과, 쿠폰을 통해 구매한 유저들의 이후 매출 추이에 대한 가설이다.

전체적인 실적은 기대 이하였지만 핵심 가설 자체는 들어맞는 경우도 종종 있다. 이런 경우에는 가설을 검증했다는 것만으로도 의미 있는 시도였다고 생각한다. 그래야 이미 검증된 가설을 기반으로 실적이 안 나오는 이유를 개선하여 다음번에 더 좋은 시도를 할 수 있다.

반대로, 기대 이상의 실적이 나온 경우에도 또 그 나름의 이유로 보지 않는다. 결과가 잘 나왔는데 굳이 회고가 필요하겠냐는 마음이다. 그러나 성공이든 실패든 회고는 반드시 필요하다. 애초에 세웠던 가설이 얼마만큼 맞았는지를 반드시 확인해야 한다. 결과적으로는 성공이지만 가설 자체는 완전히 틀린 경우도 종종 있다. 결국 가설을 검증한다는 것은 '결과론적 사고'를 탈피하려는 노력이다.

제2차 세계 대전 때, 한 작전 사령관은 적군의 총탄에 맞고 돌아온 비행기들을 보고 생존율을 높이고자 비행기를 강화하려 했다. 모든 부위를 강화하면 비행기가 무거워질 것이므로 어떤 부분을 강화할 것인지 의사 결정이 필요했고, 해군의 분석 팀은 비행기에 남은 총탄 패턴을 분석해 가장 많이 맞은 부위를 강화해야 한다고 보고했다.

그러나 컬럼비아대학교의 통계학자 에이브러햄 왈드는 이 분석은 오로지 생존한 비행기를 대상으로 이뤄졌기 때문에 정확하지 않다고 주장했다. 오히려 귀환한 비행기들은 맞은 부위가 '덜 치명적이었기 때문에' 돌아올 수 있었으므로 해당 부위를 강화하는 것은 의미가 없다고 주장했다. 즉, 반대로 비행기에서 총탄에 맞지 않은 부위를 강화해야 하는 것이다. 바로 그 부분을 맞은 비행기들이 돌아오지 못했기 때문이다.

이렇듯 결과론적인 사고가 위험한 것은 우리가 일상에서 접하는 많은 사례가 대부분 '생존 편향'을 내포하고 있기 때문이다.[102] 가장 가까운 사례로 뮤추얼 펀드사가 제공하는 펀드 수익률이 있다. 펀드들의 수익률을 보고 투자를 하다가는 큰돈을 잃기 십상이다. 실적이 안 좋은 펀드들은 이미 사라져서 살아남은 펀드들의 수익률만 볼 수 있기 때문이다.

극단적인 예로, 펀드 1만 개를 만든다면 그중 한 개 정도는 시장의 수익률을 상회할 것이며, 이는 실력이 아니라 단순 확률의 문제다. 연구에 따르면 거의 모든 펀드는 생존 편향을 겪는다고 한다.[103]

합리적인 기업가형 인재는 가설을 세우고 검증하는 프로세스를 반복함으로써 결과론적 사고와 생존 편향을 극복한다. 이는 뛰어난 지능이나 풍부한 경험과는 관계가 없다. 기업가형 인재에게 필요한 것은 오히려 자신이 틀렸다는 사실을 공공연하게 인정하는 용기일 수 있다. 실패에서 교훈을 얻고, 심지어 성공했던 결과에서조차 개선할 부분을 찾는 '가설 마인드셋'이 기업가형 인재에게는 필요하다.

6. 스타트업 난세의
   영웅

여성 리더와 자신감

HP가 진행한 내부 조사에 의하면, 고위직 포지션에 지원하는 여성들은 자신들이 자격 요건을 100% 만족시킨다고 생각했을 때 지원하는 반면, 남성들은 60% 정도만 만족해도 지원한다고 한다.[104] 셰릴 샌드버그가 쓴 책에서 인용해서 유명해진 연구 결과로, 샌드버그는 여성들이 좀 더 '자신감'을 가지고 상위 포지션에 '적극적'으로 지원할 것을 주장하여 많은 여성의 공감을 받았다.[105]

그러나 이에 대해 많은 후속 연구 결과가 나오고 있는데, 그중 자신감을 가지는 것만으로는 '젠더 갭'을 메우는 것에 한계가 있다는 주장이 있다. 유럽경영기술대학원의 조직 행동학 교수인 로라 길리언과 연구진은 남성 비율이 높은 하이테크 기업에서 근무하고 있는 전 세계 4000명을 대상으로 연구를 수행했다. 그 결과, 동일한 퍼포먼스를 내고 있고 동일하게 자신감을 가진 남성들과 여성들이 같은 영향력을 가진 것은 아니라는 사실을 발견했다. 여성 리더에게는 남성 리더에게 요구되지 않는 '사회적 스킬'이, 그들이 가진 영향력의 크기와 밀접한 관계가 있는 것으로 나타났다. 또한 여성들은 스스로 가지고 있는 자신감과 표출하고 있는 자신감이 반드시 일치하는 것은 아니라는 결과도 나왔다. 연구진은 여성 개인이 자신감을 가지는 것만으로는 충분하지 않고, 구조적으로 여성에게 요구되는 사회적 압력을 걸어 낼 수 있는 현실적인 방안이 좀 더 필요하다고 역설했다.[106]

여성들이 고위직에 지원하지 않는 이유가 '자신감 부족'이라는 것에 의구심을 가진 작가 타라 모르는 1000여 명을 대상으로 자체 조사를 진행한다. "만약 당신이 자격 조건이 부족해서 지원하지 않은 경우가 있다면, 어떤 생각으로 지원하지 않았을까요?" 이에 대한 응답 결과는 다음과 같다.[107]

왜 지원하지 않았나요?	남성	여성
지원 자격에 적합하지 않았고, 나의 시간과 에너지를 낭비하고 싶지 않아서 지원하지 않음	46.4%	40.6%
기업에서 명시해 놓은 자격 조건에 내가 맞지 않았고, 면접자의 시간과 의견을 존중하고자 지원하지 않음	20.0%	13.1%
지원 자격에 적합하지 않았고, 떨어질 가능성이 높은 시도를 하고 싶지 않아서 지원하지 않음	12.7%	21.6%
내가 해당 업무를 잘할 수 있을지 모르겠어서 지원하지 않음	12.4%	9.7%
지원 조건에 명시된 가이드라인을 잘 준수하고자 지원하지 않음	8.5%	15.0%

당연하게도 남성과 여성 모두 '지원 자격이 안 되는 것이 분명한데, 내 시간과 에너지를 낭비하고 싶지 않아서'를 가장 큰 이유로 꼽았다.

반면, '자신감 부족' 자체는 주요한 이유가 아닌 것처럼 보인다. 남성의 12.4%와 여성의 9.7%만이 "내가 해당 업무를 잘하지 못할 것 같아서"라고 답했다. 심지어 해당 질문에 답한 남성의 비중이 더 높았다.

오히려 작가는 기업이 제시한 '지원 조건'을 여성들이 남성들보다 좀 더 보수적으로 해석하는 것이 주요 이유라고 주장한다. 예컨대 '가이드라인을 잘 준수하고자 지원하지 않은' 여성의 수는 15%로, 남성의 8.5%보다 상당히 높았다. 또한 여성들은 실패에 대한 두려움이 남성들에 비해 좀 더 큰 것으로 보였다. '떨어질 가능성이 높은 시도를 하고 싶지 않아서'라는 대답이 여성은 21.6%였고 남성은 12.7%였다.

작가는 이 결과에 대한 해석으로 크게 세 가지 시사점을 이야기했다.

첫째는, 업무 환경에 근본적인 편향이 있다는 것이다. 즉, 여성에게는 같은 포지션에 대해 남성보다 더 높은 기준이 요구된다는 것이다. 예를 들어, 한 연구에 따르면 남성들은 '잠재력'을 기반으로 승진하고 여성들은 경험과 이력을 기반으로 승진한다.[108]

둘째, 여성들은 학교나 사회에서 사회적 규칙을 잘 따르는 경우에 보상받는 것에 익숙해져 있다. 상황에 따라 이렇게 가이드라인을 잘 준수하는 습관이 걸림돌이 되기도 한다.

셋째, 자격증과 학위가 역사적으로 여성들에게 좀 더 중요한 역할을 했다. 여성들의 적극적인 사회 진출이 남성에 비해 늦었고, 그마저도 자격증을 가진 일부에 한해 열렸기 때문에 여성들은 이러한 '자격 조건'에 좀 더 높은 가치를 둔다.

이런 구조적이고 역사적인 다양한 이유들로, 여성들은 모종의 보이지 않는 편향과 고정 관념으로 인한 '사회적 압박'을 느낀다. 고정 관념이 주는 사회적 압박에 대한 유명한 실험이 있다.

백인과 흑인 대학생들을 대상으로 GRE 시험을 풀게 했는데, A 그룹에게는 이 시험이 '아이큐 검사'의 일부라고 알려 주고, B 그룹에는 '아이큐 검사'와 무관한 검사라고 했다. 당시에는 '흑인들은 아이큐가 낮다'는 사회적 편견이 있었다. 참가자인 흑인 대학생들은 명문대에 재학 중일 정도로 뛰어난 학생이었음에도 불구하고 '아이큐 검사'라고 들은 A 그룹의 성적이 더 떨어졌다. 심지어 시험지 전면에 "당신의 인종은 무엇입니까?"라는 질문에 답하기만 해도 성적 저하가 나타났다.

후속 연구에서는 여학생들과 남학생들을 대상으로 수학 시험을 보게 하고 성별을 체크하게 한 것만으로도 여성들의 성적이 낮아졌다. 반면 여학생들만 모아서 수학 시험을 치렀을 때는 성적이 떨어지지 않았다.[109]

암묵적인 사회적 압박과 타인의 평가로 인해, 자신이 가진 역량보다 스스로 더 낮게 평가하는 현상은 최근 몇 년간 '가면 증후군' 혹은 '임포스터 신드롬(Imposter syndrome)'이라는 용어로 주목받기 시작했다. 임포스터는 '사기꾼'이라는 뜻인데, 자신이 사실은 남들이 생각하는 만큼 뛰어나지 않아 주변 사람을 속이고 있는 것 같다는 불안 심리다.

초기 연구에서는 성취 수준이 높고 사회적으로 성공한 여성들에게서 이 신드롬이 주로 나타나는 것으로 생각했다.[110] 여성들은 정당한 노력을 통해 성취를 이뤘음에도 자신을 '사기꾼'이라고 생각했다. 하지만 이후로는 임포스터 신드롬이 남성에게도 나타난다는 것이 밝혀졌다.

컬럼비아대학교의 심리학 교수인 리사 손은 다섯 가지 척도를 통해 임포스터 신드롬을 진단할 수 있다고 한다[111](교수는 동시에 정신 건강 전문가들의 진단 매뉴얼인 DSM-5에서 임포스터 증후군이 아직 정신 질환으로 분류되지 않으며, 학계에서 임포스터 증후군을 질환으로 분류할지 혹은 경험이나 현상으로 분류할지에 대해 여전히 논의 중임을 밝힌다). 다섯 가지 척도는 다음과 같다.

- 타인의 평가에 두려움을 느낀다.
- 자기 능력을 평가 절하한다.
- 완벽주의가 있다.

- 실수나 실패를 두려워한다.
- 성공을 두려워한다.

모두 공감 가는 내용이지만 '성공을 두려워한다'는 것은 언뜻 이해가 잘 안 된다. 리사 손에 따르면 '임포스터'들은 비록 지금 성공했다 하더라도 다음에 실패할 수도 있다고 느껴 미리 불안해한다는 것이다. 자신을 칭찬해 준 사람들의 기대에 부응하지 못할까 봐 두려워하는데, 이 때문에 칭찬은 '임포스터'들에게 오히려 해롭다. 타인이 나의 성공을 나의 능력 때문이라고 '오해'하고 있기 때문에 본 모습을 들키지 않기 위해 더욱더 두꺼운 가면을 쓰게 되고, 실수 없이 더 완벽하게 행동하려고 한다.

스타트업에는 이렇게 역량을 갖췄으면서도 자신을 평가 절하하는 이가 많다. 개인적으로는 이것이 스타트업의 전형적인 업무 환경 때문인 것 같다. 대기업의 신입 사원은 연차에 따라 선임에게 업무를 순차적으로 배워 가고 직급이 상승하면서 업무 및 의사 결정 범위가 그에 맞게 서서히 넓어지는데, 스타트업에서는 직원들이 업무 환경에 '던져진 채로' 닥치는 대로 일하면서 경험과 지식을 쌓아 가며 스스로 성장해 가는 경우가 대다수다.

선임은 대개 없으며, 있다고 하더라도 가르칠 역량이 없거나 역량이 있어도 시간을 내어 차근차근 가르쳐 주는 경우는 거의 없다. 이 때문에 스타트업에서 일하며 몇 년간 특정 업무 경험을 쌓았더라도 업계 표준이나 선임 등 비교 가능한 대상이 없어 '이게 맞는지 혹은 제대로 하고 있는지' 등 자기 의구심이 쌓일 수밖에 없는 구조다.

기본적으로 '임포스터'들과 일하는 경험은 괴롭다. 이들은 우울증과 불안감 혹은 불면증에 만성적으로 시달리고 번아웃을 자주 호소한다. 이로 인해 심리적, 신체적, 직업적 행복에 스스로 부정적인 영향을 준다. 이들은 완벽주의로 인해 자기 자신을 비난하고 끊임없는 두려움과 불안에 시달리기 때문에 같이 일하는 사람들에게도 부정적인 영향을 끼친다.

그러나 나는 여기서 다소 도발적인 주장을 하려 한다. 사회적 압박과 평가에 시달리며 '나는 자격 조건이 되지 않는다'고 믿는 여성들 혹은 '임포스터'들이 오히려 좋은 리더의 자질을 갖췄다는 것이 그것이다. 이는 나의 개인적인 경험을 바탕으로 한 하나의 가설로, 이들은 리더로서 몇 가지 장점을 가지고 있다. 먼저 이러한 사람들은 리더가 흔히 저지르기 쉬운 죄악인 '권력 남용'을 절대 저지르지 않는다.

리더십은 직급이 아니다

내가 리더로 세우기 위해 주기적으로 면담을 하고 생각할 시간도 주면서 3개월 이상 설득을 해도 한사코 거절했던 '임포스터'가 있었다. 이분은 주변 동료들의 평도 좋고 업무 면에서도 신뢰를 얻고 있어서 충분히 리더가 될 수 있다고 생각했던 사람인데, 정작 자신은 "전혀 자격이 없고 내가 의사 결정을 해도 되는지 모르겠다"라며 거절했다.

설득의 강도를 높이자 이분은 며칠간 휴가를 쓰며, 동료들을 통해 퇴사 의지까지 비치며 나에게 반협박성 거절을 했다.

이분의 고민도 그 나름대로 이해가 되었는데, 이분은 리더가 되면 자신이 잘 모르는 영역까지 포함해서 의사 결정을 내리는 것이 부담된다고 했다. 해당 분야에 더 전문성을 보유한 팀원이 있는데, 자신이 어떻게 리더 역할을 할 수 있을지 의구심을 표했다. 또한 "수평적인 스타트업 조직에서 왜 군이 리더가 필요한지 모르겠다"라며 나에게 역정을 내었다. 이분의 거절 이유를 가만히 들으면서 나는 '당신이 이야기하는 것은 언뜻 듣기에는 겸손한 말 같지만, 사실은 오만하고 리더에 대한 개념이 왜곡되어 있다'고 좀 심한 피드백을 주었다.

리더는 포지션이나 직급이 아니다. 대기업처럼 큰 조직은 경영 효율성을 높이는 것이 주요 과제다. 이를 위해 사원, 대리, 과장, 차장, 부장 등 연차와 승진 고과에 따라 직급을 만들고 팀과 실, 본부를 만들고 팀장, 실장, 본부장의 직위를 만든다. 누가 업무를 하달하고 누가 업무 지시를 따라야 하는지 최대한 명확하게 되어 있는 구조다.

반면, 스타트업은 이러한 대기업의 위계 기반(rank-based) 구조와 달리 역할 기반(role-based) 구조다. 스타트업의 경영진은 대부분 CTO(Chief Technology Officer, 최고 기술 책임자)나 CPO(Chief Product Officer, 최고 제품 책임자)처럼 특정 기능 영역에서 최고 의사 결정권을 가지고 있는 경우가 많다. 또한 연차나 직급에 따라 위계가 정해지지 않으며, 대부분 '마케팅 리더' 또는 '영업 리더' 등 역할을 기반으로 포지션이 주어진다.

이런 구조의 명확한 장점은 멤버들이 자기 주도적으로 업무를 정의하고 스스로 동기 부여를 하며 일할 수 있다는 것이다. 행동경제학으로 유명한 댄 애리얼리 교수는 돈과 같은 외부적인 동기 부여가 단순 반복 업무에는 도움이 되지만 창의적인 업무를 할 때는 오히려 시야를 편협하게 하고 창의성을 감소시키며, 내재적인 동기에도 부정적인 영향을 준다고 말한다.[112]

반면, 스타트업에서는 체계가 명확하지 않다 보니 업무상 혼돈이 있을 수 있다. 예를 들어, 마케팅에서 특정 캠페인을 진행하려고 하는데 디자인 쪽에서 어디까지 가이드라인을 받아야 할지, 담당자는 누구이며 어디까지 알리고 협의를 해야 할지, 해당 이슈는 협의의 문제인지 합의의 문제인지 고민된다.

업무 가이드라인을 잡으면 단기적으로 해결되는 문제지만, 근본적으로 마케팅과 디자인 어느 쪽도 우위에 있지 않고 조직 구조상 의사 결정자가 같은 레벨에 있기 때문에 발생하는 문제다. 이는 대기업의 방식과 스타트업의 방식 중 어느 것이 맞느냐의 문제라기보다는 선택의 문제라고 생각한다. 즉, 스타트업은 대부분 작은 규모이기 때문에 지나친 위계를 부여해서 조직의 활력과 동기를 빼앗기보다는, 업무상 혼돈을 감수하고서라도 창의적이고 주도적인 주체들이 자율적으로 업무를 정의하고 의사 결정할 수 있도록 한 것이다.

그렇다면 이런 자율적 조직의 장점을 극대화하면서도 반대급부인 '업무상 혼돈'을 최소화할 수 있는 방안이 있을까? 나는 이에 대한 해결책이 좋은 리더들에게 있다고 생각한다.

앞서 단순 업무는 외부 동기로 충분하지만, 창의적인 업무에는 내재 동기가 필요하다고 말했다. 그렇다면 내재 동기는 어떻게 활성화할 수 있을까? 미래학자 대니얼 핑크는 내재 동기를 활성화하는 데는 크게 자율성, 숙련, 목적이 필요하다고 했다.[113] 그리고 스타트업에서는 자율성과 숙련을 부여하는 것이 바로 리더의 역할이다.

사람들의 흔한 오해처럼 리더는 직위나 직급을 가진 자가 아니다. 물론 대기업에서는 특정 직위를 가지면 자연스럽게 힘과 권위와 영향력이 저절로 생긴다.

컨설턴트 시절 대기업에서 파견 근무를 하던 어느 날, 엘리베이터에서의 일이다. 젊은 직원들이 햇살 좋은 날 종달새처럼 밝게 지저귀고 있었다. 그런데 엘리베이터 문이 열리면서 임원 한 명이 타는 순간, 갑자기 죽음과도 같은 침묵이 내려앉았고 직원들의 시선도 정면을 향해 고정되어 조금의 미동도 없는 신기한 체험을 했다. 그때 이것이야말로 '권력의 실존'이구나 확실히 느꼈다.

그러나 스타트업에는 다들 경력이나 연차가 고만고만한 사람들이 모이고, 사실 서로 나이나 경력을 알기도 어려워서 특정 포지션 자체가 어떤 권위를 부여하지는 않는다. 게다가 리더와 함께 일하는 팀원들이 대부분 각자의 영역에서 리더보다 전문성을 가진 사람들이기 때문에, 리더의 의사 결정이라 해서 무조건 신뢰받는 것도 아니다.

그래서 스타트업의 리더 자리는 고달픈 자리다. 권한도 크게 없는데 책임지고 의사 결정은 해야 하고, 팀원들은 나와 내 의사 결정을 별로 신뢰하지 않는 것처럼 보인다. 임포스터 신드롬이 오기에 부족함이 없는 환경이다.

하지만 다시 한번 말하면, 리더는 권력이 아니라 영향력을 행사하는 사람이다. 우리는 특정 포지션에 있지 않아도 이미 영향력을 행사하고 있는 리더들을 만난다. 회의를 하면 어젠다를 명확히 정리하고, 핵심에서 벗어나지 않도록 주제를 이끌고, 적절한 타이밍에 필요한 질문을 던지며, 충분히 논의가 진행되었다고 생각하면 의사 결정을 이끄는 사람들이 있다. 사람들은 자연히 이 사람을 신뢰하게 되고 그의 주장과 의사 결정에 귀를 기울이게 된다.

바로 이것이 '영향력'이다. 대기업처럼 '위계'를 부여해서 강제적 영향력을 부여하는 것이 아니라, 이미 영향력을 가진 사람이 리더가 되는 것이다. 당신이 연차가 몇 년이건 나이가 얼마건 상관없다. 주변에 영향력을 행사하기 시작한다면 당신은 이미 리더다.

앞서 리더십 포지션을 부여하려고 했으나 스스로 자격이 없다고 생각해 거절했던 '임포스터'의 사례를 들면서, 이분의 문제는 자신감 부족이 아니라 '왜곡된 리더의 개념' 때문이라고 했다. 즉, 리더의 역할에 대한 상호 이해가 다르기 때문에 발생하는 문제다.

리더란 더 많이 알고 있기 때문에 더 열위에 있는 사람에게 명령하는 역할이 아니다. 오히려 상위 리더가 될수록 업무 영역과 범위가 넓어지면서 자신이 잘 모르는 분야가 많아지게 된다. 퍼포먼스 마케팅을 하다가, CRM을 포함한 데이터 마케팅 팀 리더가 되고 이후 브랜딩까지 포괄한 마케팅 리더가 되는 경우를 생각해 보면 이해하기 쉬울 것이다. 심지어 스타트업에서는 완전히 다른 직군의 리더가 되기도 한다.

나만 해도 전략으로 처음 업무를 시작했지만 곧 데이터 분석 업무를 맡게 되었고, 초창기 스타트업에 들어가서는 프로덕트를 총괄하는 PO(Product Owner, 제품 책임자) 역할부터 이후 그로스 역할까지 맡게 되었다. 이후 아이디어스에서는 아예 CMO(Chief Marketing Officer, 최고 마케팅 책임자) 역할을 겸해 마케팅 총괄을 맡기도 했으며, 작가를 대상으로 원·부자재를 제공하는 신규 사업 팀의 리더까지 맡게 되었다.

이런 다양한 리더 역할에 과감하게 뛰어들어 내 나름의 성과를 낼 수 있었던 것은 오히려 내가 해당 분야의 전문가가 아니라는 점 때문이었다. 해당 분야에 대해 잘 몰랐기 때문에 팀원들의 목소리를 경청했으며, 적극적인 협조를 얻을 수 있었고, 또 외부자의 시선으로 객관적으로 업무를 바라보고 평가할 수 있었다.

실제 권오현 전 삼성전자 부회장은 최고의 위치에 오르기까지 한 가지 업무만 해 온 사람은 대체로 경험의 한계로 인해 편협하고 독단적일 가능성이 크다고 말한다. 그래서 그는 부서 간 사일로 이펙트(silo effect, 부서 이기주의 현상)를 막기 위해서 종종 특단의 대책을 내리는데, 각 사일로의 리더를 하루아침에 교차 배치하는 것이다. 그러면 독단적으로 각 부서를 운영했던 이른바 '사일로의 왕'들이 자신이 잘 모르는 분야이기 때문에 부하 직원들의 말을 듣고 소통하게 된다는 것이다.[114]

대기업의 방식을 스타트업에 무조건적으로 적용할 수는 없지만, 특정 전문성을 보유하고 있지 않아도 리더가 되어 사람들을 이끌고 좋은 의사 결정을 내릴 수 있다는 데 시사점이 있다고 생각한다.

고백하자면 나는 리더십 관련 글을 쓰면서 '임포스터 신드롬'에 시달렸다. 고작 10년이 조금 넘은 경력을 가지고 리더십에 대해서 쓰는 것이 적절한 것인지 고민이 되었으며, 이 글을 읽는 경험 많은 독자들이 섣부르다고 생각할까 근심이 되었다. 그럴 때마다 내가 후배들에게 했던 조언을 스스로 상기한다.

과거에 같이 일했던 팀원들은 이제 각 스타트업의 리더급 역할을 맡고 있다. 내가 다니는 기업보다 더 큰 기업의 총괄 PO(Product Owner, 제품 책임자)를 맡기도 하는가 하면, 한 기업의 대표나 부대표 혹은 C-level 위치에 있는 경우도 있다. 그런 후배들에게 내가 처음 뤼이드에서 COO(Chief Operating Officer, 최고 운영 책임자)를 맡았던 때의 나이를 말하면 다들 깜짝 놀란다. '그렇게 어렸냐면서' 나의 노안을 놀리기도 하고, 당시에는 뭐든지 다 아는 것 같은 존재라 생각했는데, 고작 지금 자기 나이와 연차 정도였다는 게 믿기지 않는다는 반응이다. 그럴 때마다 나는 그들에게 항상 이렇게 말한다.

"남들보다 한 걸음 앞서 있는 때가 가장 가르치기 좋은 시기다."

한 직원과 평가 면담을 했을 때의 일이다. 4년 차 정도 된 직원이었는데, 주도적으로 일하며 성장에 대한 열정도 있는 훌륭한 직원이었다. 그런데 유독 오너십과 리더십 부분의 평가가 좋지 않아 코멘트를 상세하게 읽어 보니, 신입들에게 일을 가르쳐 주는 일이 드물다는 것이었다. 그래서 "당신은 왜 다른 사람을 가르치지 않나요?"라고 물었다. 그러자 그 직원은 눈에 띄게 당황하며 말했다. "제가 누굴 가르쳐요? 저도 아직 아무것도 모르는데……." 충격적인 것은 그 직원은 창업자를 제외한 첫 번째 공식 멤버로서 많은 사람이 믿고 의지하는 직원이라는 것이었다. 심지어 그를 공동 창업자로 알고 있는 직원들도 있었다.

국내의 대표적 철학자로 존경받았던 고 안병욱 교수는 현대인의 3대 슬픔을 다음과 같이 말했다.

"첫째는 아무도 가르치려고 하지 않는 것이고,

둘째는 가르치려고 해도 아무도 배우려고 하지 않는 것이고,

셋째는 배운 후에도 아무도 이를 전하려 하지 않는 것이다."

스타트업에 있는 당신은 끊임없이 배워야 하고, 무엇보다 가르쳐야 한다. 지식의 공유는 후배를 위한 것이기도 하지만, 무엇보다 당신 자신을 위한 것이다. 지식은 아는 것으로는 충분하지 않고, 가르침

을 통한 심화 과정을 거쳐 내면화되어야 한다. 그래야 죽은 지식이 아니라 응용 가능한 살아 있는 지식이 된다.

앞서 스타트업의 환경상 대다수 직원들은 업무 환경에 '던져진 채로' 스스로 학습하고 배울 수밖에 없다고 했다. 바로 당신이 그랬기 때문에 당신의 후배들에게는 보다 나은 환경을 제공해 줄 수 있어야 한다. 지식의 저주에 빠지지 않고 가장 생생하고 실감 나는 현장 지식을 전할 수 있는 최적의 위치에서 말이다. 고3 수험생들을 가장 잘 준비시킬 수 있는 이가 대학 신입생인 것과 같은 이치다.

나는 주니어 컨설턴트였을 때, 일본에서 '경영의 신'으로 존경받는 이나모리 가즈오가 파산 위기에 처한 JAL일본항공의 경영을 맡기로 했다는 뉴스를 보고 의아하게 생각했다. 그는 이미 커리어의 정점을 찍고 은퇴한 경영자로서 굳이 수렁에 빠진 JAL의 CEO가 될 필요가 없었다. '이나모리 가즈오가 아니면 안 된다'는 주주들의 간곡한 부탁으로 국영 기업인 JAL을 회생시키고자 취임하게 된 것이다. 그는 취임 후 무급으로 일했다.

한편으로는 그가 훌륭한 경영자인 것은 맞지만 완전히 다른 산업에서 경력을 쌓았는데 위기에 빠진 항공사를 구할 CEO로 취임했다는 사실이 의아했다. 하지만 그는 취임 후 13개월 만에 흑자 전환에 성공했고, 2년 8개월 만에 재상장이라는 놀라운 위업을 달성하게 된다.[115] 그의 나이 81세 때의 일이다. 나는 이 결과에 정말 놀랐고, 대체 이나모리 가즈오의 '전략'이 무엇인지 간절히 알고 싶었다.

그래서 그에 관한 기사나 관련 책을 섭렵했지만 결론은 '잘 모르겠다'는 것이었다. 물론 비용을 과감하게 절감하고 관료주의를 타파하고 직원들의 의식을 개선했다는 내용 자체를 이해 못 하는 것은 아니었으나, 너무 원론적이고 지나치게 추상적으로 들렸다.[116] 당시 내가 내린 결론은, 나와 거리가 너무 먼 사람, 고민 세계가 너무 다른 사람, 커리어나 경험의 연차나 폭이 너무 차이 나는 사람들에게서는 바로 적용 가능한 교훈을 이끌어 내기가 쉽지 않다는 것이다. 그래서 역설적으로 위대한 '경영의 신'이 아니라 바로 위 연차의 선배에게서 배울 점이 훨씬 많을 수 있다.

안병욱 교수의 말마따나 요즘에는 아무도 배우려 하지 않고, 어느 누구도 가르치려 하지 않는다. 가르칠 수 있는 사람들은 자신이 가르칠 만한 위치에 있지 않다고 생각하고, 배우지 않는 자들은 자신들이 배울 만한 위치에 있다고 생각하지 않는다. 사람들은 흔히 후자가 교만하다고 생각한다. 하지만 전자 역시 동일하게 교만하다. 특정한 위치에 있는 위대한 사람만이 가르칠 수 있다고 믿는 '생각'이 교만하기 때문이다. 끊임없이 변하는 스타트업 환경에서는 개인과 조직의 학습 역량이 필수다.

지적 겸손함을 기반으로 끊임없이 학습하고 자신이 배운 것을 가르쳐 줄 수 있는 사람이 좋은 리더다. 이 때문에 사회적 압박에 시달리는 여성이나 '임포스터'들이 좋은 리더의 기본적인 조건을 갖췄다고 생각하는 것이다. 이들은 자신의 부족함을 인지하여 끊임없이 학습하고, 기본적으로 다른 사람에게도 관심이 많아 가르칠 준비가 된 좋은 리더다.

이런 경향을 가지고 있다면 여성이거나 '임포스터'일 필요조차 없다. 한 연구에 따르면 '임포스터 현상'을 겪는, 즉 내가 실제 능력보다 과대평가받고 있다는 불안감을 한 번 이상 느낀 사람은 전체 연구 대상의 70%였다고 한다.[117] 이것이 만성적인 증후군으로 발전되면 당연히 좋지 않지만, 자기 자신에 대한 어느 정도의 건강한 의심은 장점이 있다.

MIT 경영 대학원의 버시마 투픽 연구 팀은 3000여 명의 참여자를 대상으로 조사한 결과, 임포스터 신드롬을 겪은 사람들은 전반적으로 '타인 지향적'이라는 결론을 내렸다. 이는 '자기 중심성'과 반대되는 개념으로 다른 사람의 생각과 의견 및 행동에 좀 더 관심을 기울이는 경향성이다.[118]

투자 운용 회사에서는 임포스터 신드롬을 겪은 직원들이 동료들에 비해 유능하다는 평가를 받고 있으며, 특히 대인 관계 형성에서 높은 평가를 받았다. 또한 수련의를 대상으로 한 연구에서는 임포스터 신드롬을 겪는 의사는 환자에게 좀 더 공감을 잘하며 환자의 이야기를 잘 듣고 정보도 잘 이끌어 내서, 전반적으로 유능하다는 평가를 받았다. 이는 임포스터 신드롬의 특성을 생각하면 당연한 결과라고 할 수 있다. 타인의 시선과 평가에 민감하고 자신 내면의 목소리보다 다른 사람들의 의견에 우선순위를 두는 것이 이들의 특성이기 때문이다.[119]

스타트업에 숨어 있는 건강한 자기 의심과 따뜻한 소통 능력을 가진 여성과 임포스터들, 권위나 직급이 아닌 자연스러운 영향력을 지닌 리더들, 자신이 배우고 습득한 것을 기꺼이 나눠 주고 지적 겸손함을 갖춘 당신들이 스타트업의 진정한 영웅이다. 부디, 리더 제안이 들어오면 거절하지 말길 바란다.

당신이 리더로서 사람들에게 영향력을 행사하고 있다면, 스타트업의 진정한 주인공인 기업가형 인재다.

세상 어디에도 없는
CSO의 비법 노트

SECOND
PENGUIN

SECOND PENGUIN

2부에서는 기업가형 인재의 일과 역할에 대해서, 그리고 어떻게 역량을 키우며 성장해 나갈지에 대해 주로 썼다. 3부에서는 내가 쌓아 온 업무 노하우들과 역량 등 비기들을 독자들에게 최대한 전수하는 것을 목적으로 한다.

앞서 이야기한 것처럼 '데이터를 기반으로 전략적 의사 결정을 내리는 일'이 스스로 정의한 나의 업인데, 이를 크게 '측정과 지표 개선', '데이터 분석과 내러티브', '산업 분석'과 '전략적 의사 결정'으로 나눠서 설명하려고 한다.

모든 비법은 내가 직접 만든 것이기 때문에 지표의 이름부터 공식, 사고 체계, 의사 결정 프로세스까지 대부분 검색해도 나오지 않는다. 연관된 사례도 일하면서 직접 겪은 기업들의 사례를 바탕으로 했기 때문에 말 그대로 세상 어디에도 없는 내용이다. 기존에 스타트업에서 신성시 여겨지고 당연하게 받아들여졌던 지표나 고정 관념도 과감하게 쇄파하여 새로운 관점을 제시한다. 논문이나 서적 등의 참고 문헌을 많이 인용한 1, 2부와 달리 3부에는 특히 나의 생각과 주관적 의견이 많이 들어가 있다. 나의 주장을 정답으로 받아들이기보다는 비판적인 관점으로 봐 주시면 좋겠다.

기업 현장에서 치열하게 고민하며 정립한 개념인 만큼 지나치게 상세한 배경 설명이나 복잡한 숫자들이 나오지만, 현재 고민하고 있는 업무와 겹치는 부분이 있다면 바로 사용할 수 있을 정도로 실무적이다.

관심이 가는 부분은 공들여 읽되, 낭상에 언관싱이 낮아 흥미가 떨이진디면 과감하게 챕터를 건너 뛰어도 좋다. 생각날 때마다 꺼내어 볼 수 있는 비법 노트 같은 것이 되면 좋겠다는 마음으로 썼다.

1. 측정의 어려움과 아름다움

측정의 목적

측정을 하는 가장 주요한 이유는 대상의 본질을 명확히 파악하기 위해서다. 예를 들어 차를 파악하기 위해서는 배기량, 연식 등의 제원을 볼 것이고 노트북을 보려면 CPU, RAM 등의 부품을 볼 것이다. 문제를 정의하고 증상을 파악하기 위해서는 측정이 필수적이다. 문제의 원인 근처에서는 항상 이런저런 증상이 나타난다. 그리고 그것은 숫자의 형태를 띠고 있다. 의료진이 바이탈 사인 체크를 하며 기본적인 맥박, 호흡 등의 증상을 살피듯이 기업에도 다양한 건강성 지표가 있다. 그중 가장 대표적인 수치는 재무제표일 것이다.

동종 산업에 있는 두 기업이 있는데 A 기업은 연 매출이 300억 원이고 B 기업은 100억 원이라고 가정하자. 어떤 기업이 좋은 기업이

	매출(억 원)	영업 이익(억 원)	영업 이익률	시장 점유율	최근 3년 성장률
A 기업	300	30	10%	20%	10%
B 기업	100	15	15%	60%	-5%

냐고 묻는다면 대부분 전자를 택할 것이다. 하지만 B 기업의 영업 이익률과 시장 점유율이 월등하게 높다면 어떨까? 반면 최근 3년간 매출 성장률 측면에서 B 기업은 마이너스 성장률을 기록하고 있다. 이 간단한 예시는 수치를 통해 기업을 측정하고 판단할 때 고민해야 하는 몇 가지 시사점을 알려 준다.

첫째, 어떤 수치에 중요성을 두는지에 따라 좋은 기업에 대한 판단이 달라질 수 있다. 현금 창출 능력을 가장 중요하게 보는 사람과 시장 점유율을 통한 시장 장악력을 중요하게 보는 사람은 서로 굉장히 다른 판단을 할 가능성이 높다.

둘째, 좋은 기업의 정의는 주관적이다. 어떤 수치에 중요성을 두느냐는 곧 좋은 기업을 무엇으로 정의할지에 대한 가치 판단의 문제다. 예컨대, 투자자로서 수익률을 극대화할 수 있는 기업을 고를 때와 임직원으로서 장래가 유망한 기업을 선택할 때의 판단 기준은 달라질 것이다.

셋째, 눈에 보이지 않는 수치가 때로는 더 중요하다. 만약 앞서 제시된 다섯 개 지표 중에서 세 개가 선택적으로 제공된다면, 어떤 지표의 조합인지에 따라 기업에 대한 판단이 달라졌을 것이다. 심지어 이 지표 외에도, 현금 보유량 및 현금 흐름, CAPEX(Captital expenditures, 자본적 지출) 등 기업 관련 중요한 정보는 수없이 많다.

결국 수치는 그 자체로 절대적인 의미를 전달하는 것이 아니라 우리가 어떤 목적으로 어떤 지표를 측정하는지에 따라 다른 가치 판단의 근거를 제시한다. 이것이 측정에 본질적으로 내포된 어려움이다.

측정하기 어려운 것들의 정량화

비즈니스 환경에서 데이터들은 정형화되지 않은 경우가 많다. 대표적인 예로 브랜딩 광고의 성과를 측정하는 것이 쉽지 않다. 가장 널리 알려진 방법은, 특정 시간대에 해당 광고를 제외한 모든 광고를 끄고, 해당 광고가 송출되는 시간에 순수하게 증가된 방문자 수만 측정하는 방식이다.

광고 없이 가능한 매출액 및 인입 유저 수의 베이스라인을 기반으로 '갑자기' 뛴 트래픽에서 베이스라인을 발라내고, 증가한 매출액 및 인입 유저만 잡는 것이다. 이 베이스라인의 기준을 잡는 것이 중요한데, 요일별 혹은 시간별로 평균적인 수치를 가지고 있으면 무리가 없다. 만약 분 단위로 방문 유저 수를 트래킹하고 있다면 상당히 정확한 데이터를 가져올 수 있다. 광고는 보통 1분 이내인 경우가 많아 분 단위로 트래픽이 갑자기 뛰었다 사라지는 경우가 흔하기 때문이다.

하지만 이는 모든 온·오프라인 광고를 동시에 다 끄는 다소 과

격한 방법이기 때문에, 나는 좀 더 간접적이지만 온건한 방법을 제안한다. 생태학에서 동물 개체군의 크기를 추정할 때 쓰는 포획-재포획법이라 불리는 방법을 활용하는 것이다. 기본 개념은 다음과 같다.

연못에 사는 개구리가 몇 마리인지 추정하기 위해서 첫날에 개구리를 잡을 수 있는 만큼 잡은 다음에 등에 표식을 남기고 풀어 준다. 이날 잡아서 등에 표식을 한 개구리가 20마리라고 하자. 다음 날 다시 개구리를 잡는다. 이번에는 10마리를 잡았는데 그중에서 표식이 된 개구리가 두 마리라고 하자. 그러면 전체의 20%인 것이고, 어제 잡은 20마리를 20%로 나누면 총 100마리가 된다. 표시한 개구리가 전체에서 차지하는 비중이 얼마인가를 측정해서 전체 비중을 역산한 것이다.

이 방법을 응용해서 최근 스타트업들이 많이 하고 있는 아파트 내 엘리베이터 광고의 성과를 측정해 보자. '광고 상기도'에 대한 자료는 대부분 해당 광고업체에서 가지고 있다. 엘리베이터 광고가 나오는 아파트 단지 앞에서 고객 설문 조사를 통해 '광고를 기억하는 사람이 얼마나 되는지' 조사하는 것이다. 광고에 노출된 100명 중에서 70명이 기억했다고 가정하면 광고 상기율이 70%인 것이다. 성과 측정이 어려운 옥외 광고를 이렇게라도 측정하려는 시도 자체는 좋지만, 이는 비용과 시간이 많이 든다. 더군다나 이는 광고의 상기율을 측정하는 것일 뿐 이 광고가 신규 유저 인입에 얼마나 기여했는지를 측정하기는 어렵다. 그러면 이 기여도는 어떻게 파악할 수 있을까?

먼저 자사 서비스 내에서 간단한 설문 조사를 돌려, 광고가 송출된 이후로 인입된 유저 중에서 얼마나 해당 광고를 기억하는지를 파악한다. 주의할 점은 '엘리베이터 광고'를 기억하는지 물어보면, 대부분 애써 기억을 더듬어 어렴풋한 기억에도 불구하고 '그렇다'고 대답하는 경우가 많다는 점이다. 따라서 단순한 중복 객관식 문항으로 '어떤 광고를 보고 서비스에 인입했는지' 물어보는 방식이 좋다. 오프라인 설문에서는 특히 설문자의 기대에 부응하려는 선한 마음으로 인해 오히려 데이터가 왜곡되는 경우도 많다. 이러한 자사 조사를 통해 엘리베이터 광고를 기억하여 인입한 유저들의 수치를 얻을 수 있다. 최근 3개월간 회원 가입한 유저가 100만 명이고, 이중 10%인 10만 명이 엘리베이터 광고를 기억하고 있다고 하자.

다른 한편으로는, 전체 광고에 노출된 사람 수를 측정할 필요가 있다. 광고 업체 측에서 정리해 주는 보고서에는 대부분 어떤 지역의 아파트에 입주민 몇 명을 대상으로 광고를 송출했는지 등 해당 내용

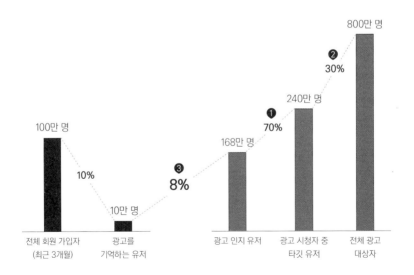

이 있다. 광고에 노출된 전체 대상자가 약 800만 명이라고 가정하자. 그중 자사의 핵심 타깃이 30% 정도 된다고 하면, 전체 송출 대상자 중 240만 명이 핵심 타깃의 수다. 이 대상들이 모두 광고에 노출되었지만 실제 해당 광고를 통해 브랜드를 '인지'했는지는 알 수 없다. 앞서 광고업체에서 측정한 광고 상기율 가정치 70%를 사용하자. 그렇다면 핵심 타깃 중 70%인 168만 명은 광고를 인식하고 있다. 이제 이숫자를 최근 회원 가입한 유저 중 광고를 기억하는 10만 명과 비교해보자. 즉, 광고를 통해 브랜드를 인지한 168만 명 중에서 10만 명의 유저가 인입한 것이다. 이 비율은 8%(3번)고 이것이 광고의 성과를 측정하는 핵심 비율이다. 이 수치가 충분히 높다고 판단하지 않으면, 즉 이 퍼널의 낮은 전환율을 핵심 문제로 정의한다면 서비스의 가치 제안(Value Proposition)이나 유저 소구점(User Selling Point) 측면에서 개선점은 무엇인지 파악해야 한다. 혹은 애초에 광고가 송출된 고객이 우리 서비스에 적합한 타깃층이었는지에 대한 고민을 다시 해야 할 수도 있다.

만약, 1번 퍼널이 문제라면 엘리베이터 광고를 본 후 브랜드 인지 비율이 너무 낮은 것이기 때문에, 타깃 고객을 대상으로 한 좀 더 임팩트 있는 광고 제작을 통해 전환율을 높여 볼 수 있을 것이다. 2번 퍼널이 문제라면 광고 송출 지역이나 타깃을 변경하거나, 혹은 아예 광고 매체를 변경하여 타깃의 양과 질을 높일 필요가 있다.

이렇듯 측정은 문제를 판단할 수 있는 객관적인 근거를 제시해줄 뿐만 아니라, 문제 정의를 구체화함으로써 어떻게 개선해 나가야 하는지 대략적인 전략적 방향성까지 제시해 준다. 이것이 측정의 아름다움이다.

측정은 사고 과정이다

측정은 모든 것을 정량화하는 사고의 전환이고, 이 관점은 우리를 양자택일의 함정에서 벗어나게 해 준다. 모든 것을 'To which extent', 즉 얼마나 그러한지로 변환시킴으로써 판단의 근거를 확보할 수 있다. '맞다 틀리다'가 아니라 예측의 정확도를 40% 혹은 60%로 보는 관점이며, '잘한다 못한다'가 아니라 특정인의 역량을 90점으로 보는지 40점으로 보는지의 관점이다.

이런 정량화 사고 과정에서 중요한 것은 측정치를 판단할 수 있는 기준 설정이다. 예를 들어 자사 서비스의 구매 컨버전이 3%라고 측정했을 때 이것이 어느 정도로 '좋은 것'인지 판단할 수 있는 기준을 가지고 있어야 한다.

리서치 업체에서 발간하는 보고서를 검색해 보면 산업별 평균 구매 컨버전이 나와 있다.[120] 내가 속한 산업이 B2C 이커머스라고 한다면, 구매 컨버전 3%는 평균인 2.8% 대비 높은 수준이라고 볼 수 있다. 하지만 만약 자사의 시장 점유율이나 고객 리텐션 등의 시장 경쟁력 지표가 상위 25% 이상이면 어떨까? 보고서에 따르면 톱 25% 업체의 구매 컨버전은 약 6%이며, 이를 준거점으로 삼으면 자사의 구매 컨버전은 다소 낮다고 볼 수 있다.

　　또한 구매 컨버전은 일반적으로 제품이 속한 카테고리별로 상이하다. 샴푸나 식용유 등 생필품 카테고리는 목적성 구매가 강해 구매 컨버전이 6~7%로 높다. 반면, 의류나 인테리어 소품 같은 경우는 상대적으로 유저 방문 수와 조회 수가 높은 반면, 구매 컨버전은 1~2%로 낮은 편이다. (서비스별, 측정 방식에 따라 차이가 있을 수 있다.) 이렇듯 같은 지표라고 할지라도 '준거점'을 어디에 두는지에 따라 다른 판단을 내릴 수 있다.

측정은 문제를 드러낸다

측정이 가장 어려운 영역 중의 하나가 한 사람의 역량, 특히 개발자의 역량을 평가하는 것이다. 예를 들어 개발자의 역량을 '생산성 및 퍼포먼스'와 '작업 품질 및 기술 난이도'의 두 가지 관점에서 정량화한다고 해 보자. 각각의 역량에 1~5점까지 점수를 매길 수 있다. 이때 사람마다 각 점수가 의미하는 바가 다르기 때문에 점수별로 설명과 예시를 통해 기준을 제시하는 방식이 좋다. 예를 들어 5점을 아래와 같이 정의할 수 있다.

　　"전반적으로 코드를 직관적이고 명료하게 구축하며, 확장성에 대한 고려를 기반으로 추상화가 잘되어 있고, 테스트 코드를 90% 이상 작성할 정도로 품질 기준을 유지하면서도 배포 일정을 항상 준수함. 또한 새로운 기술에 대해 끊임없이 학습하고 적용하고자 노력하면서도, 개인적인 만족을 위한 기술 학습이 아닌, 실제 적용하는 기술이 결과적으로 프로덕트에 가시적이고 정량적인 가치를 제공함."

물론 여전히 문제는 남는다. 5점에 묘사된 정성적인 기준을 '어느 정도' 만족시켜야 하는지는 여전히 불명확할 수 있다. 예컨대 테스트 코드 커버리지가 70%밖에 되지 않으면 다른 모든 조건에도 불구하고 5점을 받을 수 없는지, 혹은 확장성에 대한 고려를 '어느 정도' 해야 적절한지 명료하지 않을 수 있다. 이런 설명은 각 평가자의 기대 수준을 맞추기 위한 가이드라인 정도의 역할이고, 해석과 판단은 결국 평가자의 몫이다.

측정은 정밀성과 정확성의 균형 싸움이다. 정밀성이란 같은 결과를 반복적으로 수행했을 때 얼마만큼 오차 없이 균일하게 지속적으로 같은 값이 나오는지이다. 정밀성을 담보하려면 '5점'의 정의가 칼로 자른 듯이 세밀해야 한다. 반면 정확성이란 실제 측정하고자 하는 본질, 여기서는 '개발자의 역량'의 실제에 얼마만큼 가까운 값을 도출했느냐의 관점이다. 데이터를 다루다 보면 업의 특성상 습관적으로 정밀성을 추구하게 되지만, 실제 우리가 측정을 통해 얻고자 하는 것은 정확성이다. 즉, 테스트 코드의 커버리지가 70%인지 90%인지는 실은 별로 중요하지 않다. 테스트 코드의 커버리지라는 측정 지표는, 해당 개발자가 코드를 생산성만 생각하며 마구잡이로 짠 것이 아니라, 품질과 확장성에 대한 고민을 동시에 했는가를 판단하는 근거로서 활용하는 것일 뿐이다.

정확성을 바탕으로한 측정은 '이상적인 상태'에 대해 명확한 기준의 근거를 제시한다. 이상적인 상태와 현재 상태와의 차이를 분석함으로써 문제를 명확하게 진단할 수 있다. 실제로 별문제가 없다고 생각한 경우에도 정량화된 기준과 수치를 기반으로 점수를 매기다 보면 예상치 못했던 문제를 발견하기도 한다.

예를 들어서 행복을 측정한다고 생각해 보자. 스타트업에서는 종종 일하면서 스스로 번아웃되는 것도 모르고 집중해서 일하는 시기가 있다. 이때 PM이나 리더가 팀원에게 이렇게 물을 수 있다.

"자신의 활력 수준을 1점에서 5점 사이의 점수로 평가해 주세요. 5점을 '아침에 일어나자마자 대부분 기분이 좋고, 출근길이 활기차며, 하루 종일 원기 왕성한 상태이며 저녁에도 대부분 숙면한다'라고 정의한다면요?"

스스로 별 문제가 없다고 생각했던 사람도, 5점 수준의 활력도에 대한 정의를 듣고 나면 다르게 생각할 수 있다. 한편으로, 자신이 좀 활력이 없다고 생각한 사람도 3점의 정의를 '아침에 일어나는 것에 문제가 없고, 특별히 개운한 기분이 들지는 않지만 불쾌하지도 않으며, 출근길에는 약간 스트레스를 받으나 하루의 기분을 망칠 정도는 아님. 수면에도 문제가 없고 대부분 몸이 개운한 상태'라고 내렸을 때, 자신은 일반적인 수준임을 깨닫고 문제가 없다고 생각할 수도 있다. 이렇듯 측정 기준은 문제를 정의할 뿐만 아니라 문제인지 아닌지를 판단하는 기준이 된다.

우리가 측정하는 지표는 실제 우리가 측정하고자 하는 대상 자체는 아니다. "날 얼마큼 사랑해?"라는 '애정도' 질문에 답하기 위해서는 '하늘만큼 땅만큼'이라는 가치 척도를 빌릴 수밖에 없다. 앞서 자사의 구매 컨버전이 '좋은'지를 판단하기 위해 산업 평균과 상위 25% 업체들을 비교한 것도 마찬가지다.

측정자는 만물의 척도다

더 어려운 것은 동일한 수치적 근거라도 사람마다 '해석'이 다를 수 있다는 것이다. 그리고 이런 차이는 객관적 기준을 가지고 명시적으로 말하지 않으면 드러나지 않기 때문에 파악하기 어렵다. 예를 들어 영화의 만족도에 대해 평점을 1~5점으로 매긴다고 하자. 5점을 '스토리가 신선하고 흥미로우면서도 진부하지 않고, 보는 내내 긴장감을 놓칠 수 없으면서도 결말까지 마무리가 잘된 영화'라고 정의했다고 하더라도, 사람마다 점수가 좀 박한 사람과 후한 사람이 있게 마련이다. 아래 표를 참고해 보자.

	영화 평점	평가자 1	평가자 2	평가자 3
영화 A	3.2	4	3	2.6
영화 B	2.2	1.8	2	2.8
영화 C	4.2	3	4.7	5
평균	3.2	2.9	3.2	3.5

평가자 3은 평가 기준이 다소 '후한' 사람이고, 평가자 1은 다소 '박한' 사람임을 알 수 있다. 당연히 평가자 1이 각 영화에 대해 내린 점수는 평가자 3 대비 다소 낮다. 그런데 A라는 영화에 대해서는 유독 평가가 엇갈린다. 평점이 3.2점인데 비해 평가자 1은 상당히 높은 점수를 주었다. 이를 통해 영화 A가 특별히 평가자 1에게 어필했던 부분이 있었음을 유추해 볼 수 있다.

결국 평가란 평가 대상 혹은 피평가자뿐만 아니라 평가자 자신을 드러낸다. 이렇듯 측정은 평가자가 가진 '평가의 기준'과 '가치 판단의 차이'를 가시적인 영역으로 끌어내어 분석해 볼 수 있다는 데 그 의의가 있다. 실제 이런 인식 차이는 사람의 역량을 평가할 때 극명하게 드러난다.

예를 들어 역량은 뛰어나지만 타 팀원과의 소통에서 잦은 갈등을 빚고 불필요하게 상대의 감정을 상하게 하는 팀원 A가 있다고 가정하자. 그런데 팀원 A는 자신의 소통 능력에 문제가 없다고 생각한다. 이런 '인식 차이'가 있는 경우 동료 평가(peer evaluation)를 통해 다양한 부서와 직급의 사람들에게서 공통적으로 소통에 문제가 있다고 평가받으면, 생각을 달리할 수밖에 없다. 또한 단순히 소통 능력이 부족하다고 말하는 것을 넘어 메시지의 명료성, 전달력, 태도, 공감력 등 다양한 관점에서 소통 능력을 정의하고 평가함으로써 각자의 인식 속에 있는 '좋은 커뮤니케이션'의 기준 차이를 비교해 볼 수 있다. 다음의 표를 보면서 어떤 팀원이 가장 소통을 잘하는 팀원일까 잠시 생각해 보자.

	평점	명료성	전달력	태도	공감력
팀원 A	2.8	4	4	2	1
팀원 B	3.7	2.4	2.5	5	5
팀원 C	3.8	3.8	3.8	3.7	3.8

앞서 팀원 A는 소통 시 종종 상대의 감정을 상하게 한다고 했는데, 태도와 공감력 점수가 낮은 것을 보면 이 부분의 개선이 필요하다는 것을 알 수 있다. 어쩌면 팀원 A는 '명료하게 의사를 전달하는 것'이 소통을 잘하는 것이라고 생각했을 수도 있다. 이러한 인식 차이를 인지하고 개선 영역을 구체화함으로써 보다 명확한 피드백이 가능하다.

반대로 팀원 B는 태도와 공감력에는 높은 점수를 받았지만, 명료성과 전달력 측면에서는 다소 점수가 낮다. 팀원 C는 전반적인 평점이 가장 높지만 특출나게 뛰어난 영역은 없다. 어떤 사람이 가장 커뮤니케이션을 잘하는 것일까? 하나의 정답은 없고, 먼저 '좋은 커뮤니케이션의 이상적인 모습'을 정의해야 한다. 이를 기반으로 기준 항목들을 정하고 가중치를 적용해 척도를 세운다. 이렇게 가치 판단의 척도를 잡으면 사람들의 서로 다른 인식이 하나로 모이게 되고, 팀원들은 문제를 스스로 인식하게 되며, 개선을 위해 구체적으로 어떻게 행동 양식을 바꿔 나가야 하는지 알 수 있게 된다.

측정은 문제를 드러냄으로써 자연스럽게 개선 방향성까지 제시할 수 있다. 예를 들어, 앞서 '엘리베이터 광고에 노출된 유저 수'와 '광고를 보고 인입된 유저 수'를 측정했다. 이 유저 수를 광고비로 나누면 CPM(Cost Per Mile, 1000번 노출 단가)과 CAC(Customer Acquisition Cost, 신규 유저 획득 비용)를 측정할 수 있다.

　10만 명이 오로지 엘리베이터 광고를 통해 인입했다고 가정하고 (즉, 광고 기여도가 100%) 광고비가 3억 원이라면 CAC는 3000원(3억 원/10만 명)이다. 타깃 유저 240만 명에게 5번씩 노출되었다면 CPM 은 2만 5000원(1000×3억 원/240만 명×5번 노출)이다.

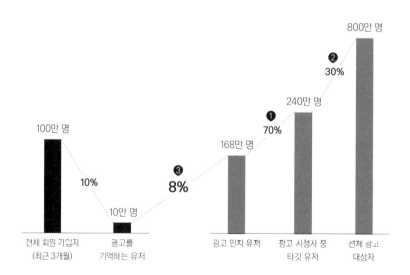

물론 옥외 광고 단가를 퍼포먼스 광고 비용과 직접 비교하는 것이 공정한 비교는 아닐 수 있지만, 중요한 것은 '비교 가능성'이다. 만약 동영상 사이트에 15초가량 노출되는 CPM이 5000원이라면, 옥외 광고가 동영상 광고 대비 5배의 효과가 있는가에 대해서 고민할 수 있는 관점을 제공해 주는 것이다.

앞서 개발자의 역량을 크게 세 가지 즉 생산성, 코드의 품질, 소통 역량으로 나누어 1~5점까지 평가했다고 가정해 보자. 이렇게 되면, 총 15점 만점을 기반으로 모든 사람의 역량을 각자의 연봉과 비교해 볼 수 있게 된다. 아래의 표를 참고해 보자. 개발자의 연차나 직급은 모두 동일하고, 평가 점수만이 유일한 변수라고 가정했다.

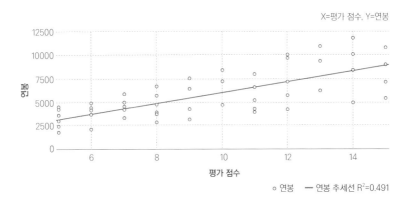

X=평가 점수, Y=연봉

◦ 연봉   ── 연봉 추세선 R^2=0.491

연봉 추세선을 기준으로 개인의 연봉과 평가 점수 사이의 결정 계수는 0.49이며, 상관 계수는 0.7이다. 즉, 상당히 높은 수준의 상관관계가 있다. 그럼에도 같은 평가 점수에서도 연봉 차이가 나거나, 같은 연봉임에도 평가 점수가 상이한 경우가 있다. 특정 직원의 '역량에 맞는 적정 연봉'이 얼마인지에 대한 답변은 어렵지만, 'A 직원이 평균적으로 역량 대비 적절한 연봉을 받고 있는지'에 답변하는 것은 상대적으로 쉽다. 예컨대 'A가 B보다 평가 점수는 20%가량 높은데, 연봉은 15% 낮다'면 평가와 연봉 사이에 괴리가 있는 것이다.

정량화를 통해 도출한 수치를 재조합하면 기업과 조직의 전략적 우선순위를 조정할 수 있다. 예컨대 앞서 예시로 들었던 개발자의 세 가지 역량에 대해, 전사 전략과 조직에 따라 가중치를 다르게 부여하는 것이다. 초기 MVP를 만들고 시장성을 빠르게 검증해야 하는 시기에는 '생산성'에 가장 높은 우선순위를 부여하고, 서비스가 운영 단계로 접어들면서 서버 안정성이나 기술 확장성 등이 중요한 경우에는 '코드의 품질'에 더 높은 가중치를 두는 식이다.

또한, 제품의 모듈화나 핵심 알고리즘 등 서비스의 코어 인프라를 구축하는 조직에서는 '코드의 품질'이 중요하고, 앱에서 새로운 기능을 매 스프린트마다 배포해야 하는 '빌더(Builder)' 조직은 '생산성'이 중요하다. 그리고 내부 직원들과의 협업이 중요한 백 오피스 툴이나 마케팅 이벤트 툴을 개발하는 조직에서는 무엇보다 '협업 능력'이 가장 중요하게 여겨질 수 있다. 각 조직의 특성에 맞게 가중치를 조정하여 평가를 차별화함으로써 각 조직의 전략적 방향성을 제시할 수 있다. 이렇게 가치 판단의 기준이 되는 측정 과정은 문제를 드러내고 구체화할 뿐 아니라 어떤 식으로 문제를 해결하면 좋을지에 대한 방향성까지 제시한다.

2. 지표를 개선하려 해서는 지표를 개선할 수 없다

지표의 과적합 문제

"측정할 수 없으면 관리할 수 없다." 피터 드러커의 유명한 말이다. 측정 기준을 설립하고 지표화했으면 이제 이것을 관리해야 한다. 기업마다 지표를 모니터링하는 부서가 있는데, 지표를 '쳐다만 보는 것'으로 좋아질 리 없다. 그렇다면 대체 지표를 관리한다는 것은 어떠한 의미일까? 예를 들어, 고객의 '구매력'을 측정하고 관리하고 싶다고 하자. 이는 AOV(Average Order Value, 평균 주문 금액)로 볼 수도 있고, ARPPU나 LTV(Life Time Value, 고객 생애 가치)를 관리할 수도 있다.

한때 이커머스 업계에서 AOV를 높이는 것이 주요한 과제였던 시기가 있었다. 그래서 AOV를 높이기 위해 한 번 구매할 때 가능하면 많은 것을 담을 수 있도록 비슷한 제품을 추천하거나, 혹은 평균을 상회하는 AOV 이상의 금액을 최소 조건으로 하는 쿠폰을 제공하기도 한다.

이 '평균 주문 금액' 관련 지표는 이커머스가 생기기 전부터 대형 마트 같은 전통적인 리테일 업체에서도 중요하게 쓰였다. '총판매 금액/고객 수'로 표현되는 ATS(Average Ticket Size)는 고객 한 명당 평균적으로 구매하는 금액의 크기로 이커머스의 AOV와 유사하다. 또다른 리테일 업계의 주요 지표인 ABS(Average Basket Size)는 '총판매 수량/주문 건수'로 평균적으로 바구니에 담아서 구매하는 아이템 수를 의미한다.

이러한 지표들을 통해 리테일 업체가 달성하려고 하는 것은 고객이 한 번 방문했을 때 가능하면 많이 담아서 구매하게 하는 것이다. 왜냐하면 고객의 마트 방문 주기는 각 고객의 편의에 맞게 대부분 정해져 있기 때문에 임의로 늘리기 쉽지 않고, 따라서 매출을 올리는 가장 유효하면서 쉬운 방법은 장바구니에 가능한 한 많이 담게 하는 것이기 때문이다. 그래서 카트 크기를 크게 만들기도 하고, 마트에 오래 머물 수 있도록 식사를 저렴한 가격에 제공하기도 하며, 다양한 제품을 구경할 수 있도록 동선을 일부러 복잡하게 설계하기도 한다.

그런데 이커머스에서는 방문 자체가 매우 쉽고 간편하다. 모바일 앱 내에서 클릭 한 번이면 주문이 가능하다. 그렇기 때문에 굳이 한 번에 많이 담기보다는 오히려 자주 구매하게 함으로써 전체 지출 금액을 늘릴 수 있는 여지가 있다. 더군다나 우리 마음속에는 심리 계좌[121]가 있어, 한 번 소비할 때 적절하게 여겨지는 금액의 범위가 있다. 이를 상회하는 금액을 쓰게 되면 무의식적으로 지출을 줄이려고 한다. 그렇기 때문에 '가랑비에 옷 젖는 줄 모르게' 결제 금액은 적어서(즉, AOV가 낮아서) 얼마 안 쓴 것 같지만, 결과적으로 나중에 보면 더 많은 금액을 쓰게 하는 것이다.

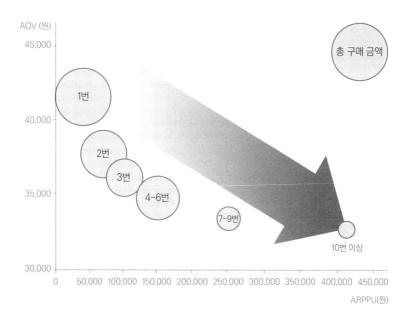

실제로 한 기업에서 고객의 구매 횟수에 따라 AOV와 ARPPU를 매핑해 본 적이 있는데, 직관에 반하는 결과가 나왔다. 유저를 연간 구매 횟수에 따라 나눈 뒤 ARPPU와 AOV를 매트릭스에 매핑했더니, 유저의 구매 횟수가 증가할수록 AOV는 줄어드는 반면 ARPPU는 증가하는 것이었다.

또한 이커머스에서는 셀렉션 수와 매출액이 양의 상관관계에 있다. 즉, 많이 구비해 놓으면 판매량이 오른다는 당연한 상식이다. 이 때문에 영업 부서에서는 셀렉션 수를 높이기 위해 매입한 SKUs(Stock Keeping Units, 제품이 보관되는 최소 단위)를 KPI(Key Performance Index, 핵심 성과 지표)로 잡았던 적이 있었다. 영업 인력들은 매입한 SKU 수를 대상으로 평가와 보상을 받기 때문에 많은 SKU를 매입하기 위해 최선을 다했다. 그러나 판매가 잘되는 아이템들은 공급 업체에게서 물량을 받기가 어렵고, 판매가 잘 안 되는 제품들은 상대적으로 구하기 쉬운 법이다. 영업 경쟁이 과열되다 보니 일부 MD들은 매입해 오는 아이템들의 시장성에 대해 상대적으로 고민을 덜 하기 시작했다.

마치 중고 자동차 시장이 시간이 흐름에 따라 '레몬 마켓'(저급품만 유통되는 시장)[122]으로 변질되는 것처럼, 점점 판매가 되지 않는 제품들이 물류 창고에 쌓여 갔다. 생전 처음 듣는 콜라 브랜드가 있는가 하면, 메이저 콜라 브랜드라 할지라도 3L 용량의 콜라가 20개들이로 묶인 제품이 입고되는 등 판매가 안 될 것이 뻔한 제품들이 자꾸 입고되는 것이었다. SKU는 늘어나지만 거래액의 증가로 이어지진 않고 물류 창고의 재고 회전율만 심각하게 떨어뜨렸다. 정작 판매율이 높은 제품들이 악성 재고로 인해 물류 창고에 제때 입고되지 못해 판매량이 떨어지는, 애초 의도와 완전히 반대되는 결과를 낳게 되었다.

이것이 지표의 오버피팅(Overfitting, 과적합) 문제다. 지표를 통해 달성하고자 했던 목적이, 지표 자체를 개선했음에도 정작 그 지표가 지향하는 목적을 달성하는 데는 실패한 것이다. 앞서 설명했던 것처럼 측정하는 지표는 개선하려는 대상 그 자체는 아니기 때문이다.

세컨드 펭귄

이런 사례도 있었다. 한 카테고리의 입점 수수료율이 MD 재량으로 정해지다 보니 명확한 기준 없이 공급 업체별로 뒤죽박죽이었다. 이 문제를 해결하기 위해 업체들에게 일괄 수수료율(예컨대 15%)을 적용하는 전사적인 가이드라인이 정해졌다. 이런 단순한 가이드라인은 결과적으로 예상치 못한 더 큰 문제를 가져왔다. 기존에 매출이 높아 공급자 파워가 있었던 업체들은 낮은 수수료율을 적용받다가 갑자기 수수료율이 오르니 불만을 가지게 되었고 일부는 플랫폼을 떠나기도 했다. 반대로 판매량이 낮아 특별히 수수료 인하를 받지 않았던 업체들은 오히려 남게 되어, 결과적으로 레몬 마켓이 형성된 것이다. 더군다나 정가가 명확히 정해져 있는 대형 브랜드 업체들과 달리 소규모 브랜드 업체는 수수료 인상으로 인한 수익 감소를 보전하기 위해 가격을 올렸다. 오른 가격에 대한 부담은 고스란히 소비자들이 떠안게 되었고, 플랫폼의 경쟁력이 낮아졌음은 말할 것도 없다.

앞서 SKU 수를 지나치게 높이려는 노력을 많이 하다 보니 물류 창고의 재고 회전율이 떨어진 사례를 이야기했다. 이런 문제를 해결하기 위해 모 회사에서는 정책적으로, 입고된 SKU 중 재고 회전 기간이 특정 기간(예컨대 1년)을 넘긴 재고는 일괄적으로 폐기 처분하기로 했다. 그런데 고가의 프리미엄 브랜드 패딩은 이번 시즌에 다 팔리지 못했더라도 다음 시즌에 일정 부분 할인을 하면 상당히 높은 가격으로 판매가 가능하다. 그런데 물류 센터 담당자가 이런 사실을 인지하지 못한 채 기간이 지난 재고를 일괄적으로 폐기해 버린 것이 아닌가. 이 또한 지표 설정 의도에 대한 고민 없이 지표 개선만을 추구함으로써,

지표는 개선되었지만 오히려 목표는 달성하지 못한 안타까운 사례다.

그럼에도 불구하고 지표는 필요하다. 특히 스타트업은 전사가 보고 달려갈 하나의 지표를 통해 빠른 시간 내에 급속도로 성장할 수 있다. 전 직원이 한 방향을 바라보면서 동일하게 현 상황을 인식하고 같은 문제를 해결하는 데 집중함으로써 대기업은 따라 할 수 없는 파괴력이 나온다. 앞서 지표의 여러 폐해에 대해 이야기했지만, 이는 좋은 지표를 찾고 지표 관리를 잘해야 한다는 의미지, 지표가 필요 없다는 의미는 아니다.

그렇다면 지표를 어떻게 개선하는가? 지표를 개선하는 방법론에는 크게 세 가지가 있다.

선행 지표의 개선

첫째는 문제의 원인이 되는 선행 지표를 개선하는 것이다. 지표에는 선행 지표와 후행 지표가 있다. 경제학에서 선행 지표는 경기가 순환하기 전에 이를 미리 알려 주는 지표들, 즉 통화량, 금리, 소비자 기대지수 등을 말한다. 후행 지표는 경기가 특정 상태로 접어들면서 결과적으로 나타나는 지표로 대표적으로 실업률이 있다. 비즈니스에서 후행 지표는 주로 GMV(Gross Merchandise Volume or Value, 총 거래액) 매출액, 신규 구매자 수처럼 비즈니스의 목표가 되는 지표들이다. 선행 지표는 이런 후행 지표에 앞서서 나타나는 지표인 것은 맞지만, 단지 예측의 근거가 되는 지표일 뿐만 아니라 실제로 우리가 개선함으로써 후행 지표에 영향을 주는 지표들이다. 그렇기 때문에 관리해야 할 지표는 선행 지표다. 물론 선행과 후행은 상대적인 개념이기 때문에 특정 지표에 선행하는 지표는 또 다른 지표의 후행 지표가 될 수도 있다. 예를 들자면, 셀렉션 수는 고객의 구매 빈도에 대한 선행 지표이고, 구매 빈도는 ARPPU의 선행 지표가 되며, ARPPU는 다시 GMV의 선행 지표가 될 수 있다.

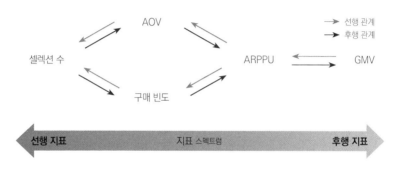

선행-후행 스펙트럼에서 선행 지표에 가까울수록 지표에 미칠 수 있는 영향력이 크다. 즉 레버리지가 높고 액션 플랜이 명확해진다.

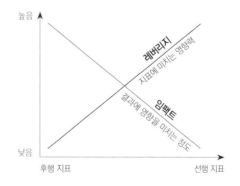

예를 들어, 셀렉션 수를 높이는 것은 ARPPU에 비해 상대적으로 조절 가능하고 영향을 미

치기 쉬운 영역이다. 반대로 후행 지표에 가까워질수록 회사가 궁극적으로 해결하고 싶은 문제 또는 달성하고 싶은 목표에 가까워지고, 그로 인해 결과에 영향을 미치는 정도 즉, 임팩트(impact)가 높아진다.

유념할 것은 이런 선행-후행 지표의 관계는 1:1 대응 관계가 아니라는 사실이다. 즉, 선행 지표를 개선한다고 해서 반드시 후행 지표가 개선되는 것은 아니라는 의미다. 셀렉션 수를 높인다고 해서 무조건 고객당 구매 빈도가 높아지는 것은 아니다. 고객당 구매 빈도에 기여하는 다른 요인들이 더 문제일 수 있다.

또한, 후행 지표만 개선하는 것은 지나치게 단기적인 결과를 낳게 된다. 예를 들어 아이디어스 같은 경우는 고객들의 방문 빈도나 고착도(Stickiness, DAU/MAU)가 타 서비스 대비 상대적으로 높다. 구매를 하지 않아도 작품을 둘러보는 경우가 빈번하고, 특히 작가들이 발행하는 포스트 등을 통해 작가와의 소통을 즐기는 경우도 많다. 이 경우 개선하고자 하는 지표를 지나치게 후행 지표인 구매 전환율과 ARP-PU 등으로 잡게 되면 저렴하지만 품질이 낮아 구매 전환율이 높은 작품들만 노출시키거나, 작가와의 소통 관련 기능들이 상대적으로 우선순위에서 뒤로 밀려 장기적인 고객 경험 향상과 플랫폼의 차별화된 경쟁력 유지에 실패하고 말 것이다. 물론 이는 예시일 뿐이고, 기업의 상황과 문제 정의에 따라 구매 전환율과 같은 지표도 충분히 좋은 지표가 될 수 있다.

가장 좋은 방법은, 우선 목표로 삼을 후행 지표를 정하고 이를 지향하는 선행 지표를 리스팅한 후 문제가 발생하는 핵심 원인(root cause)을 찾는 것이다. 예를 들어, 앞서 수익률이 떨어졌다고 한다면 지표를 정하기 전에 초기 분석을 통해 우리가 판매하는 가격의 평균 금액 자체가 떨어진 것인지, 아니면 고객들이 좀 더 저렴한 제품들을 더 많이 산 것인지, 만약 그렇다면 어떤 고객층에서 이런 현상이 발생했는지, 그것도 아니라면 고객에게 노출되고 고객이 클릭하는 제품 중에서 저렴한 제품이 많은지 등을 살펴서 의심이 가는 지표를 바탕으로 가설을 수립하는 것이다. 즉 선행 지표 중 목표 지표를 떨어뜨리는 주요 원인이 되는 것을 확인하고, 그중에서 개선이 가능하면서도 결과에 미치는 영향이 큰 지표를 찾는 과정이다.

프라이싱 (1)

그렇다면 구체적으로 후행 지표가 아니라 선행 지표를 개선하는 과정을 예시를 들어서 살펴보자. 한 이커머스 플랫폼에서 판매가가 낮아서 고민이다. 가격은 보통 ASP(Average Selling Price, 평균 판매 단가)로 많이 나타낸다. 그러나 ASP를 바꾸려면 ASP를 목표로 해서는 안 된다. 판매되는 가격의 평균은 고객이 많이 구매한 가격대일 뿐만 아니라 어떤 가격대의 제품이 많이 등록되어 있고 노출되고 있는가, 더 나아가서 영업 팀에서 어떤 가격대의 제품을 많이 영입해 오는가 등 여러 요소의 복합적인 함수기 때문이다. 실제로 나는 한 기업에서 ASP 개선을 위해 ALP(Average Listing Price)라는 선행 지표를 직접 만들었다.

ALP

상품	가격	판매 수량	판매 ALP	미판매 ALP
반팔 티셔츠	50,000	2	50,000	
긴팔 티셔츠	70,000	2	70,000	
맨투맨	100,000	–	–	100,000
	ASP	60,000	판매 ALP	60,000
	ALP	73,000	미판매 ALP	100,000

위의 차트를 보면 반팔 티셔츠와 긴팔 티셔츠의 가격은 각각 5만 원, 7만 원이고 맨투맨의 가격은 10만 원이다. 이 세 아이템의 평균 판매 단가(ASP)는 일종의 '가중 평균' 개념으로, 많이 팔린 아이템의 가격에 가깝게 정해진다. 반면, ALP는 단순히 각 아이템의 판매 단가의 평균값이다. 위의 예에서 ASP는 6만 원이고 ALP는 7만 3000원이다. 이 ALP를 다시 판매된 제품의 ALP와 미판매된 제품의 ALP로 나눠 보면 상황이 좀 더 명확하게 보인다. 위 차트에서 전체 ASP가 ALP 대비 낮은 이유는 ALP가 5만 원인 반팔 티셔츠와 7만 원인 긴팔 티셔츠가 많이 팔렸기 때문이기도 하지만, 동시에 ALP가 10만 원인 맨투맨이 전혀 팔리지 않았기 때문이다.

보통은 ALP 대비 ASP가 작은 편이다. ALP는 플랫폼이 '제시하는 판매가'라면 ASP는 '고객이 원하는 가격'이라고 볼 수 있기 때문이다. 다만 이 폭이 '얼마나 좁은지'가 중요한 시사점을 제공할 수 있다.

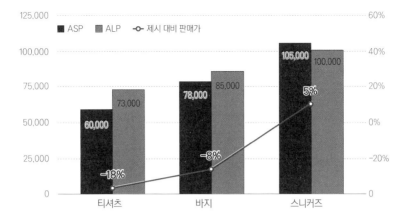

바지의 ALP 대비 ASP가 -8%인 것에 대비해 티셔츠의 경우 이 수치가 -18%다. 즉, 티셔츠와 비교했을 때 바지가 가격을 상승시킬 여력이 좀 더 있다고 보는 것이다.

심지어 스니커즈의 사례를 보면, ALP보다 ASP가 크다. 흔하지는 않지만 실제 한 기업에서 이런 케이스를 발견하여 팀에 공유했다. MD들은 이런 인사이트를 바탕으로 기획전 등을 통해 판매량이 높은 고가 상품의 노출을 더 늘리고, 프리미엄 상품 위주로 상품을 영입하고 구색을 조정함으로써 ASP를 효과적으로 높였다.

앞서 선행 지표들을 리스팅한 후에 가장 핵심 원인이 되면서 레버리지가 높은 핵심 지표를 찾아야 한다고 했다. 주의해야 할 것은 특정한 하나의 지표에 지나치게 집착하지 않는 것이다.

GMV라는 후행 지표를 높이기 위해 셀렉션 수라는 선행 지표를 잡았지만, '좋은' 제품보다는 들여오기 '쉬운' 제품만 입고되었던 앞서의 실패 사례를 돌이켜 보자. 이런 경우에는 '좋은' 셀렉션을 정의해서 이를 보조 지표로 삼는 것도 하나의 방법이다. 예컨대, 입고 후 일주일 내에 10개 이상 판매가 되는 제품만 '좋은' 셀렉션으로 정의하는 식이다.

> 목표: 고객들이 선택할 수 있는 상품 수를 늘려서 GMV를 상승시킨다.
>
> KR1. 셀렉션 수 20% 상승
>
> KR1-1(보조 지표): 입고 1주일 이내 10개 이상 판매율 70% 달성

또한 한 지표에는 보통 트레이드오프 관계인 다른 지표가 있기 마련이다. 이러한 반대급부를 다루는 '가드레일(Guardrail)' 지표를 같이 설정하는 것도 좋은 방법이다. 예를 들어 신규 유저를 통해 성장을 도모하고자 신규 구매자 수를 지표로 삼았다. 신규 구매자는 일반적으로 구매 전환율이 다소 낮아 신규 구매자 수가 증가할수록 구매 전환율에 악영향을 미칠 것이기 때문에, 전체 구매 전환율의 하방 한계선을 가드레일 지표로 삼는 것이다. 중요한 것은 어디까지나 원래 목표로 했던 지표, 여기서는 '신규 구매자 수'이기 때문에 가드레일 지표인 구매 전환율의 기준은 다소 낮게 설정하는 것이 합리적이다.

> 목표: 신규 고객 유치를 통한 구매자 수 상승
>
> KR1. 신규 구매자 수 30% 상승
>
> KR1-1(가드레일): 구매 전환율 현재 수준 유지

결국 하나의 절대적인 지표는 없다. 이런 관점에서 스타트업에서 흔히 말하는 북극성 지표(North Star Metric)는 과대평가되었다고 생각한다. 시기에 따라 최우선시되는 가장 핵심적인 지표는 있겠지만 기업을 이끄는 단 하나의 지표는 환상이다. 독일의 화학자 리비히가 주창한 '최소량의 법칙'이 있다. 그것은 '필수 영양소 중 성장을 좌우하는 것은 넘치는 요소가 아니라 가장 부족한 요소'라는 것이다. 스타트업에서 지표 관리란 마치 물이 줄줄 새고 있는 통을 하나씩 때워가면서 수위를 점점 높여 가는 과정과 유사하다.

한 측면을 때워 문제를 해결하고 나면, 그다음 문제가 기다렸다는 듯이 등장한다. 예전에 한 번 잡았던 구매 전환율이, 신규 고객 유치가 다시 문제가 된다. 이런 구조를 이해하지 못하면 하늘 어딘가에 있는 북극성을 찾아 헤매다 정작 땅에 떨어진 보석은 놓치게 된다.

시스템 관점에서의 지표 개선

비즈니스 리엔지니어링 개념을 창안한 MIT의 마이클 해머 교수는 자신의 책《빨리, 싸게, 멋지게》에서 영웅적 인물인 '밥'을 소개한다. 밥은 뛰어난 역량과 탁월한 성실함으로 회사에서 무슨 문제가 터지면 바로 나타나서 해결하는 만능 해결사다. 퇴근 후나 주말에 문제가 발생하면 회사에 바로 출근한다. 초기 스타트업으로 치면, 문제가 발생하면 하루 중 언제든 컴퓨터에 접속해서 프로그램을 수정하고, 마케팅이나 재무 쪽에서 필요한 데이터가 있으면 빠르게 뽑아 주고, 갑자기 CS가 몰리면 동료를 돕는 마음으로 같이 전화를 받는 식이다. 당연하게도 대표뿐만 아니라 회사의 모든 사람이 밥을 좋아하고 의지한다.[123]

놀랍게도 해머 교수는 이 영웅적 인물인 밥이, 구조상의 문제를 해결하는 데는 오히려 방해가 된다고 한다. 왜냐하면 그의 헌신적인 노력 때문에 존재해서는 안 될 구조적 문제들이 해결해야 할 '문제'라고 인식되지 않기 때문이다. 한두 번이 아니라 지속적으로 서버가 터지고 CS가 몰리면, 한 개인의 헌신적인 도움에 의존하는 것이 아니라 그 원인을 파악해서 대비 시스템과 운영 프로세스와 인력과 조직 구조와 예측과 대응이라는 '시스템'을 잘 구축해 놓아야 하기 때문이다.

MIT교수 피터 센게도 유사하게 시스템의 관점으로 문제를 바라보는 것의 중요성을 이야기한다. 그는 '맥주 게임'을 통해 맥주 제조 회사, 도매업자, 소매업자가 각각의 관점에서 판매량에 따라 재고를 주문하는 과정을 실험해 본다. 그는 20년간 5개 대륙에 걸쳐 다양한 직종, 연령, 문화적 배경을 갖춘 사람들에게 맥주 게임을 시키면서 일관되게 나타나는 현상을 발견했다.

먼저 시장에서 맥주에 대한 초과 수요가 발생하고 소매업자는 도매업자에게, 도매업자는 맥주 회사에 재고를 주문한다. 그러나 급증하는 수요에 맞춰 생산 설비를 확충하고 생산량을 늘리는 데는 시간이 걸리기 때문에 재고는 금방 고갈되고, 시장에서는 지속적으로 수요가 발생한다. 소매업자와 도매업자는 주문량에 비해 부족한 재고

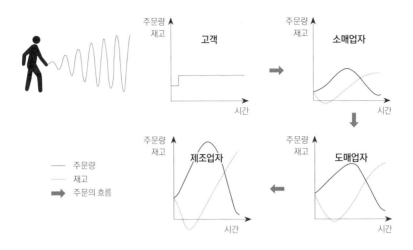

를 받다 보니 주문량을 점점 더 늘리게 된다. 한동안 그와 같은 상황이 지속되다가 맥주 재고가 대량으로 배달되는 상황이 되면 갑자기 주문량이 급격히 감소하게 된다.

실험이 끝날 무렵에는 거의 모든 참가자가 처분하지 못한 대규모 재고를 끌어안고 어쩔 줄 모르는 상태가 된다. 매주 열 상자 정도를 파는 도매업자들이 수백 상자의 초과 주문을 받게 되는 식이다. 이것이 공급 사슬 관리에서 흔히 발생하는 '채찍 효과'다.[124] 위 그림에서처럼 소비자 입장에서 가볍게 휘두른 채찍이 소매를 넘어 도매, 공장에까지 가면 걷잡을 수 없이 진폭이 커지는 현상을 말한다.

절망적으로 끝난 게임의 결과보다 더 나쁜 것은, 참가자들은 결과가 나왔어도 문제의 핵심을 도무지 파악하지 못한다는 것이다. 플레이어들은 각자의 행동이 다른 플레이어에게 어떤 영향을 미치는지 알지 못한 채, 자신의 입장에서 최선을 다했다고 생각하기 때문에 서로를 탓하기 바쁘다. 더군다나 상황에 끌려가지 않고 '미리 예방하는 조치로 상황을 주도하겠다'는 생각으로 주문량을 늘릴 때는 상황이 오히려 악화되고 재고가 누적돼서, 상황의 심각성을 깨달았을 때는 이미 늦는다.

이렇게 전체 구조를 파악하지 못한 채 눈앞에 닥친 문제를 해결하고 지표를 개선하고자 하는 행동은, 역설적으로 전체 악순환을 강화시킨다. 실제로 업무를 하면서 이러한 구조적 악순환을 많이 경험했다.

플랫폼 서비스에서는 쿠폰으로 고객의 수요를 부스팅하는 마케팅 활동을 활발하게 한다. 한 기업에서 경쟁사의 시장 점유율을 빼앗아 오기 위해 쿠폰 기반의 공격적인 프로모션을 했던 시기가 있었다. 당시는 플랫폼 간 차별화 요소가 크지 않았던 시기라, 동일한 셀러가 경쟁사 플랫폼에도 똑같은 제품을 판매하고 있는 경우가 많았다.

이런 상황이다 보니 고객들이 쿠폰을 주는 플랫폼으로 순식간에 이동하는 행태가 하루 단위로 빈번하게 나타나고 있었다. 일 매출이나 주 매출이 떨어지면 쿠폰 비용을 집행하게 되고, 이런 프로모션 활동이 일시적으로 판매를 상승시키지만 고객들은 점점 쿠폰이 없으면 구매를 하지 않게 되었다. 매출이 떨어지다 보니 쿠폰으로 사용 가능한 비용은 점점 줄어드는데, 판매가 하락해서 다시 쿠폰을 집행해야하는 악순환이 가속화되는 것이다. 이 경우 떨어지는 판매량을 방어하기 위해 쿠폰을 더 집행하는 행위는 문제를 더 악화시킬 뿐이다.

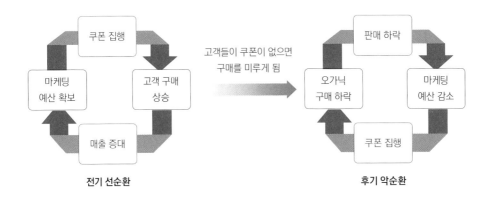

전기 선순환 · · · 고객들이 쿠폰이 없으면 구매를 미루게 됨 · · · 후기 악순환

즉, 어제의 '해결책'이 오늘의 '문제'일 수 있다. 쿠폰을 사용함으로써 매출을 높이는 행위는 장기적으로 쿠폰이 없으면 구매하지 않을 고객을 늘리는 악순환을 낳을 수 있다.

텀블벅 사례

결국 전체 시스템 관점에서 지표를 봐야 한다. 텀블벅은 백패커에 인수된 후에도 창업자가 2년간 대표 이사를 맡아서 운영하다가 사임한 후, 아이디어스의 대표 이사와 내가 본격적으로 경영에 참여한 지 6개월 만에 분기 매출이 두 배로 상승했다. 모바일 앱을 론칭하고 마케팅을 집행한 것도 이유 중 하나지만, 올바른 목표를 설정하고 이에 맞게 조직의 업무 프로세스를 효율화한 것이 또 다른 중요한 이유였다.

고객 후원 빈도를 높이고 전체 후원액을 견인할 수 있는 전략 카테고리를 선정해서, 창작자 영업 팀이 공격적인 영업 전략을 펼치도록 한 것이다. 이로 인해 '월 인입 프로젝트 수'가 50% 이상 뛰었다. 그런데 정작 후원액은 그만큼 증가하지 않아서 좀 더 깊이 들여다봤다.

영업 팀에서 프로젝트를 많이 영업해 오면 자연스럽게 심사 팀의 업무가 많아진다. 텀블벅은 크라우드 펀딩 플랫폼 특성상 구매가 아니라 창의적인 활동에 자금을 후원하는 개념이기 때문에, 창작자가 결과물에 대해 약속을 지키는 신뢰와 안전성 문제가 중요하다.

또한 크라우드 펀딩의 본 취지에 맞도록 기존에 유통되는 상품을 단순 판매할 목적으로는 프로젝트를 론칭할 수 없게 되어 있다. 이 외에도 제반 서류가 있는지, 이미지 규격은 맞는지 등 다양한 기준을 가지고 플랫폼 취지에 맞도록 심사하는 팀이 있어서, 인바운드로 들어온 프로젝트나 영업 팀이 영업해 온 프로젝트들을 심사하는 과정을 거친다. 꼼꼼하게 보는 만큼 시간과 노력이 많이 들어가는 작업이다. 알고 보니 이 심사 과정의 처리량이, 영업 팀의 공격적인 아웃바운드 영업으로 늘어난 프로젝트 수만큼 증가하지 못한 것이었다.

이를 해결하기 위해, 이미 여러 번 프로젝트를 론칭해서 심사 기준에 대해 숙달되어 있고 고객들의 평이 좋은 창작자들을 대상으로 자체적으로 진행할 수 있는 셀프 체크리스트를 만들었다. 이를 통해 심사 과정을 빠르게 처리할 수 있는 '책임 심사 프로세스'를 도입했다. 그런데 이로 인해 심사 처리는 빨라졌지만 책임 심사 프로세스 과정에서 미처 확인하지 못한 건들이 고객 문의로 접수되거나 고객의 불편 사항이 발생하기도 했다. 한쪽 팀에서만 문제를 해결하려고 하니, 시스템의 다음 단계에 있는 팀으로 문제가 전가되기 시작한 것이다.

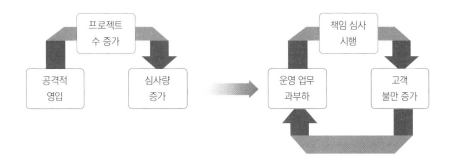

이 문제를 해결하기 위해 팀 간에 모여서 여러 논의를 한 끝에, 심사 팀과 CS 팀을 합쳐서 일부 R&R을 공유하고 프로젝트 모니터링 업무를 추가하기로 했다. 프로젝트 모니터링 과정을 통해 심사 과정에서 미처 다 확인하거나 대응할 수 없는 부분들을 발견해 창작자들과 바로 소통을 함으로써 실시간으로 문제를 해결해 나갔다. 이러한 프로세스로 신뢰와 안전성에 대해 어느 정도 자신이 생긴 후 '책임 심사'의 비중을 대폭 확대해 나갔다. 이에 따라 기존에 심사에 투입했던 시간을 프로젝트 모니터링과 창작자 소통에 더 쏟게 되었고, 결과적으로 프로세스를 효율적으로 개선할 수 있었다.

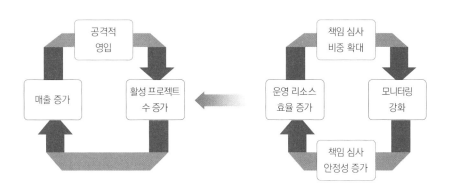

기존에 분리되어 있던 팀을 합치는 방법 자체가 정답이라는 것이 아니다. 시스템적 관점에서 문제를 파악하고 지표를 개선하는 접근의 좋은 사례였기에 소개했다.

포트폴리오 관점에서의 지표 개선

지표 개선의 세 번째 접근법은 지표를 포트폴리오 관점에서 개선하는 것이다. 컨설팅 펌에 구전으로 전해 오는, 출처가 의심스럽지만 흥미로운 이야기가 있다. 어디까지 사실인지는 모르겠으나 시사점이 있어서 전달해 본다.

어떤 컨설턴트가 대형 매장의 수익성 개선 프로젝트를 수행하면서 몇 달에 걸쳐 각 제품별 판매량과 마진율을 계산했다. 그런데 10년째 베스트셀러로 팔리고 있는 '국민 과자'가 있었는데, 이 과자는 잦은 이벤트로 제품 마진율이 마이너스라는 충격적인 결과를 얻었다. 그래서 중간 프로젝트 보고 때, 과감하게 이 제품의 진열 위치를 변경하거나, 가격을 올리거나, 수수료율을 올리는 등의 개선이 필요하다고 제언을 했더니 분위기가 싸늘해졌다.

알고 보니 이 과자는 말 그대로 '장수 베스트셀러' 상품으로서, 고객들이 오면 거의 무조건 사는 제품이고 심지어 이 제품을 사러 주기적으로 오는 고객도 일부 있다는 것이었다. 이 과자를 사러 와서 다른 것들도 같이 사게 만드는 전형적인 미끼 상품으로, 이 과자의 존재의의는 수익이 아니라 고객 방문인 것이다.

실제 이커머스에서도 이른바 '트래픽'을 증가시키기 위한 여러 프로모션이 있고, 특정 제품의 경우에는 이 프로모션이 과해서 마이너스 마진을 보는 경우도 있다. 이 경우 개별 지표가 아닌 전체적인 포트폴리오 관점에서 볼 필요가 있다.

예를 들어서 현재 수익률이 5%여서 이를 7%로 올리고자 한다면 5% 미만의 제품을 제거하거나 수수료율을 올리는 것이 아니라, 고수익군과 저수익군의 비중을 각각 얼마로 유지하는 것이 최적일까 하는 관점에서 보는 것이다.

수익률을 제품별로, 또는 판매 채널별로, 고객별로 보면 수익률이 다 다를 것이다. 이것이 판매되는 정도에 따라서 전체 평균은 가중치가 매겨질 것이고, 전체 수익률 평균이 결정된다. 그렇다면 수익률이 낮게 나오는 채널이나 고객군 또는 제품이 노출되는 비중을 감소시키고, 수익률이 높은 제품의 구매 컨버전을 개선하는 식으로 전체 비중을 조절하는 노력을 통해서 포트폴리오를 관리하는 것이다.

수수료 개선 사례

앞서 '지표의 과적합 문제'에서 공급 업체별로 뒤죽박죽이었던 수수료율을 일괄 15%로 적용했더니, 우량한 기업들은 빠져나가고 상대적으로 경쟁력이 약한 브랜드들은 오히려 가격을 올려서 고객에게 비용을 전가하는 등 의도와 반대되는 사례가 일어났다고 했다.

만약 이 문제를 포트폴리오 관점에서 개선한다면 어떨까?

등급	월 매출	파트너사 수	평균 수수료율		기대 수익	평균 매출
			As-is	To-be		
A	10억 원 이상	3	12%	15%	540,000,000	1,200,000,000
B	5억~9.9억 원	7	13%	15%	787,500,000	750,000,000
C	1억~4.9억 원	30	14%	15%	1,575,000,000	350,000,000
D	1억 원 미만	60	14%	15%	450,000,000	50,000,000

총 수익   3,352,500,000

평균 수수료율   15.0%
가중 평균 수수료율 15.0%

위의 차트는 임의의 숫자를 기반으로, 매출 등급에 따라 일괄적으로 수수료율을 적용한 시나리오다. 계산 편의를 위해 A 등급에서 얼마나 이탈할지는 가정에서 아예 제외하고, 순수하게 수수료율이 15%로 일괄 적용됨에 따라 예상 수익이 어떻게 나오는지를 추산했다. 이 경우 총수익은 약 33억 5000만 원이다.

이번에는 동일한 상황에서 등급에 따라 다른 수수료율을 적용했다. 높은 매출을 내는 기업일수록 낮은 수수료율을, 낮은 매출을 내는 기업일수록 높은 수수료율을 적용했다.

등급	월 매출	파트너사 수	평균 수수료율 As-is	평균 수수료율 To-be	기대 수익	평균 매출
A	10억 원 이상	3	12%	13%	468,000,000	1,200,000,000
B	5억~9.9억 원	7	13%	15%	787,500,000	750,000,000
C	1억~4.9억 원	30	14%	16%	1,680,000,000	350,000,000
D	1억 원 미만	60	14%	18%	540,000,000	50,000,000

총 수익　3,475,500,000

평균 수수료율　　15.5%
가중 평균 수수료율 15.6%

이 경우 평균 수수료율(단순 평균)은 15.5%, 가중 평균 수수료율은 15.6%로 애초에 목표로 했던 수수료율을 달성하면서도 총수익은 34억 7500만 원으로 더 높일 수 있었다.

이는 단순한 예시로, 실제로 '매출 등급에 따라 수수료를 차등해야 한다'는 것이 아니다. 지표 개선에 있어 포트폴리오 관점으로 접근하는 방법론의 한 예시로서 이해하면 좋겠다.

프라이싱(2)

'프라이싱(1)'에서는 낮은 ASP를 개선하고자 선행 지표인 ALP를 개선하는 접근법을 취했다. 이를 포트폴리오 관점에서 개선해 보자.

ASP를 개선하기 위해서 ALP 기반으로 제품군을 구분하여 각 그룹별로 ASP와 판매량 목표를 다르게 설정하는 것이다. 현재 ASP는

3만 원이고 목표치는 3만 5000원으로 약 17% 상승을 목표로 하고
있다고 가정하자. 아래의 표와 같이 ALP 기반으로 제품을 그루핑해
서 각 그룹의 ALP 대비 ASP를 살펴본다.

가격대별 구분	ALP	판매량	판매량 비중 %	ASP	판매 금액
2만 원 미만	15,000	16,000	16%	15,600	249,600,000
2만 원 이상~3만 원 미만	28,000	30,000	30%	24,000	720,000,000
3만 원 이상~4만 원 미만	39,000	43,000	43%	35,000	1,505,000,000
4만 원 이상~5만 원 미만	48,000	7,000	7%	45,000	315,000,000
5만 원 이상	70,000	4,000	4%	60,000	240,000,000
합계		100,000	100%		3,029,600,000
			ASP	30,296	

여기서 ASP의 상승 여력이 있는 그룹에서 ASP를 높이는 방향을
생각해 볼 수 있다. 즉, ALP 대비 ASP가 높은 그룹에서 목표 ASP를
높여 잡고, 높은 ASP 제품 영업을 적극적으로 하거나 해당 제품의 노
출을 더 많이 하거나 혹은 ALP 상승을 이끄는 제품군 위주로 카테고
리를 개편하는 것이다.

또 다른 접근법은, ALP가 높은 제품군의 판매량 비중을 높이는
것이다. 이러한 접근법의 특징은 모든 제품군에서 ASP와 판매량 목
표를 일괄적으로 개선할 필요가 없다는 것이다.

실제 '2만 원 이상~3만 원 미만' 그룹은 ASP 목표치가 현재 수
준과 동일하며, '2만 원 미만' 그룹은 오히려 판매량 비중의 목표 수치
가 이전보다 더 적게 잡혔다.

가격대별 구분	ALP 대비 ASP	ASP (As-is)	ASP (To-be)	판매량 % (As-is)	판매량 % (To-be)	판매량	판매 금액
2만 원 미만	104.00%	15,600	18,000	16%	10%	10,000	180,000,000
2만 원 이상~3만 원 미만	85.70%	24,000	24,000	30%	25%	25,000	600,000,000
3만 원 이상~4만 원 미만	89.70%	35,000	37,000	43%	45%	45,000	1,665,000,000
4만원 이상~5만 원 미만	93.80%	45,000	48,000	7%	12%	12,000	576,000,000
5만 원 이상	85.70%	60,000	60,000	4%	8%	8,000	480,000,000
		ASP	35,010		합계	100,000	3,501,000,000

상대적으로 상승 여력이 있는 제품군의 '비중'을 높이고 전체적인 포트폴리오를 관리함으로써 전체 ASP 상승을 도모할 수 있는 것이다. 이렇게 그룹을 나눠서 부분적으로 포트폴리오 관리만 해 줘도 ASP가 3만 5000원으로 증가한 것을 볼 수 있다.

3. 분석은 지표를 쪼개어
   의미를 찾는 도끼다

본질을 드러내는 추상화 과정

분석(分析)의 한자는 나눌 분, 쪼갤 석으로, 분석이란 말 그대로 쪼개어 나누는 것이다. 그러나 무작정 쪼갠다고 해서 분석이 될 리 만무하다. 어떻게 해야 올바로 쪼개는 것일까?

옛날 중국 전국 시대에 전설의 소잡이가 있었는데 사람들은 그를 '포정'이라 불렀다. 당시 왕이었던 문혜군이 포정의 소 잡는 기술을 보고 감탄하여 "어찌하면 기술이 이런 경지에 이를 수가 있느냐?" 하고 물었다. 포정은 칼을 놓고 답했다.

"제가 처음 소를 잡으려고 했을 때는 소의 겉모습만 보였습니다. 3년이 지나자 어느새 소의 모습이 눈에 보이지 않게 되었습니다. 19년이 지난 지금은 정신으로 소를 봅니다. 천리를 따라 쇠가죽과 고기, 살과 뼈 사이의 커다란 틈새와 빈 곳에서 칼을 놀리고 움직여 소의 몸이 생긴 그대로 따라갑니다. 솜씨 좋은 소잡이가 일 년 만에 칼을 바꾸는 것은 살을 가르기 때문입니다. 평범한 소잡이가 한 달마다 칼을 바꾸는 것은 무리하게 뼈를 가르기 때문입니다. 저는 19년간 수천 마리의 소를 잡았지만 제 칼날은 방금 숫돌에 간 것과 같습니다."

한마디로 소의 뼈와 근육 사이에 틈새가 보여서 여기에 칼날을 갖다 대기만 해도 소가 순식간에 해체된다는 것이다.

잘 설계한 분석은 마치 이와 같다. 좋은 관점을 가지고 쪼갠 데이터는 뼈와 살이 갈라지듯 쩍 갈라지지만, 철학과 가설 없이 그냥 쪼갠 지표는 아무런 시사점도 주지 못하고 분석가의 시간과 에너지만 낭비하게 한다. 소뼈를 무리하게 가르다가 칼이 무뎌지는 것과 마찬가지다.

그렇다면 무엇이 본질인가? 산업이나 비즈니스 모델, 심지어 기업의 전략에 따라서 본질적인 지표는 다 다를 수밖에 없다. 이커머스에서는 일반적으로 거래액을 중요하게 본다. 그것이 전반적인 시장 경쟁력과 고객 충성도 등을 보여 준다고 믿기 때문이다. 이 거래액이라는 지표를 분석한다면, GMV를 다양한 관점에서 쪼개고 구조화해서 다양한 공식(formula)을 만들어야 한다. 다음의 예시를 보자.

영업 관점
- 판매액−취소액
- 주문 건수×AOV

- 판매 제품수×제품당 판매액

- 판매 수량×ASP

- 판매액－셀러 할인액－폰 할인+배송비

셀렉션 관점

- Live 제품 수×(1－미 판매율)×제품당 판매액

- 등록 제품 수×(작품 Active rate)×제품당 판매액

- 신규 제품 GMV+기존 제품 GMV

- 카테고리 A의 GMV+카테고리 B의 GMV

- 카테고리 A의 평균 판매 수량×카테고리 A의 ASP+카테고리 B
  의 평균 판매 수량×카테고리 B의 ASP

셀러 관점

- 당월 신규 셀러 판매액+기존 셀러 판매액

- A 등급 셀러 판매액+B 등급 셀러 판매액

- Active 셀러 수×셀러당 판매액

- (전체 셀러 수－미판매 셀러 수)/전체 셀러 수×셀러당 판매액

- 상위 20% 셀러 수×상위 20% 셀러당 평균 판매액+하위 80%
  셀러 수×하위 80% 셀러당 평균 판매액

고객 관점

- 구매자 수×ARPPU

- 구매자 수×구매 빈도×AOV

- 구매자 수×구매 빈도×ASP×주문당 작품 수

- 신규 구매자의 GMV+기존 구매자의 GMV

- 20대 이하 고객 GMV+30대 이상 고객 GMV

- 여성 GMV+남성 GMV

트래픽 관점

- MAU×구매 전환율×구매 빈도×AOV

- MAU×구매 전환율×ARPPU

- MAU×CTR+클릭 to 구매 전환율×ARPPU

- 전체 누적 가입자 수×당월 방문율×구매 전환율×ARPPU

- 메인 페이지 직접 기여 GMV+검색 페이지 GMV+카테고리 페이지 GMV

GMV 분석

GMV 하나만 보더라도 이렇게 다양하게 구조화할 수 있다. 이 중에서 현 시점에 자사에 가장 중요한 의미 단위로 구조화되었으며 문제를 가장 명확하게 드러내는 공식으로 지표를 쪼개야 한다.

데이터는 크게 보면 일정 기간 동안 변화량을 보는 '유량 데이터'가 있고, 특정 시점에 구성 요소를 파악하는 '저량 데이터'가 있다.

의미 있게 데이터를 쪼개기 위해서 유량 데이터는 변화값이 크도록 쪼개어야 한다. 즉, 평평한 선(flat line)이 아닌 변동성(fluctuation)이 크도록, 이른바 '튀는 지표'가 잘 보이도록 쪼개는 것이다. 판매액―취소액이라는 일견 지루해 보이고 시사점이라고는 전혀 없을 것 같은 공식을 보자.

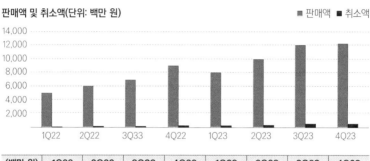

판매액 및 취소액(단위: 백만 원)

(백만 원)	1Q22	2Q22	3Q33	4Q22	1Q23	2Q23	3Q23	4Q23
판매액	5,000	6,000	7,000	9,000	8,000	10,000	12,000	12,250
취소액	75	132	189	270	264	350	456	490

　　판매액과 취소액이 같이 상승하고 있는 그래프다. 당연히 판매 금액이 크면 취소 금액도 클 수밖에 없지만, 취소 금액이 최근 약간 증가한 듯 보인다.

　　이번에는 취소액을 판매액으로 나눈 취소율을 계산해 보자. 이렇게 보니 취소율이 가파르게 증가하고 있다. 선은 취소율이고, 막대는 가장 취소율이 높은 4Q23의 취소율을 100%로 놓고 해당 분기의 취소율과 비교한 수치다. 이렇게 비교해 보니 1Q22의 취소율은 38%에 불과하다. 즉, 최근 들어 고객들이 취소를 점점 더 많이 하고 있고,

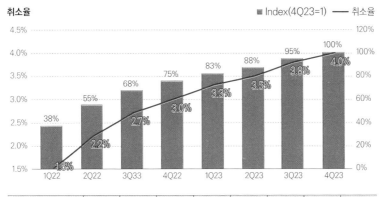

취소율	1Q22	2Q22	3Q33	4Q22	1Q23	2Q23	3Q23	4Q23
취소율	1.5%	2.2%	2.7%	3.0%	3.3%	3.5%	3.8%	4.0%
인덱스 (4Q23= 1)	38%	55%	68%	75%	83%	88%	95%	100%

원인을 밝혀 해결해야 할 필요가 있음을 시사한다. 이렇듯 유량 데이터는 시계열로 봤을 때 변화값이 크게 나오는 공식을 선택하는 것이 좋다.

반면, '구매자 수×구매 빈도×AOV'나 'MAU×구매 전환율×구매 빈도×AOV' 등은 뭔가 인사이트를 줄 것 같은 기대감에 분석을 해 보아도 자사의 상황에 따라 플랫한 라인을 그려서, 어떤 인사이트도 얻기 어려울 수 있다.

다음으로 저량 데이터는 쪼갤 때 구성 요소 간 틈새가 최대한 커지도록 나눠야 한다. 예컨대 고객을 쪼갰다면, 나눠진 두 그룹이 서로 굉장히 다른 행동 양상을 보이도록 기준을 가지고 쪼개야 한다는 것이다. 다음의 월 GMV 차트를 보자.

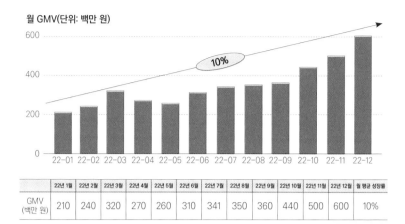

월 GMV(단위: 백만 원)

	22년 1월	22년 2월	22년 3월	22년 4월	22년 5월	22년 6월	22년 7월	22년 8월	22년 9월	22년 10월	22년 11월	22년 12월	월 평균 성장률
GMV (백만 원)	210	240	320	270	260	310	341	350	360	440	500	600	10%

22년 1월부터 12월까지 월평균 10%로 꾸준히 성장하고 있는데, 이를 고객 기준으로 쪼개 본다고 하자. 성별, 연령, 사는 지역, 가입 연도, 과거 구매 금액, 인입 채널 등 수많은 관점으로 쪼개 볼 수 있다. 일단 사는 지역에 따라 수도권과 비수도권으로 쪼개 보기로 하자.

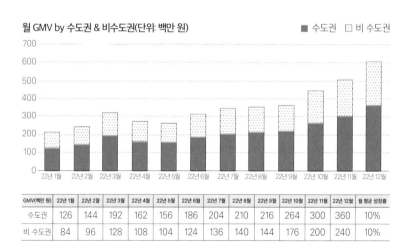

월 GMV by 수도권 & 비수도권(단위: 백만 원) ■ 수도권 □ 비 수도권

GMV(백만 원)	22년 1월	22년 2월	22년 3월	22년 4월	22년 5월	22년 6월	22년 7월	22년 8월	22년 9월	22년 10월	22년 11월	22년 12월	월 평균 성장률
수도권	126	144	192	162	156	186	204	210	216	264	300	360	10%
비 수도권	84	96	128	108	104	124	136	140	144	176	200	240	10%

이렇게 쪼개 봤을 때는 사실 시사점이 크지 않다. 양쪽 다 GMV 성장률이 10%로 동일하기 때문이다. 즉, 어떤 고객이 GMV를 드라이브하고 있는지 알기 어렵다.

이번에는 연령대별로 20대 이하와 30대 이상으로 나누어 보자. 이렇게 보니 조금 다른 양상을 보인다. 30대 이상의 성장률이 12%로 성장을 견인하고 있는 반면, 20대 이하는 8%로 성장하고는 있지만 전체 평균에 비하면 낮아서 관점에 따라 마이너스 성장을 한다고도 볼 수 있다.

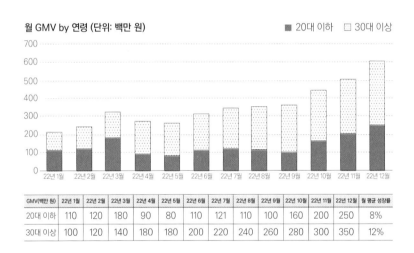

월 GMV by 연령 (단위: 백만 원)　　　　　　　　　■ 20대 이하　□ 30대 이상

GMV(백만 원)	22년 1월	22년 2월	22년 3월	22년 4월	22년 5월	22년 6월	22년 7월	22년 8월	22년 9월	22년 10월	22년 11월	22년 12월	월 평균 성장률
20대 이하	110	120	180	90	80	110	121	110	100	160	200	250	8%
30대 이상	100	120	140	180	180	200	220	240	260	280	300	350	12%

이번에는 성별로 나누어 보았더니, 두 그룹 사이의 차이가 훨씬 더 벌어졌다. 따라서 쪼개는 기준으로 삼기에 더 좋다. 이 경우에 남성의 성장률은 -0.3%로 마이너스 성장률을 보였고, 여성은 23%의 매우 높은 성장률을 보였다.

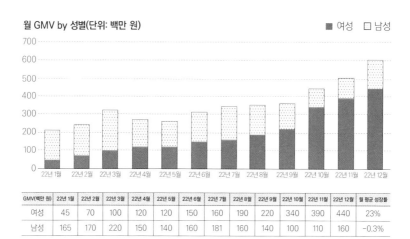

월 GMV by 성별(단위: 백만 원)　　　　　　　　　　■ 여성　□ 남성

GMV(백만 원)	22년 1월	22년 2월	22년 3월	22년 4월	22년 5월	22년 6월	22년 7월	22년 8월	22년 9월	22년 10월	22년 11월	22년 12월	월 평균 성장률
여성	45	70	100	120	120	150	160	190	220	340	390	440	23%
남성	165	170	220	150	140	160	181	160	140	100	110	160	-0.3%

　　　이 두 가지 지표를 합쳐 보면 어떨까? 연령에서는 30대 이상의 성장률이 더 높고, 여성이 남성 대비 성장률이 더 높기 때문에 당연히 30대 이상 여성의 성장률이 무려 25%로 가장 높다.

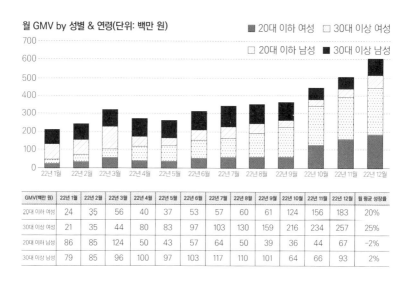

월 GMV by 성별 & 연령(단위: 백만 원)　　　　■ 20대 이하 여성　□ 30대 이상 여성
　　　　　　　　　　　　　　　　　　　　　　□ 20대 이하 남성　■ 30대 이상 남성

GMV(백만 원)	22년 1월	22년 2월	22년 3월	22년 4월	22년 5월	22년 6월	22년 7월	22년 8월	22년 9월	22년 10월	22년 11월	22년 12월	월 평균 성장률
20대 이하 여성	24	35	56	40	37	53	57	60	61	124	156	183	20%
30대 이상 여성	21	35	44	80	83	97	103	130	159	216	234	257	25%
20대 이하 남성	86	85	124	50	43	57	64	50	39	36	44	67	-2%
30대 이상 남성	79	85	96	100	97	103	117	110	101	64	66	93	2%

남성 고객 역시 30대가 2%로 더 높은 성장률을 보이고 있고, 20대는 -2%로 오히려 역성장하고 있다. 이렇게 각 지표로는 보이지 않았던 사안들이, 더 세부적으로 쪼개서 보면 명확히 보인다.

분석이란 결국 어떤 '컷'을 사용할 것인가의 문제다. 그리고 쪼갰을 때 쩍 하고 가장 크게 벌어지는 컷이 좋은 컷이라고 이야기했다. 그런데 이 각각의 컷 혹은 쪼개는 관점은 일종의 힘(force)을 가지고 서로 경쟁한다. 앞서 예시로 든 차트에서 '성별'과 '연령'의 컷으로 쪼개 보면 각각의 성장률은 다음과 같다.

- 여성 23% vs. 남성 -0.3%
- 30대 이상 12% vs. 20대 이하 8%

이 경우 성장률이 둘 다 '우위'에 있는 '30대 이상 & 여성'의 성장률이 가장 높은 것은 두말할 필요도 없다. 반대로 둘 다 '열위'에 있는 '남성 & 20대 이하'로 쪼갰더니 마이너스 성장률이 나왔다. '30대 이상 & 남성'과 '20대 이하 & 여성'을 비교해 보면 어떨까? 이 경우는 각각 '우위 & 열위'와 '열위 & 우위'의 결합을 비교한 것이다.

- 30대 이상 남성: 2%
- 20대 이하 여성: 20%

20대 이하 여성의 성장률이 10배나 높게 나왔다. 즉, '성별'이라는 컷이 데이터에 미치는 힘(force)이 '연령'이라는 컷이 가진 힘보다 훨씬 세다. 결국 좋은 분석은 가장 힘이 센 '관점'을 찾는 것이다.

마지막으로 하나만 덧붙이자면, 30대 이상 여성의 성장률이 20대 이하 여성보다 높다고 했는데, 이 역시 관점에 따라 다를 수 있다. 다음 그래프를 보자.

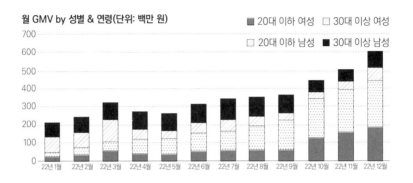

월 GMV by 성별 & 연령(단위: 백만 원)

	30대 이상 여성	20대 이하 여성
월 평균 성장률 (1~12월)	**25%**	20%
월 평균 성장률 (1~6월)	**35%**	18%
월 평균 성장률 (7~12월)	20%	**26%**

상반기(1~6월)와 하반기(7~12월)를 나눠서 성장률을 보면, 전체적으로 30대 이상 여성의 성장률이 더 높은 것은 맞지만, 하반기 때는 20대 이하 여성이 26%로 더 높은 성장률을 보이고 있다. 하반기와 같은 추세가 이후에도 동일하게 이어진다면, 관점에 따라 전체 성장률을

이끌어 가는 것은 20대 이하 여성이라고 볼 수도 있다. 이렇듯 이미 쪼갠 데이터도 어떠한 관점으로 보는지에 따라 다른 해석이 나올 수 있다. 이는 추후 데이터 내러티브 챕터에서 좀 더 자세히 알아볼 것이다.

RFM 분석

저량 데이터를 분석하는 대표적인 사례로는 고객 세분화(User Segmentation) 분석이 있다. 유저를 나누는 이유는 한 그룹으로 묶여 있는 고객들을 세부적으로 나눠서 마케팅하고 관리하기 위함이다. 이 고객 세분화 방법론 중 가장 유명한 프레임워크로 RFM(Recency, Frequency, Monetary)이 있다. 직역하면 최신성, 빈도, 돈인데 주로 최근 방문일, 구매 빈도, 구매 금액의 세 가지 기준을 많이 사용한다. 보통 RFM 각각의 기준별로 High, Medium, Low의 세 가지 등급을 부여한다. 예를 들어, 최근에 방문해서 최신성은 H이지만 빈도는 중간 정도여서 M이고, 구매 금액이 낮다면 L인 것이다. 세 가지 기준과 세 가지 등급을 단순 조합하면 3×3×3으로 총 27가지 유저군이 나오지만, 실제 의미 있는 규모의 집단을 이루는 유저군은 대부분 이보다 적다. 관리 측면이나 세분화한 마케팅 측면에서도 10~15개 정도가 적합하다.

　RFM 분석의 기본 전제는 RFM 각 지표 간에 상관 관계가 낮아야 한다는 것이다. 그래야 서로 독립적인 세 가지 요소를 가지고 유저를 잘 나눌 수 있다. 그런데 한 기업에서 실제 분석을 해 보았더니 유저의 최신성과 빈도 및 구매 금액이 서로 상당히 유사하게 나왔다. 즉, 최근에 방문한 유저는 방문 빈도도 높고 구매 금액도 큰 것이다. 이런 경우에는 각 지표를 다른 것으로 정해야 한다. 예를 들어서 구매 금액이 아닌 '판매 수량'으로 바꾼다거나, 빈도의 기준을 방문, 구매 또는 클릭 등으로 바꾼다거나 하는 식이다. RFM의 진정한 가치는 '방문과 빈도는 낮은데 구매 금액이 높은' 유저군이나, 반대로 '방문 빈도도 높고 구매 금액도 큰데 최근에 오지 않는' 등 명확한 특징을 가진 유저군을 특정하여 구별하는 것이다. 그래야 명확하게 소구 포인트를 잡아 마케팅을 할 수 있다.

아이디어스에서도 RFM 분석을 했던 적이 있다. 기존에도 퍼포먼스 마케팅을 할 때 '180일 동안 방문한 유저'를 제외하는 등 다양한 타기팅을 했다. 그런데 RFM 분석을 해 보니 구매 금액은 굉장히 큰데, 최신성과 방문 빈도가 낮은 유저군이 있었다. 살펴보니 아웃라이어가 아니라 (즉, 일부 유저만이 보이는 이상 패턴이 아니라) 꽤 많은 유저가 동일한 패턴을 보이고 있었다. 이 유저군은 평균 3~6개월 만에 한 번씩 들어와서 대량으로 구매하고 떠났다가 다시 돌아오는 패턴을 지속적으로 유지하고 있었다. 이들의 패턴에 맞춰 앱 푸시를 보내거나 쿠폰을 지급하니 구매 전환율과 구매 금액이 급상승함을 알 수 있었다. 만약 기존 마케팅 팀에서 으레 그랬던 것처럼 최근 방문 기준으로만 유저를 구분했다면 포착하지 못하고 놓쳤을 유저였을 것이다.

반대로, 구매 금액은 크지 않지만 최근 방문 빈도가 매우 높은 유저군도 있었다. 보통 유저가 신규 인입 후 ARPPU가 의미 있는 수준으로 상승하기까지는 어느 정도 시간이 소요된다. 이들은 지금 당장은 구매 금액이 미미하지만 최근 방문 패턴을 봤을 때 단기간에 우량 고객으로 성장할 수 있는 고객이기 때문에 특별한 관리가 필요하다. 이렇게 RFM 기준으로 유저를 잘 나눴다면, 단순히 방문과 구매뿐만 아니라 다양한 측면에서 유저의 행동이 예측이 가능하다. 아래의 표는 아이디어스에서 RFM 분석을 통해 나눈 유저군의 리텐션을 확인한 것이다. 각 유저의 건강도에 따라 리텐션이 일정한 수준으로 나왔으며, 이후에도 높은 수준으로 리텐션을 예측할 수 있었다(지표는 실제가 아닌 임의의 숫자로 대체함). 한 기간에는 특정 유저군의 리텐션 지표를 OKR로 삼아 10% 이상 개선하는 것을 목표로 잡았고, 소기의 성과를 보았다.

RFM별 Retention	0	1	2	3	4	5
AV	100%	39%	35%	30%	32%	30%
AV	100%	24%	18%	16%	17%	15%
AV	100%	58%	50%	48%	43%	38%
Blu	100%	85%	75%	69%	63%	59%
Do	100%	32%	29%	25%	30%	28%
Ex	100%	35%	30%	27%	23%	18%
Fir	100%	25%	20%	19%	18%	14%
Lo	100%	36%	34%	28%	34%	33%
Qu	100%	33%	30%	26%	29%	28%
Ris	100%	60%	53%	49%	43%	40%
Sle	100%	30%	25%	23%	20%	18%
V	100%	95%	89%	80%	75%	63%
Wh	100%	73%	60%	56%	61%	55%

이렇게 RFM 분석을 통해 독립적이면서 다양한 관점의 지표를 결합해서 본다면, 새로운 인사이트를 발견할 수 있고 유저 행동의 예측률도 상승하며 보다 세분화된 대응이 가능하다.

마케팅 팀에서 자주 보는 관점으로 고객을 '인입 소스'별로 나누는 관점이 있다. 오가닉(Organic)으로 들어온 유저(광고를 보지 않고 자연 유입된 유저)와 페이드(Paid)를 통해 들어온 유저는 리텐션과 재구매율, LTV나 심지어 AOV 등에서 차이가 있는 경우가 대부분이다. 스스로 필요를 느껴서 자발적이고 주도적으로 들어온 유저와, 우연히 광고를 보고 소구점에 끌려 들어온 유저 사이에 차이가 있는 것은 당연하다.

한편 페이스북을 통해 들어온 고객인지, 구글 UAC를 통해 들어왔는지에 따라서 코호트(Cohort)를 모니터링하는 경우도 있는데, 이 경우에는 두 고객 그룹 사이에 중요한 차이가 있는지 선행 분석이 되어야 한다. 만약 이 두 그룹이 사실상 이후 행동 패턴에서 큰 차이가 없다면, 다른 관점으로 코호트를 만들 필요가 있다. 인입 채널보다는 첫 구매 금액, 첫 구매 카테고리, 쿠폰 사용 여부 등 다른 관점을 가지고 만드는 것이다.

신규 고객의 월별 또는 주별 코호트도 많이 보는 관점이다. 완벽하게 MECE(Mutually Exclusive Collectively Exhaustive, 상호 배타적이면서도 전체를 포괄함)하고 직관적이라는 점에서 널리 활용된다. 하지만 좀 더 깊이 생각해 보면 이번 주의 신규 고객과 지난 주의 신규 고객 사이에 근본적인 차이가 있는 경우는 많지 않다. 이런 경우라면 신규 유저 코호트로는 전반적인 트렌드 정도만 확인하고, 실제 어디에서 이슈가 발생했는지 원인을 파악하기 위해서는 다른 관점에서의 분석이 필요하다. 매주마다 신규 고객 유치 목적으로 매번 다른 프로모션을 하지 않았다면, 주간 코호트에 근본적 차이가 있다고 보기는 어렵다.

이커머스에서는 흔히 목적형 구매와 발견형 구매를 구분한다. 목적형 구매는 샴푸와 치약 같은 생필품 구매처럼, 특정 아이템을 구매하고자 하는 의도가 강한 경우를 말한다. 이 경우에는 주로 검색을 하거나 특정 카테고리 페이지에 들어가는 등 상대적으로 짧은 시간 동안 체류하며, 구매 전환율도 높은 편이다. 물론, 패션이나 잡화 등의 카테고리는 목적이 구매라도 딱 맞는 아이템을 찾기까지의 여정에 걸리는 시간이 좀 더 긴 편이다.

발견형 구매는 특정 아이템을 정해 놓지 않거나 모호하게 정해 놓고 쇼핑 자체를 즐기는 행태를 말한다. 플랫폼마다 정도의 차이는 있지만 '목적형 구매자'에게는 대부분 빠르고 편리한 구매 경험을 주고, '발견형 구매자'에게는 취향에 맞춘 상품 추천과 콘텐츠를 통해 감성을 소구하는 방식 등으로 구매 전환율을 높이는 시도를 주로 한다.

텀블벅은 대표적으로 발견형 유저가 많은 플랫폼이다. '크라우드 펀딩'의 특성상 매번 새로운 프로젝트가 론칭되고, 언제 어떤 프로젝트가 올라올지 알기 어렵기 때문에 새로움과 신선한 프로젝트를 구경하기 위해 오는 발견형 유저가 많다.

한편, 기존에 팬덤을 보유하고 있는 창작자가 프로젝트를 론칭하는 경우에는 갑작스럽게 목적형 유저가 증가한다. 이들은 텀블벅에 있는 다양한 프로젝트를 구경하려는 목적보다는, 팬으로서 창작자의 프로젝트를 후원하겠다는 강한 의도를 갖고 들어온다. 그래서 이들

중 상당수는 텀블벅을 한 번도 사용해 보지 않은 유저다.

따라서 특정 프로젝트의 후원자 중 '생애 최초 후원자'의 비중이 평균값을 초과할 정도로 높다면 '목적형 후원자'가 많다고 볼 수 있다. 이들은 유입 경로 측면에서 두드러진 점이 있는데, 대부분 인스타그램이나 카카오 등에 있는 창작자의 소셜 미디어 또는 팬 페이지를 통해 들어왔다는 것이다. 목적형 유저가 많은 프로젝트는 텀블벅 사이트보다 외부 채널을 통한 후원 비중이 매우 높다.

또한 목적형 유저들은 플랫폼에 방문하여 후원까지 걸리는 시간이 압도적으로 짧다. 이들을 구분하기 위해 다양한 '시간 축'을 기준으로 유저를 나눠 보는 테스트를 했는데, 놀랍게도 이들을 규정하는 데 필요한 시간 축은 단 10분이었다. 즉, 특정 프로젝트를 후원해야겠다는 목적성을 갖고 방문한 유저들의 대다수가 10분 만에 후원을 완료한 것이었다.

이렇게 크게 인입 경로, 기가입 여부, 시간 축의 세 가지로 '목적형 유저'를 구분할 수 있었고, 이들의 후원 후 패턴은 '발견형 유저'와 매우 달랐기 때문에 이후 이 고객군에 대한 대응 전략을 다르게 가져갈 수 있었다.

지금까지 살펴본 분석은 주로 고객을 '구매 및 방문 패턴'에 따라서 나누는 관점이었다. 반면, 다양한 아이템을 파는 이커머스에서는 고객이 얼마나 자주 많이 사는지보다 '무엇'을 사는지가 더 중요할 수도 있다. 즉, 유저가 사는 것이 유저를 규정한다.

지갑 비중과 클러스터링

이러한 관점에서 유저의 지갑 비중(Share of Wallet)을 가지고 카테고리 구매 비중을 분석해 보았다. 이 관점이 기존의 유저 구매 금액을 보는 관점과 다른 것은, 특정 카테고리에서 '얼마를 구매하는지'보다 각 고객별로 '특정 카테고리에서 구매하는 비중'을 본다는 것이다.

예를 들어, 한 고객이 패션 카테고리에서 구매하는 금액이 5만 원에 불과하더라도 이 고객의 월 전체 구매 금액이 7만 원이라면 '패션-오리엔티드(oriented)' 유저라고 볼 수 있다. 반대로 어떤 유저는 패션 카테고리에서의 구매 금액이 100만 원이라도 '패션-오리엔티드(oriented)' 유저는 아니라고 볼 수도 있다.

한 기업에서 해당 분석을 했을 때는 의미 있는 결과를 내지 못했다. '만물상'을 표방하는 기업이었던 만큼 거의 모든 유저가 모든 카테고리에서 구매했기 때문이다. 즉, 유저에 따라 정도의 차이는 있지만 '지갑 비중'의 모습이 유사해서 굳이 이를 기준으로 나눠 보아도, 이후 행동 패턴에서 큰 차이가 없었다.

반면, 같은 이커머스여도 개인의 취향이 강하게 드러나는 서비스에서 동일한 분석을 했을 때, '지갑 비중'이 상당히 뚜렷하게 나타났다. 예를 들어, 카테고리 A의 비중이 높은 고객은 카테고리 B의 구매 비중도 높은 식이었다. 구매 비중 관점에서 카테고리 간 상관관계가 나타난 것이다. 더 흥미로운 결과는, 카테고리 간에도 '근접성'이 있어서 유사한 카테고리끼리 일렬로 세우면 일종의 스펙트럼이 나타났다.

다음 페이지의 그래프는 각 세부 카테고리 간에 지갑 비중의 상관관계를 나타낸 표로, 색이 진할수록 높은 양의 상관관계를 나타낸다(행과 열에 있던 카테고리 이름은 블랭크 처리함). 즉, 왼쪽 끝에 있는 카테고리와 오른쪽 끝에 있는 카테고리는 '가장 거리가 먼' 카테고리인 것이다. 카테고리들 간에 일종의 위치값을 파악할 수 있게 되었고, 가까운 거리에 있는 카테고리들은 묶었을 때 상관관계 평균이 가장 높게 나오는 기준을 가지고 카테고리 '클러스터링(군집화)'을 했다.

그리고 이렇게 클러스터링한 카테고리를 기준으로 유저를 그룹핑해 '지갑 비중'의 평균을 구해 봤더니, 다음과 같이 확연하게 일곱 개의 비중 패턴으로 유저군이 나뉘는 것을 확인할 수 있었다.

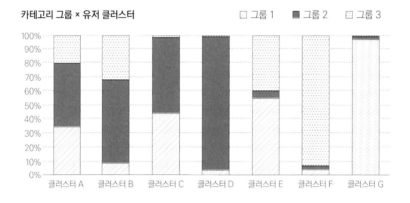

위 차트에서 알파벳으로 분류된 막대는 유저군이고, 숫자로 나뉜 그룹은 해당 유저군이 구매한 카테고리의 '지갑 비중'이다. 즉, A 유저군은 세 개 카테고리 그룹을 균형 있게 구매하는 유저군이다. 반면 D, F, G 유저들처럼 특정 카테고리 그룹으로만 장바구니를 채우

세컨드 펭귄

세부 카테고리 간 지갑 비중의 상관관계

는 고객도 있었다. 두 개의 카테고리 그룹 위주로 지갑이 구성된 C와 E 같은 유저도 있는데, 흥미로운 것은 그룹 2와 그룹 3의 두 개 카테고리 그룹으로 지갑을 구성한 유저는 없다는 것이다. 이 두 클러스터 간의 '거리'가 매우 멀다는 것을 알 수 있다.

이렇게 나눈 유저 구분이 좋은 지표인지를 알기 위해서는, 실제로 이들의 행동 패턴이 다르게 나타나는지를 확인해야 한다. 다음의 그래프는 각 유저군을 기반으로 ARPPU 등의 지표를 나타낸 것이다.

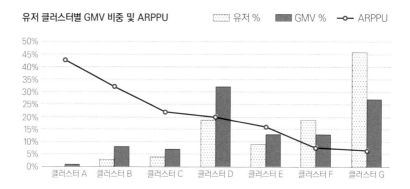

실제로 유저군마다 해당 지표뿐 아니라 리텐션, 재방문율 등 다양한 지표에서 확연한 차이를 보였다. 이를 통해서 각 유저군별로 타깃 마케팅이나 프로덕트상에서 개인화된 피처 등 차별화된 전략을 수립할 수 있음은 물론, 특정 시점에 어떤 '유저군'에 해당하는지 파악된다면 얼마 후에 재방문하고 구매하고 이탈할지 등 행동 패턴을 상당히 높은 정확도로 예측할 수 있게 되었다.

4. 가치를 창출하는 데이터 내러티브

데이터의 범용화

앞에서는 가설 검증 및 문제 정의를 하는 방법과 지표를 측정하고 관리하며 분석하는 방법을 살펴보았다. 빅 데이터와 기술 발전으로 예전에는 측정의 영역이 아니었던 것들조차 측정할 수 있게 되고 다양한 데이터를 서로 결합하여 분석할 수 있게 되었다.

　　최근 스타트업이 데이터를 활용하는 모습을 보면, 기본적으로 적재하고 활용 가능한 데이터의 범위와 종류와 양이 엄청나게 증가했다. 기존 SQL 기반의 데이터베이스로는 감당하기 힘든 양을 아마존 AWS의 S3 스토리지에 모두 올려서, 연관 서비스(EMR-presto, Spark, Kinetics, MSK 등)를 붙여서 데이터를 손쉽게 적재, 처리 및 가공한다. 이러한 퍼스트 데이터뿐만 아니라 마케팅 데이터와 같은 서드 파티

(3rd party) 데이터까지 자사 DB에 적재하여 처리할 수 있게 되었다. 유저 어트리뷰션 데이터(attribution data)뿐만 아니라, 앱에 심은 로그 데이터, 구매 데이터가 다 SQL 기반으로 통합해서 분석이 가능하기 때문에 이제 데이터 파이프라인 구축은 초고도화에 이르렀다. 이것을 어떻게 활용해서 어떤 인사이트를 얻고 어떻게 비즈니스 임팩트를 내는가의 싸움인 것 같다.

나는 2010년경 컨설팅 회사에서 첫 커리어를 시작했다. 클라이언트사가 주로 제조 대기업이었기 때문에, 활용 가능한 데이터 대부분이 공장에서 나오는 생산 관련 지표나 도소매 업체에서 제공하는 POS 등의 판매 데이터였다. 이마저도 자사 ERP 시스템하의 BI 툴을 이용해야 했기 때문에 외부 컨설턴트는 접근조차 할 수 없었다. 데이터를 얻기 위해 카운터파트로 있는 전략 기획 팀에 요청하면, 이 팀에서 다시 전산 팀 등에 '특정 기간의 특정 기준으로 집계된 데이터'를 추출해 달라고 요청하는 식이었다. 당연히 커뮤니케이션에 시간이 많이 소요되었다.

심지어 유통 및 판매 관련 데이터를 가지고 있지 않은 클라이언트도 많았고, 완제품이 아닌 부품 제조업에서는 B2B 판매 데이터는 있어도 최종 고객이 구매한 데이터는 확보할 수가 없어서, 외부의 시장 리서치 펌에서 구축해 놓은 DB에 접근하는 대가로 연간 엄청난 금액을 지불하고 있었다. 대시보드 형태로 제공되는 데이터에 새로운 필터를 추가하거나 재가공하려고 하면 추가 비용을 내야 했다.

그러다 스타트업에 처음 이직한 뒤 방대한 판매 및 고객 데이터가 로 데이터(Raw data) 상태로 고스란히 DB에 쌓여 있는 것이 너무 신기했다. 초반에는 보안 관련 인프라가 탄탄하게 구축되어 있지 않았던 터라 SQL만 쓸 수 있다면 누구나 DB에 접근할 수 있었다. 하지만 동시에 비효율적이고 체계적이지 않은 부분도 많았다.

　이 시기에는 무엇보다 '쿼리문'의 효율성이 얼마나 되는지가 중요했다. 서비스 DB와 분석 DB가 별도로 구축되지 않았던 시기도 있어서, 행여나 롱 쿼리를 날려서 서버가 1분 이상 돌아가면 DBA(Database Administrator) 팀장이 전화해 "너 어디 소속이냐" "어디 기업 출신이냐" "SQL 경력은 얼마나 되냐"라며 호구조사를 하다가 "쿼리 함부로 날리지 마라"라는 경고성 말로 통화를 마치는 등 지금 같으면 믿기지 않을 구시대적인 일도 많았다. 그래서 쿼리 자체를 효율적으로 짜고, 인덱싱 작업을 통해 쿼리를 튜닝하고, 마트 데이터를 작업하여 주기적으로 배치(Batch)를 돌리는 등 데이터 추출을 효과적으로 하는 데에 많은 시간과 노력을 소비했다.

　DB 관리 측면에서는 관리 카테고리와 전시 카테고리 구조를 밥 먹듯이 바꿔서, 분석가들은 대시보드에 있는 주요 쿼리문을 다시 수정하고 DW(Data Warehouse) 팀에서는 기존 데이터와의 마이그레이션 작업에 몇 달 넘게 걸리는 일이 빈번했다.

　무엇보다 비즈니스나 운영단에서 데이터 수요가 매우 높은 반면, DA(Data Analyst, 데이터 분석가)는 매우 부족한 시기였다. 이러한 상황에서 단기적인 해결책으로 외부에서 도입한 원시적인 형태의 BI 툴을 활용했는데, 원래는 필터 변경만 하면 원하는 기준으로 데이터를 추출할 수 있어야 했다. 하지만 데이터 구조가 끊임없이 바뀌는 환경에서 뒷단의 DB를 수정하고 효율화하는 DW 팀의 인력이 상당수 필요했고, 테이블 구조가 끊임없이 바뀌다 보니 테이블 스키마 정리도 안 되어 있어서 알음알음 알아서 쿼리를 수정하고 고쳐야 했다. 그래서 같은 지표를 뽑는 데도 부서마다 서로 기준이 다 달라서 숫자를 맞추는 데 하루가 가던 날도 있었다.

지금은 시대가 바뀌었다. 웬만한 규모를 구축하고 역량 있는 인재들을 갖춘 스타트업이라면 데이터 파이프라인이 상당히 잘 구축되어 있어, 데이터가 흐르는 조직 자체는 더 이상 차별화 포인트가 아니다. 데이터를 수집하고 적재하고 가공하여 추출하는 기술은 점점 발전해 사용성과 비즈니스 인력의 접근 가능성도 앞으로 더욱 좋아질 것이다. 결국 고객에게 어떤 가치를 주는지만이 핵심 차별화 요인으로 남을 것이다.

시중의 데이터 분석 관련 책이나 '데이터 과학자가 되는 법' 유의 책들은 대부분 숫자를 다루고 데이터를 분석하는 '넘버 크런칭 역량' 및 데이터를 해석하고 이해하는 '데이터 리터러시'에 초점이 맞춰져 있는 것 같다. 그러나 내가 생각하기에 명시적으로 가르치고 배우기는 어렵지만, 가장 큰 가치를 창출할 수 있는 영역은 '데이터 내러티브' 역량이다.

애스워드 다모다란의 《내러티브 앤 넘버스》란 책에서는 기업의 가치 평가를 올바로 하려면 재무제표와 같은 숫자를 보는 것뿐만 아니라 그 숫자를 가지고 이야기로 풀어내는 스토리텔링 능력이 중요하다고 역설한다. 이와 유사하게 '데이터 내러티브'란 데이터를 통해 자사의 현황을 분석하여 핵심 문제를 정의하고, 가설을 세우며 전략적 방향성을 제시하는 등 데이터를 바탕으로 일련의 스토리를 제시하는 역량을 말한다.

데이터는 말이 없다

안드레아 존스루이는 뉴욕대학교에서 데이터 과학을 가르치는 교수다. 동시에 스탠드업 코미디언이며, 불을 삼키는 서커스를 취미로 한다. 이런 특이한 이력은 데이터 과학 영역에서도 드러난다. 존스루이는 망치에게 집을 어떻게 짓느냐고 묻지 않듯이, 데이터는 도구일 뿐 그 자체가 어떤 답을 주거나 가설을 제안하지는 않는다고 역설한다. 데이터는 꼭 필요한 재료지만 어떤 데이터를 수집할지, 수집된 데이터를 통해 어떤 가설과 통찰을 얻을지 결정하는 주체는 사람이라는 것이다.

또한 데이터는 실제 모습 그대로가 아니라, 오직 사람이 보고자 선택한 세계의 일면만을 보여 주기 때문에 주의해야 한다고 말한다. 와튼스쿨의 최연소 종신 교수인 애덤 그랜트는 존스루이와의 대담에서 이런 주장에 동의하면서, 데이터는 질문에 답을 줄 수 없고 오로지 던진 질문에 정보를 더해 줄 뿐이라고 말한다. 결국 데이터의 유용함은 그것을 활용하는 사람의 역량에 전적으로 달려 있다고 두 사람은 의견을 모았다.

나 역시 이 관점에 동의한다. 심지어 데이터가 주는 '사실'조차 서로 모순되게 느껴질 수 있으며, 따라서 이에 대한 해석도 분분할 수 있다. 헥터 맥도널드는 《만들어진 진실》이라는 책에서 '경합하는 진실'이라는 개념을 설명한다. 다음의 두 가지 주장 중 어떤 것이 사실이고, 어떤 것이 거짓일까?

1. 인터넷 덕분에 전 세계 지식을 폭넓게 접할 수 있다.
2. 인터넷 때문에 잘못된 정보와 증오의 메시지가 훨씬 더 빨리 확산된다.

두 문장 모두 사실이다. 인터넷으로 인해 전 세계의 지식이 빠르게 평준화되었지만, 동시에 잘못된 정보와 혐오의 메시지도 빠르게 퍼져 나갔다. 중요한 것은 데이터를 통해 어떤 이야기를 이끌어 내는지다. 모든 현상에는 다양한 측면이 있고 명확하게 떨어지지 않는 복잡한 부분이 있다. 그것을 이야기를 통해 명료화하려는 것은 우리의 본성이다. 그렇기 때문에 데이터를 통해 하나 이상의 진실을 끌어낼 수 있다는 것을 잊으면 안 된다. 좀 더 복잡한 사례를 살펴보자.

최근 퀴노아가 건강 식품으로 주목받으면서 주 재배지인 남미 지역에서 생산량이 급증했다. 이런 퀴노아의 생산 및 재배 증대가 사회에 좋은 영향을 미치고 있을까?

1. 퀴노아는 단백질과 섬유질, 미네랄 함량이 높고 지방 함량은 낮은 고영양 식품이다.
2. 퀴노아를 구매하면 남아메리카의 가난한 농부들의 수입이 늘어난다.
3. 지나친 퀴노아 구매로 볼리비아나 페루 사람들이 전통 식품을 구매할 때 더 비싼 값을 지불해야 한다.
4. 퀴노아 재배가 안데스 지역 자연환경에 심각한 영향을 미치고 있다.

네 가지 모두 진실이다. 1번과 2번 데이터를 본 사람이라면 퀴노아 재배에 대해 긍정적으로 판단할 것이고, 3번과 4번 데이터를 분석한 사람은 부정적 평가를 내릴 것이다. 심지어 데이터는 이 네 가지에 그치지 않는다. 보려는 관점과 조사 방법에 따라 관련된 데이터는 끝도 없이 나올 것이다.

결국 데이터 자체보다 중요한 것은, 가설을 가지고 데이터를 추출하고 가공하며, 수집한 데이터를 기반으로 가설을 검증하고, 경합하는 데이터들을 해석하고 통합하여, 현상을 가장 잘 설명하는 합리적 스토리를 제시하는 역량이다. 그렇다면 데이터 내러티브를 잘하기 위해서는 구체적으로 어떤 역량이 필요할까?

직관보다는 확률에 기대라

심리학자 대니얼 카너먼과 아모스 트버스키가 고안한 유명한 '린다 문제'가 있다. 사람들에게 린다라는 여성의 성격을 다음과 같이 알려주었다.

"린다는 31세고 싱글이며 솔직하고 밝은 성격이다. 철학을 전공했다. 대학생 시절, 차별과 사회 정의 문제에 깊게 빠져들었으며 반핵 운동에 참여했다."

이후 다음 중 무엇의 확률이 높을지 물었다.

A. 린다는 은행원이다.
B. 린다는 은행원이며 페미니즘 운동에 열심히 참여하고 있다.

대다수 사람이 B를 택했다. 그러나 확률적으로는 A가 B를 포함하는 개념이기 때문에, A일 가능성이 항상 더 크다. 따라서 A를 선택하는 것이 합리적이다. 하지만 우리가 린다라는 사람을 이해하는 데 대학생 때 차별과 사회 정의 문제에 깊이 빠졌고 반핵 운동에 참여했다는 사실을 무시할 수 없다. 그 사람의 정체성에 맞닿아 있는 사항이기 때문이다. 그럼에도 린다는 은행원일 가능성이, 페미니스트 은행원일 가능성보다 언제나 크다는 것을 이해하는 것이 확률적 사고다.

이번에는 어떤 일이 발생할 가능성이 얼마나 드문 일인지를 추론해 보자. 한번은 같은 회사 동료 두 명이 생일이 같아서 신기하게 생각했던 경험이 있다. 그러나 계산을 해 보니 오히려 일정 이상 사람이 모였을 때 생일이 다 다른 것이 더 드문 경우라는 것을 깨달았다. 25명이 모두 생일이 다를 경우의 확률을 구하는 방식은 다음과 같다.

첫 번째 동료의 생일이 1월 1일이라면, 두 번째 동료의 생일은 1월 1일을 제외한 모든 날이어야 하니까 365/365에 364/365를 곱한 확률이다. 같은 방식으로 세 번째 동료는 앞서 두 명의 생일과 달라야 하기 때문에 363/365를 곱한 확률이다. 이런 식으로 25번째까지 확률을 전부 곱하면 약 43%(365/365×364/365×363/365×362×365 ⋯ 341/365)의 확률이 나온다.

다시 말하면 25명 정도가 모이면 57%의 확률로 생일이 같은 사람이 한 쌍은 있다는 것이다. 만약 57명이 모인다면 그중 두 사람이 생일이 같을 확률은 99%에 가깝다. 회사 팀원이 이 정도가 된다면 모두가 생일이 다른 것이 오히려 매우 드문 경우인 것이다.

확률적 사고를 설명할 때 드는 대표적인 예시로 도박사의 오류라는 개념이 있다. 동전을 던졌는데 9번 연속으로 앞면이 나왔다면, 그 다음번에는 '확률적으로' 뒷면이 나올 것이라고 믿는 오류다. 장기적으로 앞면이 나올 확률은 50%에 수렴할 테고, 그렇기 때문에 앞면이 나온 횟수가 압도적으로 많다면 뒷면이 빨리 나와 줘야 '따라잡지' 않을까? 그러나 동전은 이전 확률을 기억하지 못한다. 동전을 던질 때마다 앞면이 나올 확률은 50%로 동일하다. 이 외에도 직관에 반하는 확률 사례는 끝도 없다.

우리는 직관적이고 단순하며 앞뒤가 딱 맞아 떨어지는 스토리를 좋아하지만, 데이터로 스토리를 만들 때는 항상 직관보다 확률을 우선해야 한다.

데이터는 온전한가

세간에 '외모가 괜찮은 남자 중 성격이 괜찮은 사람은 드물다'는 속설이 있다. 어떤 사람들은 외모가 괜찮은 사람들이 타인에게 호감과 관심을 많이 받기 때문에 대인 관계 능력이 더 좋다고 이야기하기도 한다. 조던 앨런버그가 쓴 《틀리지 않는 법》이라는 책에는 이것이 사실인지, 그렇다면 왜 그런지 풀어 나가는 과정이 나온다. 외모와 성격에 따라 남자들이 랜덤하게 분포되어 있는 다음 차트를 상상해 보자. 이 차트에서는 외모와 성격에 음의 상관관계가 나타나지 않는다.

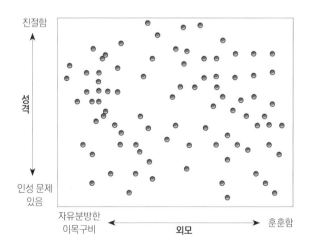

하지만 실제로 우리는 마음속에 외모든 성격이든 '과락'의 기준이 있어, 해당 항목에서 최악인 사람은 데이트 상대에서 제외하기 마련이다. 또한 어중간하게 성격도 별로고, 외모도 별로인 사람에게는 특별히 매력을 느끼지 못하는 경우가 많다. 이러한 마음속의 선을 실제로 차트에 그려 보자.

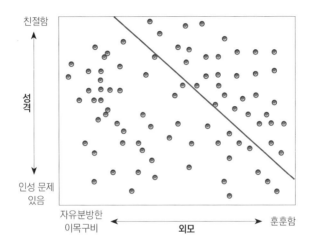

사람마다 외모와 성격의 기준이 다 달라 삼각형 모양에 차이는 있겠지만, 어쨌거나 분명한 형태로 직각 삼각형이 생기게 된다.

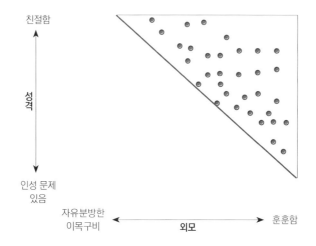

친절함

성격

인성 문제
있음

자유분방한
이목구비

외모

훈훈함

　　이렇게 되면 실질적으로 '데이트 가능한 남성'을 대상으로 했을 때 성격과 외모는 음의 상관관계가 나타나게 된다. 이 영역 내에서는 '외모가 괜찮은 남자 중 성격이 괜찮은 사람은 드물다'는 주장이 맞는 것이다.

　　나도 비슷한 경험이 있다. 국내외 유수 대학 출신이나 유명 회사 출신 등 이력과 경력이 훌륭한 직원 중 기대만큼 조직 내 성과가 뛰어나지 않은 경우가 종종 있다. 비슷한 경험을 한 누군가는 이런 경험을 바탕으로 이른바 '스펙'의 완전 무용성을 주장하기도 한다. 그러나 이것도 '역량'과 '스펙'의 매트릭스를 그렸을 때, 실력이 매우 나쁘거나 역량이 매우 떨어지는 경우, 혹은 둘 다 애매한 경우는 애초에 유망 기업에서 만날 일이 없기 때문에 오히려 음의 상관관계가 발생하는 것처럼 보일 수 있다. 해당 데이터가 전체를 포괄하는지 항상 유념해서 봐야 한다.

한 기업에서 신규 서비스를 오픈했다. 이 신규 서비스는 패션 카테고리 내에서의 신규 서비스였기 때문에 타깃 유저는 기존 패션 카테고리 구매 유저라고 가정했다. 다음 그래프를 보면 위에 있는 막대가 '패션 유저'이며 아래 있는 막대가 '신규(novice) 유저'다.

그런데 실제 신규 서비스 사용 패턴을 보았더니 기존 패션 카테고리 구매 이력이 없는 '신규 유저'가 60만 명, '패션 유저'는 10만 명으로 오히려 신규 유저군이 더 많이 방문했다는 결과가 나왔다.

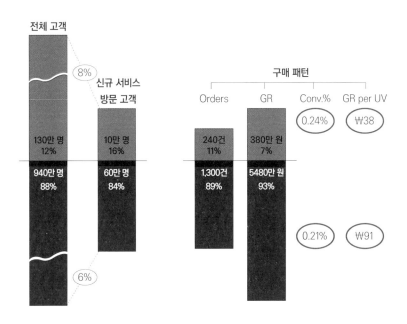

또한 구매 측면에서도 신규 유저는 GR(Gross Revenue, 총수익)의 93%를 차지했으며 주문 건수(orders)의 89%를 차지했다.

하지만 이는 비교 기준이 잘못되었다. '패션 유저'의 전체 고객

수는 130만 명인 반면에, '신규 유저'는 940만 명이었던 것이다. 즉 전체 모수 중 신규 서비스에 방문한 '전환율' 관점에서는 '패션 유저'의 전환율이 8%, '신규 유저'의 전환율은 6%로 '패션 유저'가 더 많이 방문했다.

데이터가 올바른 질문에 답하고 있는가

키트 예이츠의 《수학으로 생각하는 힘》에서는 '흑인의 생명은 소중하다(Black Lives Matter)' 운동이 격발된 계기가 된 사건, 즉 백인 경찰이 흑인을 상대로 한 잔혹 행위에 관한 통계적 진실을 다룬다. 이 운동의 반대측에 있는 대표적 인물인 트럼프는 2015년 트위터에 다음과 같은 정보를 '샌프란시스코 범죄 통계국'의 자료라면서 올렸다.

경찰에게 살해당하는 흑인: 1%

경찰에게 살해당하는 백인: 3%

백인에게 살해당하는 흑인: 2%

백인에게 살해당하는 백인: 16%

흑인에게 살해당하는 백인: 81%

흑인에게 살해당하는 흑인: 97%

일단 '샌프란시스코 범죄 통계국'은 존재하지 않았으며 심지어 수치도 틀렸다. 출처는 FBI가 발표한 2015년 통계 수치의 일부였으며 실제 수치는 다음과 같다.

백인에게 살해당하는 흑인: 9%

백인에게 살해당하는 백인: 81%

흑인에게 살해당하는 백인: 16%

흑인에게 살해당하는 흑인: 89%

트럼프는 의도적으로 흑인이 저지르는 살인 건수를 크게 부풀렸으며, 백인에 의한 백인 살인과 흑인에 의한 흑인 살인 건수 수치를 바꿔 놓았다. 그럼에도 이 트윗은 7000번 이상 리트윗되었다. 이 트윗의 내용을 받아들인 사람들에게는 진위 여부보다 자신이 믿는 직관이 우선이었다. 구체적인 수치는 다음과 같다.

피해자의 인종	전체	가해자의 인종			
		백인	흑인	백인(%)	흑인(%)
백인	3,167	2,574	500	81%	16%
흑인	2,664	229	2,380	9%	89%

* 가해자의 인종이 알려지지 않은 경우는 제외

이제 이 수치를 객관적으로 관찰해 보자. 일단 가해자와 피해자가 같은 인종인 경우가 많다. 백인이 피해자일 때 가해자가 같은 인종인 경우는 81%고, 흑인이 피해자일 때 가해자가 같은 인종인 확률은

89%다. 다시 말해, 백인이 피해자일 때 백인이 가해자인 경우가 흑인이 가해자인 경우보다 '더 높다'는 것이다.

반면, 가해자가 백인일 때 흑인을 공격하는 비율과, 가해자가 흑인일 때 백인을 공격하는 비율을 보자. 이 경우 전자는 229/(2574+229)로 8%고, 후자는 500/(500+2380)로 17%다. 타 인종을 공격하는 비율 관점에서 '흑인'이 '상대적으로 높다'는 것은 사실이다. 요약하자면, 흑인이 백인을 살해하는 경우는, 백인의 백인 살인 대비 낮고, 백인의 흑인 살해 대비 상대적으로 높다.

'경찰관의 흑인 살해'에 관한 좀 더 정확한 자료는 이후《가디언》에 나오게 된다.

경찰관 손에 죽은 사람 전체: 1146명
경찰관 손에 죽은 흑인: 307명(26.8%)
경찰관 손에 죽은 백인: 584명(51.0%)
미확인: 255명(22.2%)

트럼프였다면 이 수치를 보고 '미국에서 흑인이 살해당한다면, 경찰관 손에 죽을 가능성은 26.8%에 불과하고, 흑인에게 죽을 가능성은 89%다'라고 말했을 것이다. 이번에는 정확한 수치다. 하지만 이 주장은 틀렸다. 데이터는 정확하지만, 질문에 대한 답이 아니기 때문이다.

우리가 알고 싶은 질문은 '경찰관 손에 죽은 흑인이 많은지 백인이 많은지'가 아니라, '흑인이 경찰관에게 살해될 확률이 얼마나 높은지'이다. 이 '얼마나 높은지'를 판단하기 위해 기준점을 '흑인의 흑인 살해 확률'로 놓자. 아래 표를 보면 피해자가 흑인일 때 가해자가 흑인인 경우와 경찰관인 경우를 비교해 볼 수 있다.

흑인 피해자 수	가해자	가해자 전체 크기	가해자 대비 피해자 비중
2,380	흑인	40,241,818	0.006%
307	경찰	635,781	0.048%

흑인에 의해 살해된 흑인 수는 2380명으로 경찰관에 의해 살해된 흑인 수인 307명보다 훨씬 크지만, 전체 모수의 차이를 고려해야 한다. 미국에 거주하는 흑인은 전체 4020만여 명이고, 미국 내 경찰관(정확히는 법 집행 공무원)은 63만 6000여 명이다.

가해자의 전체 집단 수 대비 피해자 수 비중을 비교하면, 흑인이 가해자인 경우는 0.006%인 데 반해, 경찰관의 흑인 살해는 0.048%로 후자가 무려 8배나 높다. 즉, 경찰관이 8배 더 위험하다.

그러나 만약 누군가 '한 흑인이 길을 가다 살해당했다면, 가해자가 흑인일 가능성이 높은가, 경찰관일 가능성이 높은가?'라는 질문을 던졌다면, 답은 '흑인을 만나 살해당할 확률이 더 높다'일 것이다. 흑인의 집단 크기가 훨씬 크기 때문이다.

그러나 질문이 '길 가다 누군가를 만난다면, 더 위험한 쪽은 경찰관일까 흑인일까?'라면 '경찰관이 흑인 대비 8배나 더 위험하다'가 정답이다. 산속에서 곰을 마주칠 확률이 더 낮다고 해서 곰이 다람쥐보다 덜 위험하다고 믿는 사람은 없을 것이다. 결국 데이터의 해석보다 중요한 것은, 해당 데이터가 어떤 질문에 답하고 있는지를 이해하는 것이다.

한편, 같은 맥락에서 '경찰관의 백인 살해 비율이, 백인의 백인 살해 비율 대비 높은지'를 알아보자. 다음 표를 보면 백인 가해자 대비 백인 피해자의 비중이 0.001%인 데 반해, 경찰관 가해자 대비 백인 피해자 비중은 0.92%로 약 90배 이상 차이가 난다.

백인 피해자 수	가해자	가해자 전체 크기	가해자 대비 피해자 비중
2,574	백인	241,450,908	0.001%
584	경찰	635,781	0.092%

이는 한편으로 백인이 백인을 살해하는 경우가 매우 드물기 때문이다. 앞서 흑인의 흑인 살해 비중과 비교하면 1/6 정도다. 다른 한편으로 경찰관 수는 동일한데 백인의 전체 모수가 커서 (흑인 대비 약 6배) 상대적으로 경찰 대비 피해자 비중이 더 높기 때문이기도 하다.

트럼프라면 이 두 가지 데이터를 보고 경찰 가해자 대비 백인 피해자 비중이 0.092%인 데 반해 경찰 가해자 대비 흑인 피해자 비중은 0.048%에 불과하니, 경찰관의 백인 살해 확률이 흑인 살해 확률보다 두 배나 더 높다고 역설할지도 모른다.

이러한 주장 역시 데이터가 적절한 질문에 답한 케이스가 아니다. '경찰관이 백인을 살해할 확률과 흑인을 살해할 확률 중 무엇이 더 높은가?'에 대한 질문은 흑인과 백인의 전체 모수를 기준으로 비교해야 한다. 흑인과 백인의 전체 모수 대비 피해자 수 비중은 다음 표에 나와 있다.

경찰관 수	인종	전체 모수	경찰관이 살해한 사람의 수	피해자 중 경찰관 살해 비중
635,781	흑인	40,241,818	307	0.00076%
	백인	241,450,908	584	0.00024%

백인의 수가 흑인 대비 약 6배 많기 때문에 경찰관에 살해당한 백인의 수가 1.9배가량 많지만, 전체 모수와 피해자 수 비중을 비교하면 '흑인 피해자의 비중'이 백인 대비 3배 이상 높다.

다시 한번 강조하자면 이 데이터는 '경찰관이 누군가를 살해했을 때 백인일 가능성이 높은가, 흑인일 가능성이 높은가?'란 질문에 대한 답이 아니다. 이 데이터가 답하는 질문은 '경찰관이 흑인에게 더 위험한가, 백인에게 더 위험한가?'다.

이렇듯 동일한 데이터를 가지고도 질문의 의도와 설계에 따라 각기 다른 결론을 도출할 수 있다. 질문을 명확하게 설계하고 재정의하며, 질문에 답하는 적합한 데이터를 선택하고, 데이터를 근거로 주장을 뒷받침해 가장 합리적인 결론을 도출하는 일련의 과정이 곧 데이터 내러티브다.

데이터 내러티브란 결국 다양한 데이터를 재료로 삼아 가장 합리적인 스토리를 요리하는 과정이다. 이를 위해 확률적 사고를 갖춰야 하고, 데이터의 대표성과 편향을 검증해야 하며, 데이터가 적절한 질문에 답하고 있는지 명확히 해야 한다고 했다.

이는 스타트업에서 맞닥뜨리는 다양한 문제가 더 이상 '퍼즐'이 아니라 '미스터리'기 때문이다. 퍼즐은 대부분 명확한 답이 정해져 있으며, 해결을 위해서는 충분하거나 확실한 정보가 필요하다. 퍼즐에서 문제 해결의 실마리가 되는 것은 언제나 핵심 정보다.

반면, 미스터리는 명확한 답이 없는 문제로, 가지고 있는 정보를 종합해서 답을 만들어야 하는 경우다. 정보의 양을 늘리는 것보다는 기존 정보를 검증하고, 모순되는 사실들을 통합하고, 어떤 정보에 집중할지를 결정함으로써 해결해야 한다.

미 국가 안보 전문가 그레고리 트레버튼은 퍼즐과 미스터리를 다음과 같이 구분했다.

"오사마 빈 라덴의 행방은 퍼즐이다. 우리는 충분한 정보가 없기 때문에 그를 찾지 못하고 있다. 퍼즐을 푸는 열쇠는 아마도 빈 라덴의 측근에게서 나올 것이다. 반면 사담 후세인 정권을 무너뜨린 후 이라크에서 일어날 일은 미스터리다. 미스터리에는 사실에 입각한 단순한 해답이 없다. 미스터리를 풀려면 불확실한 정보를 판단하고 평가해야 한다. 이때는 정보가 적은 것이 아니라 오히려 너무 많아서 어려움을 겪는다."[125]

　　작가 맬컴 글래드웰은 퍼즐을 풀지 못하는 원인은 간단하다고 말한다. 바로 정보를 감추고 있는 사람 때문이다. 그러나 해결되지 않은 미스터리의 원인을 찾는 것은 매우 어렵다. 정보가 잘못되었을 수도 있고 정보를 제대로 해석하지 못했을 수도 있으며 질문 자체가 틀렸을 수도 있기 때문이다.[126]

　　같은 문제도 기술력과 전문성이 증가함에 따라 퍼즐에서 미스터리로 바뀌기도 한다. 예를 들어 과거에 전립선암을 진단하는 일은 퍼즐이었지만, 기술 발전으로 미스터리처럼 되었다. 과거에는 의사가 검진을 통해 종양 덩어리가 만져지는지 확인했다. 그러나 최근에는 정기적으로 전립선 특이 항원 검사를 해 수치가 높게 나올 경우 조직 검사를 한다. 그러나 이 수치가 높다고 해서 반드시 암에 걸린 것은 아니며, 조직 검사 역시 완전한 증거는 아니다. 심지어 같은 샘플을 보고도 두 의사가 다른 진단을 할 수도 있다. 결국 각 의사는 불확실한 정보를 근거로 경험과 지식을 바탕으로 그 나름의 최선의 판단을 내려야 한다.[127]

　　앞서 기술 발전으로 데이터가 범용화되면서 스타트업에서 데이터 자체는 더 이상 가치를 창출하지 못한다고 말했다. 그레고리 트레버튼 역시 비슷한 맥락의 이야기를 한다.

　　"과거 정보기관이 직면한 문제는 근본적으로 핵심 정보만 입력하면 명확한 답을 구할 수 있는 퍼즐이었다. 그러나 소련이 몰락하면서 정보기관이 직면한 상황은 완전히 바뀌었다. 정보는 대부분 이미 공개되어 있기 때문에, 정보기관은 더이상 첩보원들이 입수한 정보에 의존할 필요가 없다. 오히려 넘쳐 나는 정보의 홍수 속에서, 해당 국가의 언어나 문화 등 맥락과 상황을 이해하고 정보를 분석하여 의미 있는 결론을 도출해 낼 수 있는 능력이 더 중요해진 것이다."[128]

스타트업 환경 역시 마찬가지다. 기술이 발전함에 따라 더욱 중요해지는 것은 갖고 있는 데이터를 종합하여 어떤 스토리를 이끌어 내느냐다. 하지만 여전히 스타트업이 맞닥뜨린 미스터리형 문제에 마치 퍼즐을 푸는 것처럼 접근하는 경우가 많다. 성공한 누군가에게 결정적인 조언을 들으면, 기존에는 알지 못했던 특정 정보를 갖게 되면, 힘과 네트워크를 갖고 있는 누군가의 도움을 받으면 마침내 문제가 해결되리라 기대하는 창업자가 있다.

그러나 누군가의 단편적인 조언을 듣거나 성공한 기업의 사례를 벤치마킹해서는 우리 회사가 가지고 있는 문제를 해결할 수 없다. 미스터리를 푸는 데 필요한 것은 모순되고 부정확하고 불분명한 데이터들 사이에서, 자신만의 관점으로 시사점과 함의와 방향성을 제시해 주는 내러티브를 이끌어 내는 역량이다.

5. 당신은 어떤 업에 속해 있는가?

전략 캔버스

지금까지 측정, 분석, 지표, 내러티브 등 데이터와 관련한 다양한 주제를 다루었다. 마지막으로 같은 데이터와 지표라도 산업과 비즈니스 모델마다 의미하는 바가 상이하다는 것을 말하고 싶다.

스타트업계에 오래 있다 보니 그 나름의 영역에서 경력을 탄탄하게 쌓아 온 업계 전문가를 많이 만나는데, 의외로 산업 간 차이를 잘 이해하지 못하는 경우가 많다. 예컨대, 자신이 주로 경력을 쌓았던 곳을 기준으로 "구매 컨버전이 3%면 너무 낮으니 신속한 개선이 필요하다"라고 하거나 "ROAS 150%면 충분히 좋기 때문에 마케팅 예산을 더 집행해야 한다"라는 등의 의견을 제시하는 식이다.

쿠팡이나 아마존과 같이 모든 아이템을 취급하는 이커머스에서 중요하게 보는 지표들이 있다. 셀렉션 수, 최저가, 빠른 배송, 편리한 구매 경험 등이다. 쿠팡에서는 초기 이커머스 시장의 침투를 위해 30대 후반부터 40대의, 아기를 키우는 여성 고객들에 집중했다. 이들은 맞벌이를 하는 등 구매력은 크지만 일상에서 시간이 부족해 빠르고 편리한 구매 경험을 선호한다.

이들을 타깃으로 한 킬러 카테고리는 비교적 명확하다. 기저귀나 물티슈, 생수 등이다. 해당 카테고리에서 최저가로 가장 빠르게 구매하는 것이 목적이기 때문에, 중요하게 보는 지표도 셀렉션 중 최저가 아이템 비율, 배송 만족도, D+2 배송 완료율, 상품 클릭 후 구매 완료까지 소요 시간 등이다. 쿠팡이 제안하는 가치 곡선을 경쟁사인 오픈마켓 대비 전략 캔버스에 매핑해 보자.

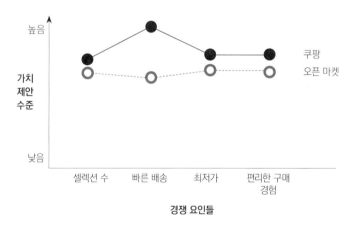

전략 캔버스는 김위찬 교수와 르네 마보안 교수가 창안한 '블루오션 전략'의 핵심 개념이다. 기업의 경쟁 요소를, 제안하는 가치 수

준에 따라 나타낸 것이다.[129] 이렇게 보면 쿠팡의 경쟁 요인들이 막강하다는 것을 알 수 있다. 물류 센터에 대한 막대한 선행 투자를 통해 '빠른 배송'이라는 영역에서 압도적인 경쟁력을 가지고 있는데 그 외의 영역에서도 뒤처진다는 생각은 들지 않는다. 경쟁자 입장에서 이커머스 시장은 경쟁이 치열하고 선두 주자의 우위 선점으로 뛰어들기 어려운 영역처럼 보인다.

이번에는 핸드메이드 플랫폼 서비스를 만들고 있는 아이디어스의 가치 곡선을 살펴보자. 기존의 경쟁 요인상에서 경쟁하지 않고, 새로운 가치 영역을 제안하여 '블루 오션 영역'을 구축했음을 보여 주는 전략 캔버스다.

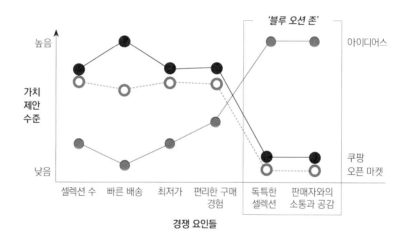

아이디어스가 판매하고 있는 핸드메이드 작품의 특성상 어떤 작품은 주문이 들어오면 그제야 제작에 들어가 제작에만 2~3주가 소요되는 경우도 흔하다. 배송이 아무리 빨라도 제작 기간이 오래 걸리기

때문에, 해당 영역에서 경쟁력을 가지기는 어려운 구조다. 또한 수공정이 대부분이라 공장에서 대량으로 생산한 제품들보다 더 낮은 가격을 보장하는 것도 쉽지 않다.

그러나 핸드메이드라는 특성 때문에 독보적인 경쟁 우위를 가지는 영역이 있는데, 바로 다른 어디에서도 볼 수 없는 독특한 셀렉션이다. 작가들이 직접 손으로 만들기 때문에 애초에 대량 생산이 어렵고, 공산품과의 가격이나 배송 경쟁이 어렵기 때문에 아이디어스에서만 판매하고 있는 작품들이 대다수이기 때문이다.

또한 작가들은 자신의 이름과 브랜드를 걸고 직접 제작 및 판매하기 때문에, 자신의 작품에 대한 자부심을 바탕으로 고객들과 적극적으로 소통한다. 이런 플랫폼의 특성이 하나의 강력한 문화가 되어, 고객들도 자연스럽게 판매자들을 '작가님'으로, 상품을 '작품'으로 칭한다. 타 플랫폼에 있다가 아이디어스에 처음 입점한 작가들은 '다른 플랫폼보다 고객이 훨씬 따뜻하고 우호적이며, 대우받는 느낌이 들어서 좋다'고 이야기한다.

이렇듯 쿠팡의 전략이 아무리 성공적으로 판명이 되었어도, 동일한 전략과 지표를 아이디어스에 적용한다면 전혀 맞지 않을 것이다. 산업에 따라, 혹은 같은 산업이라 하더라도 기업의 전략이나 포지셔닝에 따라 중요한 지표는 다 다를 수밖에 없다. 심지어 같은 기업 내에서도 카테고리별로 지표는 다르게 봐야 하는 경우도 있다. 결국 데이터와 지표를 온전히 이해하기 위해서는 업의 특성에 대한 이해를 바탕으로 개별 기업의 특성을 파악해야 한다.

앨리스테어 크롤·벤저민 요스코비츠가 쓴 《린 분석》이란 책에서는 스타트업이 경계해야 하는 허영 지표(Vanity Metrics)에 관해 이야기한다.[130] 예를 들면 누적 가입자 수와 같이 시간이 지날수록 우상향할 수밖에 없고, 최근에 어떤 일이 벌어지고 있는지에 대해서 한눈에 파악하기 어렵지만 보고 있으면 '기분은 좋은' 지표들이다. 이 책에서 대표적인 허영 지표로 든 예시로는 전체 가입자 수, 전체 활동 사용, 방문자 수, 팔로워 수, 페이지당 체류 시간 등이 있다. 반면, 대표적인 실질 지표로 꼽은 것은 활동 사용자 비율, 특정 기간 동안 획득한 유저 수다.

이제 스타트업계에는 더 이상 허영 지표를, 사업이 성장하고 있다는 지표로 믿는 기업은 없는 것 같다. 그 대신 기업들은 서비스가 건강하게 성장하고 있는지 측정하기 위해서, 앞서 책에서 제시된 지표와 같은 맥락에서 고객 충성도를 가늠할 수 있는 지표들을 많이 본다.

그러나 중요한 것은 '특정 지표'를 보는지 여부가 아니라 우리 기업의 비즈니스 모델과 맥락에 맞는 '적합한 지표'를 보는지다.

예컨대 대표적인 허영 지표인 누적 가입자 수도 유용한 지표가 될 수 있다. 쿠팡은 전 국민을 타깃 고객으로 하고 있기 때문에, 구매자 수의 성장을 예측하는 측면에서 대한민국 경제 활동 인구 중 현재 누적 가입자 수가 중요한 시점이 있었다. 물론 이 경우 중복 가입자 수를 제외해야겠지만, 누적 구매자 수 자체가 전략적 목표의 달성 정도를 파악하는 중요 지표가 될 수 있는 것이다. 현재는 가입할 수 있는 모든 고객이 가입했다고 판단해서, 신규 가입자 유치를 위한 마케팅 활동을 더 이상 하지 않고 있다고 한다.

앞서 요즘 스타트업들은 고객 충성도 지표를 많이 본다고 했는데, 대표적으로 활동 사용자, 그중에서도 DAU(Daily Active Users, 하루 동안 해당 서비스를 이용한 이용자 수)를 MAU(Monthly Activer Users, 한 달 동안 해당 서비스를 이용한 이용자 수)로 나눈 고착도(Stickiness)와 특정 기간 획득한 유저 수, 그중에서도 월 코호트 리텐션을 기본적으로 보는 것 같다. 그러나 같은 고객 충성도 지표라 하더라도 산업에 따라, 혹은 기업의 포지셔닝이나 고객 특성에 따라 그것이 의미하는 바는 완전히 다르다.

예를 들어 고객 충성도를 측정하기 위해 흔히 보는 월 코호트 리텐션 지표가 있다. 월을 기준으로 보면, 3개월마다 혹은 6개월마다 한 번씩 오는 유저의 잔존율을 측정하기는 어렵다. 고객이 최소 한 달에 한 번 이상 방문하여 구매하는 이커머스와, 고객의 방문 빈도가 1년에 평균 한 번인 여행 산업에서 리텐션을 같은 관점으로 보기는 어려울 것이다.

극단적으로 동일한 유저가 매월 방문하는 경우와, 격월로 오는 유저가 규칙적으로 번갈아서 오는 경우를 생각해 보면, 고객의 행동 패턴이 매우 다름에도 리텐션은 사실상 동일하게 나타날 것이다. 서비스의 특성과 기업의 의도에 따라 격월로 오는 유저의 비중이 높아 리텐션에 기여하는 것이 좋을 수도, 그렇지 않을 수도 있다.

또한 같은 이커머스라 하더라도 기업마다 주로 보는 리텐션의 기준이 상이할 수 있다. 어떤 기업에서는 주로 방문 리텐션을 보고, 다른 기업에서는 주로 구매 리텐션을 본다. 이는 생필품과 같은 목적형 구매를 주로 하는 서비스인지 혹은 발견형 쇼핑이 주를 이루는 서비스인지에 따라서도 다르다. 즉, 잦은 방문을 통해 구매로 자연스럽게 이어지는 서비스라면 방문이 중요한 선행 지표가 될 것이고, 목적성을 가지고 신속하고 편리한 구매 경험을 제공하는 서비스인데 방문리텐션만 높고 구매 전환율이 낮다면 개선이 필요한 영역일 것이다.

고객 충성도 지표

한때 고착도가 사용자의 앱 충성도를 파악하는 데에 매우 중요한 지표로 여겨진 적이 있었다. 개념은 DAU를 MAU로 나눈 것이니, 월 기준으로 우리 서비스가 가지고 있는 전체 유저(MAU) 중에서 오늘 방문한 유저(DAU)의 비율은 얼마인가를 한눈에 볼 수 있다. 언뜻 어떤 산업과 서비스에도 범용으로 적용 가능한 지표처럼 보이지만, 이는 전형적으로 소셜 미디어 기업이나 뉴스 또는 엔터테인먼트처럼 매일 들어올 유인이 분명한 서비스에 더 우호적으로 나타나는 그래프다. 이 지표가 높을수록 좋고, 낮을수록 좋지 않다는 단순한 사실은 부정하기 힘들지만, 서비스와 고객 특성상 이 지표가 특별히 높지 않아도 충분히 고객들이 사랑하는 서비스일 수 있다.

반대로 고착도가 높더라도 이것이 반드시 좋은 의미는 아닐 수도 있다. 예를 들어 자사가 제공하는 서비스가 '에버노트'나 '노션'과 같이 무료 기반의 생산성 툴로서, 일부 유저가 유료 전환함으로써 수익을 얻는 경우를 생각해 보자. 고착도가 높아 유저들의 서비스 방문 및 사용률은 높지만, MAU가 성장하지 않거나 심지어 감소하고 있다면, 혹은 유저의 대다수를 차지하는 기존 고객의 고착도는 높지만, 신규로 획득한 유저의 리텐션이 떨어진다면 고객 및 시장 확대에는 실패하고 있는 것이다.

또한 방문 유저들의 구매 전환율, 혹은 유료 고객 전환율이 낮다면 이 역시 문제다. 현재 '자주' 방문하고 있는 유저들이 진정으로 우리 기업의 '고객'인지 다시 고민해 봐야 한다. 게임이나 소셜 미디어 앱과 같은 경우에는 무료 유저들의 수로 인해 네트워크 효과가 증대하지만, 그렇지 않은 경우에는 '진짜 고객'에 대한 정의가 필요하며, 설사 네트워크 효과에 기대는 서비스라 할지라도 무료 유저의 고착도와 함께 유료 유저의 리텐션, 고착도, 구매 전환율 등을 같이 볼 필요가 있다.

NPS(Net Promotor Score, 순고객 추천 지수) 지표 역시 한때 모든 서비스를 동일선상에 놓고 고객 충성도를 측정하는 핵심 지표로서 스타트업계에 받아들여진 적이 있다. NPS는 0~10점으로 '친구들에게 추천할 것인지'를 점수화하는데, 이 지표의 가장 혁신적인 점은 0~6점까지는 디트랙터(Detractor)로서 마이너스로 계산하고, 7~8점은 패시브(Passive)로 아예 반영하지 않고, 오직 9~10점만 프로모터(Promoter)

세컨드 펭귄

로서 플러스로 계산한다. 우리가 소비자로서 실제 설문 조사를 할 때 별로 안 좋았어도 5~6점을 주는 경우가 있고, 별생각이 없으면 7~8점 정도를 주는 것을 생각해 보면 굉장히 현실적으로 측정하는 지표다. 공식은 프로모터의 비중에서 디트랙터의 비중을 빼는 것이다. 0~6점을 준 유저가 9~10점을 준 유저보다 더 많으면 마이너스가 나오기도 하지만, 아마존이나 애플처럼 세계 최고 수준인 60~70점 대 점수가 나오기도 한다. 그러나 모든 기업과 서비스가 최고 수준의 NPS를 반드시 지향해야만 하는 것은 아니다. 비즈니스 모델에 따라 고객 충성도나 NPS가 가장 중요한 지표가 아닐 수도 있다.

전통 비즈니스에서는 '고객 서비스 수준'이라는 지표를 사용해 왔는데, 이 지표의 의의는 무조건 해당 지표를 극대화하는 것이 최선의 전략이 아니라 기업의 전략과 미션에 따라서 최대의 수익성과 효과를 내는 '적정 수준'을 유지하는 것이 중요하다는 것이다. 모든 기업의 미션이 자포스나 아마존과 같이 단기적인 수익성을 손해 보더라도, 혹은 셀러의 마진을 최저가로 낮춰서라도, 극단적인 고객 만족을 추구하는 것은 아니기 때문이다. 물론 초기 스타트업으로서 PMF (Product-Market Fit)를 검증하고 있다면 서비스에 열광하는, 즉 NPS가 90을 넘어가는 핵심 타깃 고객을 찾는 것이 중요할 수도 있다. 결국 모든 지표는 전략적 방향성과 맥락에 후행한다.

앞서 같은 지표라도 산업이나 비즈니스 모델에 따라 지표의 의미가 어떻게 달라지는지 살펴보았다. 이렇듯 각 산업의 일반적인 특성을 개괄적으로 이해하면 자사의 비즈니스 모델 및 핵심 역량, 지표를 더 잘 이해하게 된다. 이를 위해 산업별로 집계된 재무제표, 손익 계산서, 현금 흐름표를 살펴보면 전체 그림을 이해하는 데 도움이 된다.

한국은행에서는 매년 '기업 경영 분석 보고서'를 발간한다. 제조업, 유통업, 서비스업 같은 큰 업의 분류뿐만 아니라 한국 표준 산업 코드 분류 기준별로 재무제표와 손익 계산서 및 현금 흐름표를 집계하여 보여 준다. 각 산업에서는 다시 규모에 따라 대기업과 중견 기업, 중소기업으로 나눠 재무제표 등을 보여 준다. 이 통계 데이터를 활용하면, 예컨대 음료 제조업과 전문 과학 및 기술 서비스업의 평균적인 이익률 및 각종 비용 구조가 어떻게 구성되어 있는지 알 수 있다. 아래 예시는 2021년 기준 여섯 개 산업의 종합적인 주요 손익 계산서 항목을 집계한 것이다.

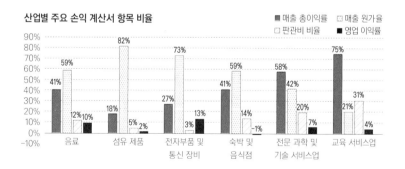

이를 보면 같은 제조업이라도 음료의 경우는 매출 원가율이 59%지만 섬유 제품 같은 경우는 82%로 차이가 상당한 것을 알 수 있다. 반면 전자 부품 및 통신 장비는 매출 원가율이 73%지만, 매출 대비 판관비 비율이 3%에 불과해 13%의 높은 영업 이익률을 보이고 있다.

원자재 비용이 많이 필요한 제조업과 달리 서비스업의 경우는 제조업 대비 상대적으로 매출 원가율이 낮다. 반면, 숙박 및 음식점은 서비스업 중에서 가장 높은 수준의 매출 원가율을 가지고 있어, 상대적으로 낮은 판관비 비율에도 마이너스 영업 이익률을 보이고 있다. 반면 교육 서비스업은 매출 총이익률이 79%로 가장 높지만 동시에 판관비 비율도 31%로 매우 높아 영업 이익률은 4%에 그친다.

비용을 구체적으로 살펴보면 서비스 산업 전반은 인력이 중요하기 때문에 비용에서 급여 비율이 매우 높다. 입지가 중요한 숙박 및 음식점과 교육 서비스업은 임차료 비용이 높은 것이 특징이다. 한편 음료 제조업은 광고 선전비 비율이 매우 높아 마케팅이 매우 중요함을 알 수 있다. 이 외에도 현금 흐름표를 보면서 FCF(Free Cash Flow, 잉여 현금 흐름)나 CAPEX(자본적 지출) 비율 등을 살펴보면 사업의 성격

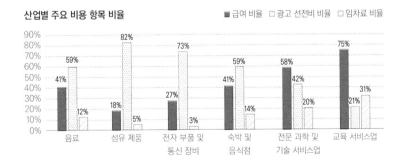

산업별 주요 비용 항목 비율　　■급여 비율　□광고 선전비 비율　□임차료 비율

을 더 잘 이해할 수 있다.

다음은 서울대학교 경영전문대학원 채준 교수가 2007년에 작성한 〈재무제표 정보로 기업이 속한 산업 알아맞히기〉라는 논문 내용의 일부다. 아홉 개 산업에 속한 기업을 대상으로, 재무 데이터를 보면서 어떤 기업인지 맞히는 것이다. (묶은 기준은 임의임)

- 증권 회사 / 은행 / 온라인 게임 회사 / 통신 회사
- 건설 회사 / 철강 회사 / 음식료품 제조 회사
- 소프트웨어 제조 회사 / 로봇 제조 회사

자산 비율	A	B	C	D	E	F	G	H	I
현금 및 유가 증권	15%	62%	25%	23%	40%	14%	16%	7%	20%
매출 채권	8%	31%	5%	13%	18%	9%	31%	20%	76%
재고 자산	6%	0%	25%	1%	0%	11%	14%	0%	0%
유형 자산	15%	2%	36%	1%	18%	45%	14%	32%	1%
무형 자산	57%	5%	7%	58%	20%	20%	20%	40%	2%
매출 채권 회수 기간(일)	102.83	364.37	16.94	121.41	70.35	38.08	124.25	105.78	2,827.61

재무 데이터를 통해 각 산업의 특징을 이해시키는 것으로, 논문이 매우 유용하면서 짧고 이해하기 쉬워서 일독을 권한다. 정답을 추론하는 과정을 정리하면 아래와 같다.

첫째, 재고 자산이 없는 B, E, H, I가 서비스업 즉 증권, 은행, 온라인 게임, 통신사다. 이 중에서 자산 대부분이 현금성이나 매출 채권

인 B와 I가 금융 회사며, 매출 채권 회수 기간이 매우 긴 I가 은행이다. 나머지 E와 H 중 필요 설비가 많아 유형 자산 비중이 높은 H가 통신 사다.

둘째, 나머지 기업 중에서 유형 자산이 45%로 가장 높은 F가 철강, 유형 자산이 1%에 불과한 D가 소프트웨어 회사일 것이다. 무형 자산이 가장 높은 A는 로봇 제조 회사일 가능성이 크다.

셋째, C와 G를 비교하면 G의 매출 채권 회수 기간이 상당히 긴데, 일반적으로 건설 회사의 프로젝트 기간이 길기 때문에 G가 건설 회사일 가능성이 크다.

이렇게 산업별로 수익성, 자산 및 비용 구조 등을 살펴봄으로써 각 기업이 어떤 비즈니스 모델을 가지고 있는지 큰 그림을 파악할 수 있다.

이 외에, 산업통상자원부에서 만든 산업 통계 분석 시스템(ISTANS)도 유용하다. 40대 제조업과 20대 서비스업의 시장 규모나 사업체 수를 보여 주기도 하고, 연도별로 해당 산업의 수익성, 성장성 등의 지표도 보여 준다. 이런 식으로 산업의 특성을 크게 이해하고 나서 관심 있는 개별 기업의 연차 보고서나 증권사 애널리스트의 보고서를 보면 기업의 타깃 시장이나 핵심 고객, 타사 대비 경쟁력 등에 대해 보다 심도 있게 이해할 수 있다. 미국 증시에 상장된 기업들이 좀 더 상세한 정보를 제공하는 편이라, SEC.gov 또는 EDGAR에서 관심 있는 기업의 10-K 또는 S-1 리포트를 읽어 보는 것만으로도 업을 이해하는 데 큰 도움이 된다.

산업을 이해하는 중요한 축 중의 하나는 기업의 비즈니스 모델과 수익 모델을 이해하는 것이다. 비즈니스 모델이란 기업이 제공하는 제품, 서비스 또는 솔루션이 고객이 가지고 있는 문제를 해결하거나 특정 가치를 제공하는 구조를 말한다. 고객은 가치를 제공받는 대가로 직간접적으로 비용을 지불하며, 이를 통해 기업이 수익을 창출하는 구조가 수익 모델이다.

예를 들어, 당근마켓과 번개장터의 비즈니스 모델은 동일하게 온라인 중고 거래 플랫폼을 만들어 C2C로 유저 간 거래를 중개하는 것이다. 하지만 두 기업의 수익 모델은 다르다. 번개장터는 유저 간 거래 시 일정 비중의 중개 수수료를 받는 것이 수익 모델이지만, 당근마켓은 유저에게 중개 수수료를 받지 않는 대신 기업들이 플랫폼에 광고를 하게 함으로써 수익을 올린다. 반대로 틱톡과 트위터는 비즈니스 모델은 다르지만 플랫폼 내 유저에게 광고함으로써 수익을 창출하는 수익 모델은 동일하다.

비즈니스 모델에서는 고객과 시장의 니즈에 맞는 프로덕트와 서비스를 통해 어떤 가치를 제공할 것인가가 중요하다. 비즈니스 모델 구축 시에는 필요한 초기 투자 비용 및 원가 구조에 대한 고민과, 어떤 메시지와 마케팅을 통해 고객을 설득해 고객을 획득하는지에 대한 고민이 동시에 수반되어야 한다. 미국의 액셀러레이터 와이콤비네이터의 폴 그래험은 이 단계에서 무엇보다 중요한 것은 '고객이 원하는 것을 만드는 것'이라고 한다. 스타트업에서 PMF(Product-Market Fit, 제품 시장 적합성)를 찾기 위해 MVP(Minimum Viable Product, 최소 기능 제품)를 만드는 것이 이 단계라고 생각하면 된다.

수익 모델은 누가 무엇에 얼마의 비용을 지불하는지가 무엇보다 중요하다. 서비스를 제공받는 유저가 반드시 가격을 지불하는 구매자인 것은 아니다. 비즈니스 모델에 적합한 구매자를 찾아야 하고 이들의 '지불 의사 금액'을 극대화하도록 가격과 지불 방식과 기간, 요금제 등을 면밀하게 설계해야 한다. 구매자의 지불이 일회성으로 끝나지 않는 경우도 많기 때문에 구매자의 구매 빈도, ARPPU(구매자당 평균 구매 금액)나 LTV(고객 생애 가치)를 극대화하는 고민도 동시에 필요하다.

비즈니스 모델을 잘 구축해 의미 있는 수준의 고객을 모으고 특정 가치를 고객에게 제공하고 있음에도, 수익 모델을 구축하는 데는 실패해 재정적 어려움에 처하는 기업도 많기 때문에 이 두 모델에 대한 고민이 동시에 진행되어야 한다.

특정 산업에서는 비즈니스 모델과 수익 모델의 구조가 아주 간단한 경우도 있다. 예컨대 제조업은 고객이 원하는 것을 만들어서 판매하고, 고객은 물건을 구매하는 대가로 돈을 지불하는 아주 단순한 구조다.

하지만 좀 더 복잡한 구조를 가진 산업도 있으며, 특히 최근에는 이 구조가 개별 기업 단위별로 점점 고도화되어 한 번에 이해하기 어려운 경우도 많다. 비즈니스 모델과 수익 모델은 관점에 따라 수십 개로 묶을 수도 있지만, 특별히 복잡한 구조나 특이한 구조를 가진 사업을 몇 가지 예시로 들어 보겠다.

첫째, 스타트업에서 흔한 모델로 '트래픽+광고' 모델이다. 비즈니스 모델로 고객을 모아 광고로 수익을 올리는 것이다. 이 케이스의 수익 모델은 대동소이한 광고지만, 비즈니스 모델이 천차만별이다.

대표적으로 페이스북을 운영하는 '메타'와 네이버는 둘 다 광고로 수익을 올리지만 비즈니스 모델은 상이하다. 메타는 페이스북, 인스타그램과 같은 소셜 미디어 서비스를 통해 유저를 모으지만, 네이버는 주로 검색, 이메일 등 다양한 인터넷 관련 서비스를 제공함으로써 고객을 모은다.

이 모델의 특징은 수익 모델이 아닌 비즈니스 모델에 있다. 고객을 모집하는 서비스가 계속 다변화되고 있어서 스마트폰 잠금 화면을 통해 현금성 보상을 제공함으로써 고객을 모집하는 '허니스크린'과 같은 서비스도 있고, 알람 시계 기능을 고객에게 제공하는 '알라미'와 같은 서비스도 있다. 심지어 걷기만 하면 돈을 주는 '캐시워크' 등 수십 개의 '용돈벌이형' 서비스로 트래픽을 모으고 광고 서비스를 판매하는 기업들이 있다.

둘째는 '성동격서' 모델이다. 직역하면 '동쪽에서 소리를 내고 서쪽을 친다'로, 고객이 한쪽에 주의를 쏟게 만들어 놓고 실제로는 다른 쪽을 공략한다는 뜻이다. 고객에게는 A를 통해 가치를 제공하지만, 실제 기업이 수익을 올리는 영역은 고객이 부가 서비스로 생각하는 B인 경우다.

예를 들어 영화관에서 1만 4000원짜리 티켓을 판매하면 이중 약 45%인 6300원이 영화관이 가져가는 수익이고, 나머지는 제작사, 투자사, 배급사 등 다양한 이해관계자에 돌아간다. 반면 팝콘 및 콜라를 평균 단가 1만 원에 판매한다면, 원가율은 10% 정도에 불과하기 때문에 9000원의 이익을 남길 수 있다. 사실상 티켓 판매로 버는 수익보다 팝콘을 판매하여 버는 수익이 더 큰 구조다.

또 다른 사례로 코스트코가 있다. 코스트코는 2022년 기준 매출의 98%가 코스트코의 상품 판매에서 발생했고 1.9%에 해당하는 42억 달러가 멤버십 수익이다. 반면 이익 관점에서 보면 상품 판매는 기본적으로 매입 원가가 높고 오프라인 스토어 운영 등에 비용이 많이 들어가기 때문에, 멤버십에서 발생하는 수익이 전체 운영 이익의 54%를 차지한다. 합리적인 가격에 상품을 판매하는 리테일 모델이지만 실상 이익은 멤버십을 통해 내고 있는 것이다. 코스트코의 멤버십 정책은 엄격해 멤버십 해지 시 1년간 재가입이 금지됨에도, 재가입률은 92% 이상으로 고객 충성도가 매우 높다.[131]

디즈니 테마파크도 마찬가지다. 2021년 기준 티켓 수익은 전체 매출의 33%에 불과한 반면, 43%의 매출은 테마파크 내 캐릭터 상품 및 식음료 판매를 통해 발생했다. 테마파크 운영의 원가를 생각하면 이러한 상품 및 식음료 판매가 전체 이익에 상당 부분 기여할 것으로 추정된다.[132]

비즈니스 모델을 통해 주로 제공하는 가치와 실제 수익을 내는 부분이 상이하지만 더 중요한 것은 어디까지나 비즈니스 모델이다.

영화관에서 팝콘을 사 먹는 이유는 영화 때문이고, 코스트코 멤버십을 구독하는 이유는 저렴한 가격에 양질의 상품을 구매하기 위해서이며, 디즈니 테마파크에 가는 이유는 놀이 기구를 타기 위해서다. 비즈니스 모델이 먼저고 수익 모델이 뒤를 따른다.

셋째는 '재주 부리는 곰' 모델이다. 가치는 유저에게 전달하고 수익은 기업에게서 창출하는 케이스다. 패스트푸드 업체인 맥도날드의 사례를 살펴보자. 맥도날드는 방문하는 고객에게 햄버거 등을 판매하는 것이 주력 비즈니스 모델이지만, 부동산 임대로 올리는 부가 수익이 만만치 않다.

맥도날드는 직영점 중심의 스타벅스와 달리 가맹점 위주로 매장을 운영하면서 점주에게 로열티를 받는다. 특이한 점은 출점 시 맥도날드가 매입한 건물에 가맹점을 입주시켜 로열티뿐만 아니라 매월 임대료도 함께 받는다는 것이다. 더군다나 맥도날드는 사내에 '부동산 팀'이 있어 유동 인구나 상권과 같은 입지 분석을 철저히 해 검증된 곳의 부동산만 구매한다. 이렇게 매입한 부동산은 맥도날드 입점 후 유동 인구 증가로 추가적으로 가치가 상승하게 된다.

맥도날드는 2021년 기준 전 세계적으로 매장이 약 4만 개가 있는데 이 중 93%가 프랜차이즈다. 이 프랜차이즈 관련 매출 중 로열티 매출은 36%에 불과하지만, 임대료를 통한 매출은 64%에 달한다.[133]

키자니아는 어린이 직업 체험 테마파크. 부모들은 아이들을 데리고 가서 다양한 직업을 체험하게 하는 대가로 티켓 비용을 지불하고 공원 내에서 다양한 음식료품과 기념품을 추가로 구매한다. 여기까지는 여느 테마파크와 유사하지만, 키자니아의 독특한 수익 모델 중 하나는 스폰서십이다. 약 70개 기업이 연간 스폰서십 비용을 지불하며 방문하는 고객들에게 자사의 브랜드를 홍보하고, 심지어 직업 체험을 자체적으로 운영하며 소모품 비용을 제공하기도 한다.

기업들이 이렇게 하는 이유는 직접 광고가 어려운 미래 고객인 아이들에게 자연스럽게 기업 로고를 노출할 수 있기 때문이다. 특히 체험형 홍보를 통해 고객들에게 더 친숙하게 다가갈 수 있기 때문에 기업들은 앞다투어 키자니아에 입점하고 싶어 한다. 한 언론 보도에 따르면 키자니아 매출의 60% 이상이 스폰서십에서 창출된다고 한다.

네 번째는 '프리+네트워크 모델'이다. 서비스를 사용하는 대부분의 유저에게는 무료지만 네트워크 효과를 기반으로 소수의 유저에게서 수익을 창출하는 구조다. 보통 프리미엄(Free-mium)이라고 부르는 수익 모델과 유사한데, 이는 무료 버전을 기본으로 제공하지만 좀 더 고도화된 기능을 사용하려면 돈을 지불해야 하는 모델을 말한다. 이런 모델로는 에버노트나 노션 등의 생산성 관련 툴이 많다. 일부 고객만 유료로 서비스를 사용하고 상당수 유저는 무료로 사용한다.

모바일 게임도 대부분의 유저는 무료로 사용하지만, 일부 유저는 아이템이나 캐릭터를 얻는 데 비용을 지불하기 때문에 이 역시 일종의 프리미엄(Free-mium) 모델로 볼 수 있다. 그러나 이 모델이 '프리+네트워크 모델'에 가깝다고 생각하는 이유는 무료 고객이 어느 정도 모여야만 의미가 있기 때문이다. 그래야 아이템을 구매함으로써 타유저와 '차별화된' 감정을 갖게 된다. 기껏 멋진 아이템을 장착했는데 아무도 봐 줄 이가 없다면 그 정도의 돈을 지불할지 의문이다.

물론 혼자서 게임을 플레이하면서도 유료 아이템을 구입하는 경우도 있다. 그렇더라도 이런 효과를 증폭하는 데 무료 유저의 네트워크가 도움이 된다고 생각한다. 게임 내 아이템의 가치는, 실제로 얼마나 많은 사람이 그 게임을 플레이하는지와 강력한 상관관계가 있다. 다시 말해, 무료 유저들의 의의는 유료 유저들의 돈 쓰는 재미를 증가시켜 주는 데에 있다.

또 다른 예로 '소개팅' 앱이 있다. 한 언론 기사에 따르면 국내 대다수 소개팅 앱의 남성 비율은 평균 90%를 상회한다. 그리고 대다수 수익 모델은 남자가 특정 아이템을 구매해야 여성의 프로필을 확인하거나 메시지를 보내는 등의 활동을 할 수 있는 식이다. 즉 수익의 거의 100%가 남성에게서 창출된다. 하지만 역설적으로 충분한 수의 여성이 없다면 남성은 서비스를 이용하지도 않을 것이고 비용을 내고 아이템을 구매하지도 않을 것이다. '프리+네트워크' 모델의 전형이라고 생각한다.

다섯째, '서비스 구독' 모델이다. 기업은 서비스 등을 제공하고 고객은 주기적으로 자동 결제하는 모델이다. 드라마나 뉴스 레터와 같은 콘텐츠 구독이 가장 흔하다.

이런 콘텐츠 구독 서비스를 제공하는 기업들은 주로 '번들링'을 적극적으로 활용한다. 콘텐츠는 한계 비용이 거의 0원이기 때문에, 가능하면 많은 콘텐츠를 묶어서 제공함으로써 고객에게 더 큰 가치를 제공하는 것이다. 대표적으로 영어 시험, 공무원 시험 등 대한민국의 온갖 시험을 준비하는 강의를 묶어서 한 번에 판매하는 '에스티유니타스'와 같은 교육 업체가 있다. 그러나 다양한 콘텐츠를 구축하기 위해 기업들은 필연적으로 많은 비용을 투자해야 하고, 이러한 비용은 알게 모르게 구독 가격에 전가되며, 고객들은 원치 않는 서비스까지도 같이 구매하게 되는 불편함이 생긴다. 이러한 유저들의 틈새 니즈를 공략하기 위하여 역으로 콘텐츠의 '언번들링' 현상이 일어나기도 한다.

예를 들어, 기존 《이코노미스트》나 《뉴욕타임스》와 같은 서비스는 고객이 미디어 전체를 구독하여 모든 콘텐츠를 소비하는 방식이었다면, 미국의 '서브스택(Substack)'이라는 구독 기반 뉴스 레터에서는 고객들이 특정 기자 또는 작가를 선택하여 구독한다. 이를 통해 고객은 원하지 않는 콘텐츠를 소비하느라 보이지 않는 비용을 지불할 필요가 없다.

'서비스 구독' 모델의 특징을 '구독' 자체로 보는 시선이 많다. 그러나 이 모델이 혁신적인 점은, 기존에는 고객이 일정 금액을 지불하고 소유해야만 사용 가능했던 다양한 제품이나 서비스를 '구독'이라는 수익 모델을 통해 초기 진입 장벽을 낮추고, 고객 생애 가치를 높임으로써 새로운 시장과 고객을 창출했다는 데 있다고 생각한다.

그런 의미에서 넓게 보면 스쿠터 같은 이동 수단을 제공하는 것이나 작업 공간 등을 쪼개어 월이나 시간 단위로 판매하는 것도 일종의 '서비스 구독' 모델이라고 생각한다. 또한 자신이 가진 다양한 것을 빌려줌으로써 수익을 창출하는 이른바 '공유 경제형' 비즈니스 모델도 있다. 명품 가방이나 안 입는 옷을 빌려주거나 주차장을 시간 단위로 판매하는 등 다양한 서비스가 있다.

이 모델에서는 월 단위 결제가 가장 흔하고 고객들의 LTV가 높기 때문에, 기업은 단기적으로 고객에게서 수익을 창출하기보다는 고객 생애 가치를 늘리는 데 집중한다. 대표적인 방식이 본품을 저렴하게 제공하고 소모품을 통해 이익을 창출하는 모델이다. 캡슐 커피 머신을 저렴하게 판매하고 다양한 캡슐 커피를 통해 수익을 창출하거나, 정수기를 저렴하게 판매하고 필터를 통해 수익을 창출하는 등 다양한 사례가 있다.

상기 예시로 든 다양한 비즈니스 모델과 수익 모델이 전통 산업의 모델과 차별화되는 특수한 모델인 이유는 크게 두 가지 측면 때문이다. 첫째는, 소비자(consumer)와 구매자(customer)가 반드시 같지 않다. 소비자란 기업이 제공하는 제품과 서비스 등 가치를 소비하는 주체고, 구매자란 가치 제공자에게 비용을 치르는 주체다. 전통적인 산업에서는 가치 제공자와 가치 지불자가 일대일 관계인 경우가 많은 반면, 혁신적인 스타트업에서는 이 관계가 다대다인 경우가 많다.

둘째, 가치 제공 요소와 가격 지불 요소가 상이한 경우가 있다. 소비자가 가치를 느끼는 요소와 기업이 실제로 수익을 올리는 요소가 상이한 경우다. 제조 기업이 소비자에게 자사 제품을 판매한다면 소비자가 지불하는 비용은 그 제품의 가격인 것이 당연하지만, 혁신적인 모델에서는 반드시 그렇지는 않다. 고객은 자신이 가치를 제공받는다고 느끼는 영역에서는 거의 비용을 지불하지 않을 수도 있고, 반대로 기업은 고객이 큰 가치를 두지 않는 영역에서 기대 이상의 수익을 올릴 수도 있다.

마지막으로 이 두 가지 요소가 모두 해당하는 경우도 있다. 즉, 가치 소비의 주체와 비용 지불의 주체가 상이하면서, 가치 제공 요소와 가격 지불 요소가 다를 수도 있다. 앞서 소개했던 다양한 모델을 이 두 가지 측면에서 매핑하면 아래의 그림과 같다.

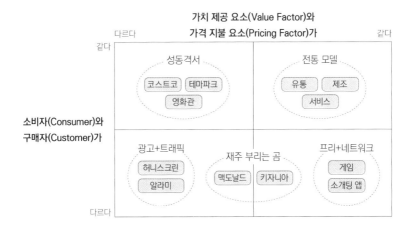

산타토익 사례

뤼이드는 교육 산업에 속한 기업이다. 기술 기반으로 '시험 준비 서비스'를 제공하는 '에듀테크' 기업이며 산타토익으로 가장 잘 알려져 있다. 인공 지능 기반 알고리즘을 보유한 뤼이드가 택한 첫 번째 시험은 토익으로, 대표적으로 구매자와 유저가 일치하는 시장이다. 보수적인 교육 업계의 판도를 바꾸기 위해 실제 사용자인 학생들이 직접 서비스를 사용하고 구매하며 추천해야 한다고 판단했기 때문이다.

교육 산업의 중요한 특징 중 하나는 재구매가 거의 없는 시장이라는 것이다. 수험생들은 특정 시험이 끝나면 다시 해당 서비스를 구매할 니즈가 대부분 없어진다. 어떤 고객이 특정 시험을 준비하는 교육 프로그램을 구매했는데 이후 재구매한다면, 이는 곧 해당 서비스가 고객이 원하는 성과를 못 냈다는 뜻이다. 따라서 다른 산업에서는 굉장히 중요한 고객 '재구매율'이라는 지표가 이 산업에서는 큰 의미가 없다. 같은 맥락에서 고객의 '구매 빈도' 역시 처음 한 번으로 끝나는 것이 대부분이다.

그렇기 때문에 전통 교육 업체들은 고객이 처음 구매하는 시점에 구매 금액을 최대한 늘리기 위해 온갖 종류의 프로모션을 제공한다. 태블릿 PC와 같은 사은품을 주기도 하고, '어학' '공기업' '공무원' '자격증' 등 필요할지 안 할지도 모르는 대한민국의 모든 시험과 자격증을 망라하여 하나의 패키지로 제공한다. 심지어 서비스 제공 기간은 '평생'으로 만들어 고객이 지출하는 금액을 최대화하고자 갖은 노력을 다한다.

기존 시장이 이런 구조로 편성되어 있었기 때문에 뤼이드는 오히려 가격을 낮추는 대신 구매 기간을 짧게 쪼개서 1개월 단위로, 심지어 이벤트성으로 7일의 제품을 판매하기도 했다. 적은 금액으로 초기 문턱을 낮춰서 서비스를 짧게라도 경험하면, 이후 재구매율이 높아질 것을 기대했던 것이다. 실제로 이러한 초단기 서비스를 구매한 유저들의 재구매율이 기대 이상으로 높았다.

또한 진단 테스트를 통해 유저의 점수와 실력을 예측함으로써 유저들이 풀 필요가 없는 문제는 제외하고 문제를 추천해 주므로 특정 점수대의 유저는 굳이 높은 요금제를 지불하고 긴 기간을 사용할 필요가 없다. 이 때문에 개인적으로 혁신적이라고 생각하는, 진단 점수에 따른 '유저 맞춤 가격'을 제공하는 방안까지도 고민했었다.

이렇게 동일한 산업에 속했다 하더라도, 기업별로 솔루션이나 기술 및 수익 모델과 전략적 방향성이 다 다르며, 이에 따라 중요하게 보는 지표도 상이할 수 있기 때문에 개별 기업의 특성과 비즈니스 및 수익 모델에 대한 이해가 선행되어야 한다.

뷰티 커머스 사례

이번에는 다양한 지표를 살펴보면서 좀 더 깊게 특정 기업을 다면적으로 평가해 보는 작업을 해 보고자 한다. 이를 위해 가상의 뷰티 카테고리 전문 커머스 업체를 예시로 들었다. 이 기업의 연 매출은 5년 평균 10%로 성장하고 있으며, 여성과 남성 고객을 쪼개어 봤더니 각각 12%, 8%로 성장하고 있다.

	연 평균 성장률(최근 5년)
자사 여성 카테고리	12%
자사 남성 카테고리	8%
전체 남성 뷰티 시장	25%
전체 뷰티 시장	10%

이렇게 보면 남성 카테고리가 상대적으로 성장이 더디다고 볼 수 있다. 물론 여전히 성장은 성장이다. 하지만 이 기업이 속한 전체 이커머스 시장이 10%씩 성장하고 있다면 어떨까? 그중에서 최근 '그루밍족' 증가로 남성 뷰티 시장이 25%씩 성장하고 있다면?

남성 카테고리에 뭔가 문제가 있는 것이 확실하다. 어쩌면 경쟁 업체의 남성 전문 뷰티 서비스가 엄청나게 성장하면서 시장 전체를 견인하고 있을 수 있고, 해당 기업은 그 트렌드에서 소외되었을 수 있다.

	연 구매자	전체 시장 잠재 고객 수	M/S
기초	10,000	200만	0.50%
향수	8,000	80만	1.00%
헤어	7,000	60만	1.20%

좀 더 자세하게 남성 시장을 분류해 보았더니 기초, 향수, 헤어 세 가지 제품에 대해 최근 1년간 구매자가 각각 1만 명, 8,000명, 7,000명이었다. 그렇다면 우리가 집중해야 할 곳은 기초 제품 분야일까? 반드시 그렇지는 않다. 각 세부 카테고리별로 전체 시장의 잠재

고객 규모를 봤더니, 기초는 약 200만 명이고, 향수가 약 80만 명, 헤어 제품이 약 60만 명이었다. 이 경우에 구매 고객 기준으로 M/S(Market Share, 시장 점유율)는 각각 0.5%, 1.0%, 1.2%가 될 것이다.

　　M/S 측면에서 헤어 제품이 경쟁 우위가 있으니 이 시장을 목표로 하면 어떨까? 이번에는 이커머스의 시장 침투율을 확인해 보았더니, 남성 고객 대부분은 기초와 향수는 오프라인에서 구매하지만, 유독 헤어 제품만은 이커머스에 산다고 하자. 이렇게 이커머스 침투율 관점을 반영하여 잠재 시장을 다시 보면 기초는 약 20만 명, 향수는 약 10만 명, 헤어는 약 40만 명이 되었고 M/S는 갑자기 5%, 8%, 1.8%가 되었다.

	연 구매자(명)	온라인 침투율	온라인 전체 잠재 구매자 수(명)	M/S
기초	10,000	10%	200,000	5.00%
향수	8,000	13%	100,000	8.00%
헤어	7,000	67%	400,000	1.80%

　　이번에는 자사 서비스 내에서 성장률을 봤더니 5년간 기초와 향수, 헤어 제품의 성장률이 각각 12%, 1%, 8%였다. 즉 향후 5년의 기간을 고려하면 기초 카테고리의 성장 잠재력이 더 큰 것이다.

	과거 5년 성장률	5년 후 예상 고객 수(명)	5년 후 예상 M/S
기초	12%	17,623	8.80%
향수	1%	80,408	8.40%
헤어	8%	10,285	2.60%

이번에는 고객 측면에서 서비스를 분석해 보자. 남성 고객은 지난 1년간 2만 5000명이 구매를 했다. 이들을 연령대로 나누어 보니, 20대는 1만 3000명, 30대는 8000명, 40대 이상 남성은 4000명이다. 전체 구매 금액 측면에서는 20대가 가장 크지만, 40대 유저의 구매 단가가 가장 높다.

	연 구매자 수(명)	평균 구매 단가(원)	구매 금액(원)
20대	13,000	40,000	520,000,000
30대	8,000	50,000	400,000,000
40대 이상	4,000	90,000	360,000,000

이들을 획득하는 비용 측면에서는 어떨까? 연 신규 구매자 수는 각각 5,000명, 3,000명, 1,000명이다. 신규 구매 고객으로 발생하는 총금액은 20대가 3000만 원으로 가장 크지만, 구매 전환율 측면에서는 40대 이상이 20%로 가장 높다.

	연 신규 구매자 수(명)	연 회원 가입 수(명)	구매 전환율	첫 구매 금액(원)
20대	5,000	60,000	8.30%	30,000,000
30대	3,000	30,000	10.00%	18,000,000
40대 이상	1,000	5,000	20.00%	6,000,000

자사에서는 첫 샘플을 공짜로 주기 때문에 일단 회원 가입까지는 상대적으로 용이하다. 이때 샘플 비용은 인당 약 3,000원이다. 반면 퍼포먼스 광고 비용은 연령대마다 상이해서 첫 구매 기준 광고의

CAC(Customer Acquisition Cost, 유저 획득 비용)는 각각 1,000원, 3,000원, 5,000원이었다.

	연 신규 구매자 수	CAC(광고)	CAC(광고+프로모션)	ARPPU	ROAS %
20대	5,000	1,000	4,000	6,000	150%
30대	3,000	3,000	6,000	6,000	100%
40대 이상	1,000	5,000	8,000	6,000	75%

이들이 구매하는 첫 구매 금액, 즉 ARPPU(구매 금액/연 신규 구매자 수)는 인당 6,000원으로 동일하다. 인당 구매 금액을 CAC와 비교해 보면 ROAS가 각각 150%, 100%, 75%가 나왔다. 그렇다면 20대 유저의 단위 수익이 가장 높은 것일까? 반드시 그렇지는 않다.

회원 가입 기준에서 ARPU(신규 구매 금액/연 회원 가입 수)를 계산해 보면 효율이 가장 높은 유저는 40대 이상이다. 이는 이들의 구매 전환율이 높기 때문이다. 게다가 이후 ARPPU까지 신규 구매 고객이 안정적으로 성장한다고 하면, 향후 40대 이상의 단위 수익은 훨씬 높을 것으로 추정된다.

	ARPU	ARPPU	일반 고객의 연 구매 금액(원)	성장률
20대	500	6,000	40,000	567%
30대	600	6,000	50,000	733%
40대 이상	1,200	6,000	90,000	1,400%

자, 이제 정말 마지막이다. 그렇다면 40대 이상 고객이 모든 면

에서 더 높으니 집중해서 공략해야 할 유저인 것인가? 또 반드시 그렇지는 않다. 우선은 전체 매출에 기여하는 부분이 신규나 전체에서나 아직 작은 수준(11~13%)이다. 또한 신규 구매자 '전부'가 일반 고객으로 안정적으로 전환되는 것은 아니다. 즉, 리텐션 측면에서 40대 이상이 현저히 떨어진다면, 단위 수익은 여전히 가장 높다 할지라도 '일반 고객의 연 구매 금액'을 달성할 수 있는 유저는 거의 남아 있지 않을 수도 있다.

이 사례의 시사점은 하나의 의사 결정을 내리는 데도, 여러 각도에서 다양한 지표를 살펴 종합적으로 판단해야 한다는 것이다.

6. 확률적 사고

지금 필요한 것은 사전 확률

전략적 의사 결정이 포괄하는 주제의 범위는 매우 넓다. 경영학이나 경제학, 때론 사회학에도 효율적이며 합리적인 의사 결정에 관한 연구 결과나 방안은 셀 수 없이 많다. 그중에서도 개인적으로 현업에서 일하면서 쓸모가 있었던 실용적인 방안 몇 가지를 다루고자 한다.

첫째는 베이지안 관점의 의사 결정이다. 이를 설명하기 전에 미국 TV 쇼로 유명해진 '몬티홀 문제'를 살펴보자.

간단히 서술하자면, 문이 세 개 있는데 그중에 하나에만 상금이 있고 나머지 두 개는 꽝이다. 참가자는 임의로 문 하나를 선택한다.

그런데 진행자가 갑자기, 참가자가 선택하지 않은 문 두 개 중 꽝인 문 한 개를 열더니 묻는다. "선택을 바꿀 기회를 드릴게요. 바꾸실 건가요?" 진행자는 아마도 그냥 끝내기보다 긴장감을 고조시키고 쇼를 더 재미있게 하려는 의도였을 뿐, 이러한 제안이 당첨 확률에 어떤 영향도 미치지 않을 것이라고 확신했을 것이다.

그렇지만 이러한 진행자의 제안은 결과적으로 참가자에게 큰 도움이 된다. 왜냐하면 기존의 당첨 확률은 3분의 1이지만, 만약 선택을 바꾼다면 당첨 확률이 3분의 2로 올라가기 때문이다.

문 뒤의 상금과 꽝의 위치가 바뀐 것도 아닌데 이미 정해진 확률이 변한다는 것이 매우 기이해 보인다. 그렇지만 바로 이전 사건에 의해 확률이 변한다는 것이 베이지안의 기본 관점이다. 즉, '제안자가 꽝인 문을 열어 주는 사건' 때문에 확률이 변했다. 주류 통계학은 주로 '빈도'를 다룬다면 베이즈 통계는 사건이 일어날 '확률'을 다룬다.

간단하게 설명하면 이렇다. A, B, C의 세 개의 문은 처음에는 동일하게 3분의 1의 확률이었다. 참가자는 A를 선택했고 이 경우, A가 당첨일 확률은 여전히 3분의 1이고, B와 C 중에 하나라도 당첨일 확률은 3분의 2다. 이때, 진행자가 B와 C 중에 꽝인 하나의 문을 확정해서 열어 버렸기 때문에, 남아 있는 한 개의 문은 3분의 2의 확률로 당첨인 것이다. 왜냐하면 열린 문은 꽝인 것을 확인한 순간, 당첨 확률이 0으로 수렴했기 때문이다.

조금 더 쉬운 설명을 위해 극단적으로 1만 개의 문을 가정해 보자. 1번 문을 선택했을 때 당첨 확률은 말 그대로 1만 분의 1이다. 그런데 진행자가 나머지 9999개의 문 중에서 꽝인 9998개를 '알아서 제거'해 주었다고 가정하자. 살아남은 나머지 한 개의 문이 당첨일 확률은 1만 분의 1이 아니라 1만 분의 9999가 되는 것이다.

개념적인 설명을 받아들이기 어렵다면 도식으로 나타낼 수도 있다. 참가자가 문 A를 선택했을 때 A, B, C가 각각 당첨일 때를 가정하고, 선택을 바꾸는 여부에 따라 달라지는 경우의 수를 생각해 보자.

- A가 당첨. 사회자는 B 또는 C 문을 연다.
  - → 안 바꾸면 당첨
  - → B 또는 C로 바꾸면 꽝
- B가 당첨. 사회자는 C 문을 연다.
  - → 안 바꾸면 꽝
  - → B로 바꾸면 당첨
- C가 당첨. 사회자는 B 문을 연다.
  - → 안 바꾸면 꽝
  - → C로 바꾸면 당첨

결론은 다음과 같다.

- 안 바꿨을 때 → 한 개 당첨 & 두 개 꽝 = 1/3 확률로 당첨
- 바꿨을 때 → 한 개 꽝 & 두 개 당첨 = 2/3 확률로 당첨

몬티홀 문제는 과거에 일어난 사건이 이후의 확률에 영향을 미칠 수 있음을 보여 주는 가장 유명한 사례다. 이번에는 실생활에서 접

할 수 있는 암 검사 결과를 예시로 들어 보자.

한 40대 여성이 유방 조영술 검사를 받았는데, 검사 결과 양성으로 나왔다. 암 검사의 정확도는 90%다. 만약 40대 여성의 유방암 발병률은 1%라고 할 때, 이 여성이 실제로 암에 걸렸을 확률은 얼마일까?

답은 8.3%다. 단순하게 '검사의 정확도가 90%이므로 양성이 나왔으면 90%의 가능성으로 유방암에 걸리지 않았을까' 생각했다면 안타깝게도 오답이지만, 자책할 필요는 없다. 심지어 대다수 의사조차 60~70%라는 오답을 내놓는다고 한다. 아래의 도식을 살펴보자.

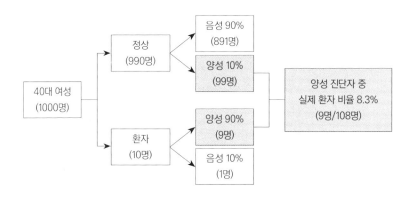

40대 여성의 유방암 발병률이 1%라고 했으니, 1000명 중 990명은 정상이다. 이 정상을 대상으로 한 검사 결과의 정확도가 90%라면 반대로 10%는 거짓 양성이 나온다. 반대로 실제 유방암에 걸린 10명 중 90%인 9명은 양성이라고 옳게 진단을 받는다. 이제 양성 진단을 받은 전체 108명(99명+9명) 중에서 실제 유방암에 걸린 사람은 9명이니까 8.3%다.

이렇게 사전 확률을 알면 이를 바탕으로 관찰 결과에 따라 사후 확률을 구할 수 있는 것을 공식화한 것이 베이즈 정리다. 수식은 다음과 같다.

P(A|B) = P(B|A) × P(A) / P(B)

- P(A|B): 사건 B가 발생했을 때, A가 일어날 확률
- P(B|A): 사건 A가 일어났을 때, B가 일어날 확률
- P(A): 사건 A의 (여기서는 사건 B가 발생하기 전) 사전 확률
- P(B): 사건 B의 확률

이를 위의 사례에 대입해 보면 다음과 같다.

- P(A|B): 검사 결과가 양성일 때, 실제 암에 걸렸을 확률. X%
- P(B|A): 실제 암에 걸렸을 때, 검사가 양성일 확률. 90%
- P(A): 암 발병률. 1%
- P(B): 양성 진단 가능성의 총합. 즉, 즉 양성 + 진짜 양성
  → (0.9 × 0.1) / (0.9 × 0.1 + 0.1 × 0.99) = 8.3%

베이즈 공식은 불확실한 정보 속에서, 특정 확률을 가정함으로써 최선의 추정 가능성을 도출할 수 있는 툴이다. 미국의 통계학자 네이트 실버는 다음과 같은 질문을 던졌다.

"배우자 옷장에서 여성 속옷이 발견되었을 때, 배우자가 바람을

피우고 있을 확률은 얼마일까?"[134]

실버는 전체 인구의 불륜율은 4%, 실제 바람을 피우고 있을 때 속옷이 발견될 확률은 53.3%, 바람을 피운 게 아닐 때 속옷이 발견될 확률은 5%로 가정했다.

앞서 유방암 사례와의 차이는 '바람을 피우고 있을 때 속옷이 발견될 확률'과 '바람을 피우지 않았을 때 속옷이 발견될 확률'이 서로 관계가 없다는 것이다. 유방암 사례는 진단 정확도가 90%라고 알려졌기 때문에, 진 양성이든 진 음성이든 똑같이 90%의 확률로 진단한다고 가정했다. 이 부분만 조심하면 공식에 대입해 쉽게 구할 수 있다. 다음의 공식을 확인해 보자.

$$(0.04 \times 0.533) / (0.04 \times 0.533 + 0.96 \times 0.05) = 31\%$$

결괏값은 31%로 생각보다 높지 않은 수치다. 다시 말해, 언뜻 보기에 확정적인 상황이라고 해서 실제로 그러한 것은 아니다.

베이지안 관점이 데이터 내러티브에 미치는 중대한 시사점은 크게 세 가지다. 첫째로, 보이는 것은 실재가 아니다. 일견 확정적으로 보이는 상황이라고 해서 실제로 반드시 그러한 것은 아니고, 사전 확률을 추정해 봐야 한다. 우리는 논리적으로 필요조건과 충분조건이 서로 동일한 것이 아니라는 사실을 잘 이해한다. 대기업에 합격하기 위해서는 토익이 800점을 넘어야 하지만(필요조건), 토익이 800점을 넘는다고 해서 반드시 대기업에 합격할 수 있는 것(충분조건)은 아니다.

반면, A일 때 B의 확률과 B일 때 A의 확률이 서로 다르다는 사실과, 특정 사건이 발생할 확률이 사전 확률에 영향을 받는다는 것은 꽤나 반직관적으로 받아들인다. 그렇기 때문에 직관을 따르지 말고 일어난 사건의 가능성을 올바르게 파악하기 위해 사전 확률을 따져봐야 한다.

둘째로, 우리가 관찰하는 시점에 따라 확률이 달라진다. 바람을 피운다는 심정적 의심만 있고 특별한 증거가 없었을 때, 바람을 피운다고 확정적으로 판단하기는 어려울 것이다. 왜냐하면 '실제로 바람을 피우지는 않지만, 한 번쯤 의심해 볼 수 있는 상황' 자체는 매우 많을 것이기 때문이다. 즉, 증거가 없이 심정적 의심만으로 바람을 피우는지 판단할 근거는 기저율인 4%에 가까울 수밖에 없다.

하지만 '속옷을 발견한 순간'부터 이 확률은 30%로 치솟았다. 여전히 낮은 수치라고 생각할 수 있지만 7배 이상으로 가능성이 커진 것이다. 이후 새로운 사건을 관찰한 후에 사후 확률은 더 높아지거나 낮아지는 식으로 계속적인 수정과 조정이 가능하다.

셋째로, 사전 확률이 없더라도 그 나름의 기준을 가지고 추정할 수 있다. 네이트 실버는 '바람을 피우고 있을 때 속옷이 발견될 확률'의 실제 값을 가지고 있지 않았다. 다만, 그것이 50%보다는 높지만 60%보다는 낮지 않을까 하고 추측한 것이다.

마찬가지로 바람을 피우지 않을 때 속옷이 발견될 확률 역시 '거의 발생하지 않을 것이지만 그래도 5%는 되지 않을까?' 해서 추정한 것이다. 그 결과로 나온 값이 31%이기 때문에 어찌 보면 신뢰할 수 없는 수치라고 생각할 수 있다.

그렇지만 중요한 것은 이 추정이 그 나름의 가설과 논리 구조를 가지고 있다는 것이다. 실제 스타트업에서는 알 수 없는 상황에서 그나마 '있는 데이터'를 가지고 특정 수치들을 가정하고 결괏값을 예측하여 의사 결정을 내려야 한다. 이러한 환경에서는 베이지안 관점으로 예측하는 습관이 상당히 도움이 된다.

당신의 LTV는 틀렸을 가능성이 높다

마케팅, 특히 퍼포먼스 영역에서 가장 중요한 한 가지 개념이 있다면 'LTV(Lifetime value, 고객 생애 가치)가 CAC(Customer Acquisition Cost)보다 커야 한다'가 아닐까 싶다. 유저 한 명을 획득하는 데 드는 비용보다 유저의 생애 가치가 더 커야 한다는 것이다.

개념 자체는 간단하지만, 막상 유저 획득 비용을 계산하려 하면 고민할 것이 한두 가지가 아니다. 퍼포먼스 마케팅 비용뿐 아니라 쿠폰 및 CRM 비용 등 다양한 비용을 어디까지 반영해야 할지가 고민이다. 유저 생애 가치 역시 어디까지 무엇을 기준으로 반영할지 생각보다 명확하지 않다.

그럼에도 각 스타트업은 그 나름의 계산을 거쳐 자사의 CAC와 LTV에 대해 대략적인 수치를 가지고 있다. 그렇지만 나는 이런 식으로 계산한 LTV가 실제 현실과는 많이 다르다고 생각한다. 왜냐하면 유저의 행동 패턴에 따라 이 LTV가 엄청나게 바뀌기 때문이다.

예를 들어서, 첫 구매 후 6개월 동안 한 번도 방문하지 않은 유저와 매주 방문한 유저의 LTV를 같다고 가정할 수 있을까? 또한 6개월 동안 한 번도 방문하지 않은 유저가 이번 주에 방문해서 두 번째 구매를 했을 때, 이 유저의 LTV 값에 아무런 변화가 없다면 그야말로 실제 현실과는 거리가 먼 계산이다. 앞서 소개한 베이지안 추정을 통해 유저의 LTV를 새로운 관점으로 계산해 보자.

어떤 서비스가 있는데 고객의 LTV는 48만 원이다. 그런데 고객을 충성도에 따라 나눠 보니, 충성 고객이 10%고 체리 피커가 90%이며, 각각의 LTV는 300만 원, 20만 원이다.

	LTV	기저율(A)
충성 고객	3,000,000	10%
체리 피커	200,000	90%
평균 LTV		480,000

만약에 어떤 고객이 신규 가입 후 1년 동안 구매한 금액이 10만 원이라고 했을 때, 이 고객의 생애 가치는 여전히 48만 원일까? 아니라면 얼마로 추정할 수 있을까?

과거 데이터를 분석해 보니, 체리 피커 고객의 70%는 1년간 10만 원 이하로 구매하고, 충성 고객은 20%만이 연간 10만 원 이하로 구매한다. 이를 베이즈 공식에 대입해 보면, 특정 유저가 10만 원

이하로 구매했을 때 충성 고객일 확률은 다음과 같다.

- 충성 고객: 0.1×0.2 = 0.02
- 체리 피커: 0.9×0.7 = 0.63
→ 2/(2+63) = 충성 고객일 확률 약 3%

이를 기반으로 변경된 LTV까지 추정해 보면 다음과 같다.

	LTV	기저율(A)	10만 원 이하 구매 확률(B)	A×B	확률	기댓값 (LTV×확률)
충성 고객	3,000,000	10%	20%	0.02	3%	92,308
체리 피커	200,000	90%	70%	0.63	97%	193,846
평균 LTV		480,000				286,154

즉, 아직 충성 고객인지 체리 피커인지 모르는 상태에서 '연간 구매 금액 10만 원'이라는 데이터만 가지고 보면 충성 고객일 확률은 초기 기저율 10%에서 3%까지 떨어지고, 이에 따라 LTV에 대한 기댓값은 48만 원에서 28만 6000원까지 떨어졌다.

실제 상황은 좀 더 복잡하다. 이분법이 아니라 스펙트럼이거나 더 다양한 그룹이 있기 때문이다. 이런 경우도 사실 원리를 이해한다면 크게 어렵지 않다. 예컨대 우량 고객, 일반 고객, 체리 피커로 나눈 후에, 각 유저의 기저율과 사전 확률(각 그룹의 연 10만 원 이하 구매 확률) 그리고 LTV가 있다면 기댓값을 구할 수 있다.

	LTV	기저율(A)	10만 원 이하 구매 확률(B)	A×B	확률	기댓값 (LTV×확률)
우량 고객	3,000,000	20%	5%	0.01	2%	66,667
일반 고객	1,200,000	30%	30%	0.09	20%	240,000
체리 피커	200,000	50%	70%	0.35	78%	155,556
	평균 LTV					462,222

위의 데이터는 전체 유저 중 우량 고객이 20%, 일반 고객이 30%, 그리고 체리 피커가 50%이며, 10만 원 이하 구매 확률이 각각 5%, 30%, 70%라고 가정했다. 이 경우 특정 고객의 연 구매 금액이 10만 원 이하라면 평균 LTV는 약 46만 2000원이다.

이렇듯 베이지안 관점은 쪼개어진 그룹에 따라, 혹은 시점에 따라서 새로운 정보가 반영될 때마다 사전 확률을 기반으로 보다 정교하게 수치를 수정해 나갈 수 있다.

예측에는 상관관계보다 사전 확률

고객의 특정 행동을 기반으로 다른 행동을 예측하는 문제를 현업에서 많이 다룬다. 예를 들어, 소셜 미디어에서 인플루언서의 유명세를 기반으로 제품을 판매하고 있는 기업이 있다고 하자. 기업에서 알고 싶은 것은 '좋아요'를 많이 누르는 것이 의미가 있는지, 그것이 실제 구매로까지 이어지는지다. 이런 경우에는 대부분 상관관계 분석이나 회귀 분석을 많이 한다.

아래 표는 '좋아요' 수와 '구매 횟수'의 상관관계를 분석한 것인데 0.6으로 꽤 높은 숫자가 나왔다. 상관 계수는 두 변수가 얼마나 연관되어 있는지를 보는 것으로 −1에서 1의 값을 가진다.

유저	좋아요 수	구매 횟수
1	72	13
2	48	15
3	20	8
4	5	0
5	1	0
6	18	10
7	93	13
8	12	17
9	4	0
10	17	13
11	88	20
12	82	18
13	2	0
14	7	16
15	70	15
16	64	9
17	62	13
18	84	11
19	2	0
20	84	8
	상관관계	0.6

물론 0.4~0.6은 상관관계가 약하다고 보고, 대부분의 경우 0.65 이상 되어야 상관성이 있다고 본다.

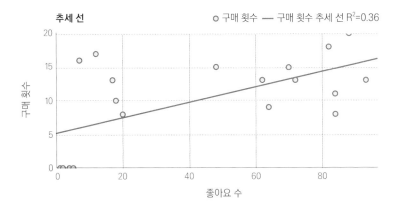

추세 선   ○ 구매 횟수 — 구매 횟수 추세 선 R^2=0.36

반면, 결정 계수는 0.36이 나와서 회귀선을 신뢰하기는 어려울 것 같다. 결정 계수란 해당 변수로 회귀선이 설명되는 정도로 0에서 1의 값을 갖는다. 변수가 하나일 때는 상관계수의 제곱의 값을 갖는다. 즉, 결정 계수를 통해 '좋아요' 수 하나만으로 구매 횟수를 예측하는 것은 어렵다는 것을 알게 되었다.

이러한 종류의 분석은 직관적이기 때문에 쉽게 하지만, 대개 모두가 대충 알고 있는 사실을 확인하는 데에 그치고 더 깊은 인사이트를 얻지 못한 채 끝나 버린다. 게다가 이 분석 결과는 질문에 대해 올바른 답을 주는 데이터도 아니다.

앞서 질문을 다시 명확하게 정의하자면 '좋아요를 많이 누른 유저가 구매할 가능성이 더 큰가?'이다. 앞서의 분석은 구매 여부가 아닌, 구매 횟수를 y축에 놓고 분석했기 때문에 '좋아요를 많이 누르는 것이 구매를 많이 하는 것에 영향을 미치는가?'에 대한 답을 줄 뿐이다. 자세히 보면 유저 중에 '구매를 하지 않은 유저'가 포함되어 있다. 이번에는 구매를 하지 않은 유저를 제외하고 다시 분석해 보자.

유저	좋아요 수	구매 횟수
11	88	20
12	82	18
8	12	17
14	7	16
2	48	15
15	70	15
1	72	13
7	93	13
10	17	13
17	62	13
18	84	11
6	18	10
16	64	9
3	20	8
20	84	8
	상관관계	0.07

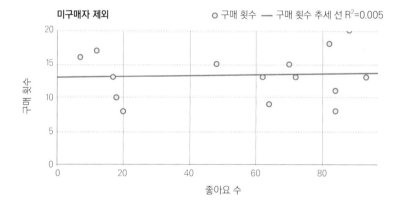

미구매자를 제외하니 상관 계수와 결정 계수의 값이 확 떨어졌다. '구매하지 않은 유저'가 교란 변수가 되어 분석의 신뢰도를 떨어뜨린 것이다. 그렇다면 어떻게 분석해야 애초에 의도한 질문의 답을

얻을 수 있을까?

오른쪽 표는 첫 구매 직전의 '좋아요' 수를 집계한 데이터를 추가한 것이다. 이를 통해서 각 유저의 '좋아요' 수마다 구매 횟수를 확인할 수 있다. 예를 들어 유저 16번은 첫 구매 직전 '좋아요' 수가 12개이기 때문에, 반대로 말하면 1~11번 '좋아요'를 누를 때까지는 구매를 하지 않은 상태다. 이를 기반으로 좋아요 횟수별 구매 유저 수를 통해 첫 구매 확률을 도출할 수 있다. 예를 들어, 좋아요를 0~5개 누른 유저는 전체 유저인 20명이다. 이 중에서 해당 시점에 구매한 유저는 한 명도 없으므로

유저 no. 🔽	좋아요 수 🔽	구매 횟수 🔽	첫 구매 직전 좋아요 수
15	70	15	6
12	82	18	7
8	12	17	9
6	18	10	9
7	93	13	11
14	17	16	12
16	64	9	12
2	48	15	13
10	17	13	15
20	84	8	15
11	88	20	15
1	72	13	17
18	84	11	17
17	62	13	18
3	20	8	20
5	1	0	미 구매자
13	2	0	미 구매자
19	2	0	미 구매자
9	4	0	미 구매자
4	5	0	미 구매자

구매 확률은 0%다. 또한 특정 시점에서 '좋아요'를 6~9개 누른 유저는 15명이고, 이 중 해당 시점에 첫 구매를 한 유저는 6, 8, 12, 15번으로 4명이다. 따라서 구매 확률은 27%다.

다음 표를 살펴보면 '좋아요' 수가 늘어남에 따라 구매 확률이 늘어나며 특히 13개 이상 '좋아요'를 누르면 꽤 높은 확률로 구매 가능성이 증가하는 것을 알 수 있다.

좋아요 수	전체 유저	구매자 수	구매 확률
0~5	20	0	0%
6~9	15	4	27%
10~12	15	7	47%
13~15	14	11	79%
16~19	14	13	93%
20 이상	12	12	100%

같은 접근 방법으로 다양한 예측이 가능하다. 예컨대 이커머스에서 이번 달 매출을 예측하고 싶다면 단순히 회귀 분석을 하는 것으로는 부족하다. 먼저 사전 확률에 따라 유저를 나눠야 한다. 그룹별 방문 빈도, 클릭률, 구매 전환율, 주문당 구매 금액 등 다양한 사전 확률을 분석하고 이를 기반으로 유저를 나눠서 이들의 '매출 기여도'를 도출해 내어 합치면 된다.

다시 강조하자면 고객의 행동을 예측하는 데 있어서 사전 확률을 먼저 파악하는 것이 중요하다. 이 사전 확률에 따라 유저를 나누고, 다시 행동 시점별로 유저를 그루핑하여 '사후 확률'을 매핑하면 높은 확률로 예측할 수 있다.

광고비에 얼마를 써야 하는가?

마케팅 관련 의사 결정에서 가장 중요한 것 중 하나는 광고비를 얼마만큼 집행할 것인지다. 일반적으로 거래액 또는 매출액 대비 특정 비율을 목표로 해, 거래액이 증가하면 마케팅 비용을 늘리고 반대의 경우에는 줄인다. 특히 퍼포먼스 영역에서는 ROAS(Return On Ad Spending, 광고비에 대한 매출 비율) 목표를 정해 놓고 마케팅을 집행하는 경우가 많다. 예를 들어 300%의 ROAS를 목표로 하는데 그 이상의 ROAS가 나온다면 광고 효율이 떨어져 300%에 수렴할 때까지 계속 마케팅 비용을 집행하는 것이다.

다음의 공식은 내가 만든 것으로 거래액 대비 광고비 비중에 미치는 영향을 일반 수익(Organic Revenue), 즉 광고를 통하지 않은 수익과 광고 수익(Paid Revenue)의 비중이라는 요인을 통해 파악한 것이다. Cost는 총 광고 비용이고, M은 일반 수익을 광고 수익으로 나눈 비율이다. 만약 10이라면, 광고로 인한 수익보다 일반 수익이 10배 많다는 것이다. 구하고자 하는 X는 거래액 대비 광고비 비중이다.

$$P.R. = \text{Paid Revenue}$$

$$O.R. = \text{Organic Revenue}$$

$$ROAS = P.R. / Cost$$

$$M = (O.R.) / (P.R.)$$

$$X = \frac{Cost}{(P.R.+O.R.)} = \frac{Cost}{(P.R.+M \times P.R.)}$$

$$= \frac{Cost}{(P.R.(1+M))} = \frac{\dfrac{(P.R.)}{ROAS}}{(P.R.(1+M))}$$

$$= \frac{\dfrac{1}{ROAS}}{(1+M)} = \frac{1}{ROAS} \times \frac{1}{(1+M)}$$

이 계산에 따르면, 광고비 비중은 결국 ROAS와 M의 함수다. 둘 다 1을 역수로 취한 값이기 때문에 ROAS가 높아지거나, M이 높아지면 거래액 대비 광고비 비중은 줄어드는 개념이다. 만약 자사의 ROAS가 300~500% 수준이고 M이 7~10 수준이라면 광고비를 결정하는 데 M이 미치는 영향이 더 크다는 의미다. 또한 M에는 플러스 1이 붙어 있기 때문에 ROAS와 같은 단위만큼 증가한다면 체증 효과는 더 크다는 것을 알 수 있다.

그렇다면 ROAS는 어느 정도가 적절한 것일까? 일반적으로 현업에서는 목표 ROAS를 결정하기 위해 두 가지 지표를 많이 본다. 이익률과 LTV다. ROAS가 300%라면 좋아 보일 수 있지만 만약 자사의 매출인 수수료율이 20%라면 실제로는 단기적 손해다. 1만 원의 광고비를 지출했을 때 유저가 3만 원을 결제하지만 매출은 6000원에 불과하기 때문이다.

그러나 기업에서 기대하는 것은 단기적 이익이 아니라 장기적 이익이다. 고객이 한 번 인입한 후에 지속적으로 구매를 하면서 LTV를 상승시키기 때문에 특정 시점이 지나면 마케팅 비용을 상회하는 이익을 낼 것이기 때문이다. 즉, 자사의 LTV가 CAC보다 높다면 장기적으로 이득일 것이다. 그러나 이 역시 단기적인 손실 규모와 자사의 재무 상태, BEP를 넘기는 LTV 달성 시기, 인입 시기별 고객 비중 등의 역학 관계를 명확하게 파악하고 있지 않으면 건강한 성장을 기대하기는 어렵다.

마지막으로 ROAS를 동일하게 비교하기 어려운 것은 기업마다 광고를 타기팅하는 기준이 다 다르기 때문이다. 특히 리타기팅과 CRM에서 이런 차이는 극명하게 갈린다. 모든 유저에게 마케팅하는 기업도 있겠지만, 대부분의 기업은 '마케팅 없이도 자연스럽게 매출을 발생시킬 유저'에게는 굳이 비용을 낭비하지 않는다. 어떤 기업은 최근 1주일 접속 유저는 제외하는가 하면, 어떤 기업은 최근 3개월 내 구매한 유저를 제외하기도 한다. 어떤 기준으로 얼마만큼 이런 디타기팅(de-targeting)을 하는지에 따라 ROAS는 천차만별이다. 그렇다면 ROAS보다 정확한 광고 효과 측정 수단은 무엇일까? 대표적으로 증분(incrementality)을 확인할 수 있다면 가장 좋다. 확실한 수단이지만 그만큼 측정하기 어렵기도 하다.

가장 정확하게 증분을 측정할 수 있는 방법은 AB 테스트다. 광고에 노출하지 않은 유저들을 일종의 '대조군'으로서 비교하여 마케팅 효과를 측정하는 것이다. 그러나 매 광고마다 대조군을 두기는 어려운 법이다. 나는 여기서 베이지안 관점의 사전 확률이 도움이 된다고 생각한다. 유저군을 나눠서 사전 확률을 계산하면 이후의 구매 전환율과 구매 금액을 높은 확률로 예측이 가능하다.

유저군	전체 인원	방문 확률	클릭 확률	구매 확률	ARPPU
VVIP	50,000	80%	90%	30%	300,000
우량 고객	70,000	70%	85%	25%	200,000
일반 고객	100,000	60%	80%	20%	150,000
Light 유저	200,000	55%	75%	15%	80,000
신규 가입자	100,000	45%	70%	10%	70,000
미구매자	50,000	30%	65%	5%	50,000
이탈 고객	20,000	10%	60%	3%	45,000

위의 표와 같이 기존 행동 데이터를 분석해, 유저별 사전 확률을 가지고 있으면 예측 가능성을 높일 수 있을 뿐만 아니라 마케팅 효과를 보다 정확하게 측정할 수 있다. 특정 유저군에 마케팅 활동을 했을 때, 사전 확률을 기반으로 예측한 수치보다 높은 결과치를 달성했다면 그 차이만큼을 '증분'으로 보는 것이다. 수치는 방문 확률이나 구매 전환율, 또는 클릭 확률이나 ARPPU일 수도 있다. 중요한 것은 사전 확률을 통해 높은 예측 정확도를 보유하고 있기 때문에 증분을 통해 마케팅의 진정한 효과를 측정하는 것이 가능해진 것이다.

7. 전략적
의사 결정

언제 의사 결정을 해야 하는가?

의사 결정을 내리기 위해서는 데이터가 필요하다. 그런데 데이터는 얼마나 필요하며, 의사 결정은 어느 시점에 내려야 할까? 데이터만 수집하다가는 타이밍을 놓치기 십상이고, 그렇다고 아무 근거도 없이 의사 결정을 내릴 수는 없는 노릇이다.

10명의 입사 지원자를 차례로 면접을 보다가 괜찮은 후보자가 있다면 채용하고, 아니라면 탈락시키는 경우를 생각해 보자. 어느 시점에 채용을 결정하는 것이 가장 좋을까? 10명 정도야 일일이 면접 볼 수 있겠지만 만약 후보자가 100명이라면, 최소한 몇 명까지는 면접을 본 후에 채용을 결정할지 미리 판단이 필요하다.

놀랍게도 이런 문제를 해결하는 '최적 정지 이론'이 있다. 정답은

37%다. 전체 지원자의 37%를 면접 본 후에, 이전의 모든 후보자보다 더 나은 후보자를 만나면 채용하면 된다. 이 최적 지점이 도출되는 과정은 개념적으로 다음과 같다.

지원자를 많이 볼수록 그중에서 최고를 뽑을 확률은 줄어들지만, 동시에 전체 모수가 증가하기 때문에 최고의 지원자가 포함될 확률은 증가한다. 면접을 본 지원자가 늘어날수록 두 확률은 서로 상쇄되면서 최적 지점인 37%로 수렴하는 것이다.

예를 들어 두 명의 지원자를 면접 봤다면 그중에서 최고를 뽑을 확률은 50%고, 세 명을 봤다면 33%로 점점 줄어드는 반면, 100명 중 한 명만 면접을 봤다면 최고가 포함될 확률은 1%, 10명 면접을 봤다면 10%와 같은 식으로 증가하기 때문이다. 그래서 수학적으로 최적 지점은 37%이지만, 동시에 최고를 뽑을 확률도 37%에 불과하다. 그러나 최고가 아니라 상위 10% 정도도 괜찮다면 이 경우 14% 지점에서 의사 결정하면 85%로 성공 가능성이 커진다.[135]

이 최적 정지 이론이 주는 교훈은 특정 숫자가 중요하다는 것이 아니라 탐색을 멈추고 의사 결정을 내려야 하는 최적의 시기가 생각보다 이르다는 것이다. 우리는 무의식 중에 과반수의 데이터는 확인한 후에 결정을 내려야 한다고 생각한다.

컨설팅 펌의 격언에 "바닷물을 끓이려 들지 마라"라는 것이 있다. 가설을 세우거나 문제를 정의하기 위해 너무 오랜 시간을 들여 지나치게 많은 데이터를 수집하고 분석하는 '데이터의 늪'에 빠지지 말라는 조언이다. 그렇다면 의사 결정 전에 얼마나 많은 데이터를 봐야 적절한 것일까?

　세기의 천재 아이작 뉴턴이 가졌던 직업 중 상대적으로 덜 알려진 것이 있다. '왕립 조폐국 감사'다. 17세기에는 은 덩어리를 세공사가 망치로 직접 두드려서 동전으로 만들었다. 그러다 보니 약간의 변동성이 있었고, 이를 이용해 동전의 둘레를 깎아서 은을 챙기는 사람들이 생겼다. 동전 100파운드어치의 무게는 원래 39kg이어야 하는데, 어느 날 유통되는 동전을 그만큼 모아서 무게를 쟀더니 19kg밖에 되지 않았다고 한다. 이는 당시 심각한 사회 문제였다.[136]

　왕립 조폐국에서는 이런 동전들을 색출하고자 했다. 일일이 동전의 무게를 잴 수 없으니 동전 수천 개의 무게를 한 번에 재서 정상 무게와의 오차를 파악했다. 그런데 여기서 뉴턴의 실수가 있었다. 개별 동전에 허용 가능한 오차 범위와, 수천 개 동전에 허용 가능한 오차 범위가 다르다는 것을 미처 고려하지 못한 것이다. 예를 들어 정상 동전한 개에 허용 가능한 무게 오차 범위가 ±1g이라면, 동전 100개의 무게 합을 100으로 나눈 '평균 오차'의 허용 범위도 똑같이 ±1g이라고 생각한 것이다. 즉, 동전 100개의 무게를 기반으로 한 평균 무게가 101g이라면 오차 범위 안에 들어오니까 괜찮다고 판단했던 것이다.

　그러나 표본의 모수가 커질수록 오차 범위는 더 작아져야 한다. 표본이 많아질수록 오차가 있는 동전들의 무게가 다른 정상 동전들에 의해 평균값으로 수렴할 것이기 때문이다. '드무아브르의 정리'에 따르면 표본 크기에 따른 허용 범위는 제곱근 규칙을 따른다. 공식은 다음과 같다.

$$\Rightarrow \text{한 표본 평균의 변동성} = \text{단일 측정치의 변동성} / \sqrt{(\text{표본 크기})}$$

이 공식에 따르면 동전의 평균 변동성이 1g일 때 표본이 100개가 있다면, 이 표본의 평균 변동성은 0.1g이 된다. 허용 오차 범위가 기존의 10%로 줄어드는 것이다.

이 공식을 뒤집어서 생각해 보면 표본이 어느 정도만 모여도, 한 개의 단일 지표가 주는 변동성을 상당히 상쇄할 수 있다. 다음은 모수가 증가함에 따라 전체 표본의 변동성이 개별 변동성 대비 어느 정도 비율로 줄어드는가를 나타낸 그래프다.

모수 크기에 따른 변동성

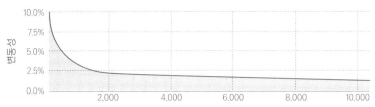

표본 수가 500개만 되어도 변동성이 개별 변동성 대비 5% 미만으로 떨어진다. 이 정도 숫자만 되어도 개별 데이터의 특수성에 휘둘리지 않고 전체 그림을 파악할 수 있는 것이다.

또 다른 한편, 통계학에서 표본 크기를 결정하는 공식이 있다. 정규 분포를 따를 때, 특정한 신뢰 수준하에서 허용 오차 수준을 넘지 않으려면 최소한의 표본 수는 얼마나 되어야 하는지 구하는 공식이다. 자세한 공식은 다음과 같다.

세컨드 펭귄

$$\Rightarrow n = \text{신뢰 수준}^2 \times \text{모집단 분산}^2 \div \text{허용 오차}^2$$

많은 경우 신뢰 수준은 95%를 사용하며, 모집단 분산은 알려지지 않은 경우에 일반적으로 0.5를 사용한다. 또한 신뢰 수준 95%의 Z 값은 찾아보면 1.96으로 나와 있다. 이 공식에 따라 95% 신뢰 구간에서 허용 오차를 5%로 했을 때 필요한 모수는 384명이다. 생각보다는 그렇게 많은 수가 필요하지 않다. 물론 최소의 수인 데다가 표본 집단이 전체 모수를 대표하도록 잘 섞였을 때 그렇다는 것이다.

아래 표는 일반적으로 가장 많이 쓰는 신뢰 수준과 허용 오차 범위에 따라 필요한 표본 수를 나타낸 표다. 최소 몇백 명에서 많게는 1만 6000명까지 꽤 차이가 있지만 수백 명 정도의 데이터 표본이면 그 나름 신뢰할 수 있는 결과를 얻을 수 있다.

		신뢰 수준		
		90%	95%	99%
	z값 →	1.64	1.96	2.58
허용 오차 수준	5%	269	384	666
	4%	420	600	1,040
	3%	747	1,067	1,849
	2%	1,681	2,401	4,160
	1%	6,724	9,604	16,641

이번 장에서는 의사 결정을 내리기 위해 탐색이 필요한 데이터의 양과 최적의 의사 결정 시점에 대해 몇 가지 사례를 들어 살펴보

았다. 앞서 데이터 파이프라인 구축 자체는 이제 더 이상 스타트업의 경쟁력이 아니라고 했다. 측정 가능한 데이터는 너무 많아졌으며, 시간을 들인다면 더 많은 데이터를 얼마든지 수집할 수 있다. 그러나 중요한 것은 얼마나 많은 데이터를 봤느냐가 아니라, 합리적인 의사 결정을 내리는 최적의 시점이다. 몇 가지 사례가 모든 의사 결정에 적용 가능한 합리적인 시점에 대한 근거를 제공하기는 어려울 것이다. 다만, 데이터를 수집하느라 시간을 많이 쏟기보다는, 현재 가지고 있는 데이터를 기반으로 최선의 의사 결정을 적시에 내리는 것이 훨씬 중요하다는 것을 잊으면 안 된다.

이 결정에 얼마를 베팅할 것인가?

실패 확률이 높지만 만약 성공한다면 큰 수익을 가져올 신사업에 진출할지 말지를 결정하는 상황을 생각해 보자. 투자 자금은 100억 원이고 성공 확률은 20%며 성공했을 때 기대 수익은 700억 원이다. 반면 실패했을 때의 기대 수익은 마이너스 50억 원이다. 종합 기댓값은 100억 원으로 투자 비용과 동일해서, 사실상 해도 그만 안 해도 그만인 의사 결정처럼 보인다.

투자 금액(백만 원)	시나리오	확률	수익	기댓값	순이익(손해)률
10,000	성공	20%	70,000	10,000	600%
	실패	80%	−5,000		50%

그렇다면 사업의 포트폴리오를 다각화하는 측면에서 진행해도 좋은 것일까? 그러나 앞서 합리적인 기업가형 인재의 의사 결정은 틀리지 않는 것이어야 하고, 그렇기 때문에 실패 확률 80%와 같이 리스크가 매우 높은 의사 결정을 내려서는 안 된다고 했다. 그런데 정말 그럴까?

아무리 이것이 '틀리지 않는 결정'이라 할지라도 눈앞에 있는 기회를 차 버리는 어리석은 결정처럼 보인다. 실패 확률을 최소화하는 것과 기댓값을 극대화하는 것이 상충하는 듯 보인다. 사실 의사 결정에서 가장 중요한 원칙은 기댓값의 최대화나 실패 확률의 최소화가 아니라 '리스크 구조에 따른 최적의 자원 분배'다.

투자해야 할 자본의 최적 비중을 알려 주는 켈리 공식이 있다. 현대 정보 이론의 아버지로 불리는, 벨연구소의 수학자 클로드 섀넌의 논문을 기반으로 수학자 존 켈리가 만든, 장기 수익률을 극대화하는 최적의 베팅 금액을 추정하는 공식이다.

공식 자체는 p/a-q/b로 간단하다. p는 성공 확률이고 q는 실패 확률이며, b는 순이익률, a는 순손해율이다. 이 공식을 도입해 앞서의 신사업 투자 사례를 평가해 보자.

- 순이익률＝(70000－10000)/10000＝600%
- 순손해율＝5000/10000＝50%
⇒ p/a－q/b＝0.2/0.5－0.8/6＝0.27

최적 투자 비중은 27%가 나왔다. 기댓값이 투자 비용과 똑같고 실패 확률이 80%에 달하더라도, 전체의 27%를 투자해야 한다는 의미다. 이게 무슨 의미일까?

사실 앞서의 사례는 켈리 공식이 적용되기 가장 좋은 사례는 아니다. 원래 켈리 공식은 '동일한 조건에서 반복되는 베팅에서 최적의 베팅 금액은 얼마일까?'에 대한 고민에서 나온 공식이기 때문이다.

한 연구에서 각 참여자가 60%의 확률로 앞이 나오는 동전 던지기에 베팅하는 실험을 했다. 각 참가자에게는 25달러가 주어졌고 가져갈 수 있는 최대 금액은 250달러였다. 기댓값이 플러스인 만큼 참가자 대부분이 최대 수익률에 도달할 수 있을 것으로 예상했지만 결과는 참담했다. 전체 참가자의 21%만이 최대 수익률에 도달했으며, 이보다 많은 28%의 참여자가 완전히 파산했다. 약 30%의 참가자는 가진 판돈 전부를 한 번에 걸었다. 심지어의 참여자의 2/3는 한 번 이상 뒷면에 걸었다.

이러한 종류의 반복 게임에서 켈리 공식이 가지는 경쟁 우위는 확실하다. 장기적인 승률을 최대화하도록 자산을 효율적으로 분할하여 베팅하는 방식이기 때문이다.[137]

반대로 장기적인 승률이 확실해 보이는 투자라도 시점에 따라서는 최악의 투자일 수도 있다. 큰 수의 법칙이란 '시행 횟수가 늘어날수록 실제 측정한 확률이 수학적 확률에 수렴하는 법칙'이다. 예를 들어, 주사위를 던지면 장기적으로 각 숫자가 나올 확률은 동일하게 1/6로 수렴하게 된다. 반대로 말하면 실제 대부분의 측정은 단기적으로 수행되기 때문에, 결과는 '작은 수의 법칙'을 따른다. 다시 말해서 숫자 6이 6번 나오는 것도 충분히 관측 가능한 일인 것이다. 그렇기 때문에 승률이 주는 유혹에 빠지면 안 된다.

이를 앞서 신사업 투자 의사 결정에 다시 적용해 보면, 기댓값이 투자 금액과 동일하고 실패 확률이 80%에 달하더라도, 투자 비용을 쪼개 이런 신사업을 3~4회 정도 시도한다면 최대 수익을 얻을 수 있다는 의미다. 결국 중요한 것은 기댓값이나 승률이 아니라 의사 결정 프로세스다. 승률이 얼마인지, 기댓값은 얼마인지에 관한 분석을 마치고 난 후에는 나는 얼마큼 이 투자에 확신하는지 판단해야 한다. 마지막으로 가지고 있는 자원과 기회비용은 얼마인지 면밀히 분석해야 한다. 이를 바탕으로 해당 사안에 기업이 가진 자원과 시간과 노력을 얼마만큼 투자하고 베팅할지 종합적인 의사 결정이 필요하다.

멀티버스에는 시나리오 플래닝

요즘같이 시장과 기업 환경이 불확실한 상황에서는 섣부른 예측이 오히려 해로울 수 있다. 예측이 틀렸을 때 후폭풍을 감당하기 어렵기 때문이다.

마블 영화로 인해 '멀티버스'라는 개념이 대중화된 것 같다. 멀티버스란 외부 변수나 개개인의 의사 결정으로 인해 시공간이 나뉘어 다중 우주가 무한하게 존재하는 것을 의미한다.

현재 시점에서 미래는 마치 멀티버스와 같다. 우리가 택할 수 있는 최선의 선택은 미래를 예측하는 것이 아니라, 각 미래의 가능성을 계산해 보고 그에 맞는 최선의 대응 전략을 짜는 것이다.

유사한 관점에서 시나리오 플래닝이라는 의사 결정 기법이 있다. 예측할 수 없는 미래에 대한 시나리오를 여러 개 만들어 각 시나리오의 발생 가능성 및 실제 발생 시 위험과 기회 요인 등을 분석해 최적의 의사 결정을 내리는 기법이다.

간단하게 부동산 시장을 예로 들어 보자. 최근 부동산 시장의 광풍이 심상치 않다. 끝없는 상승세로 인해 많은 사람이 '영끌'('영혼까지 끌어모으다'라는 뜻의 속어)로 아파트를 샀는데 1년도 되지 않아 금리 상승과 함께 갑작스럽게 집값이 폭락하더니, 최근에는 다시 정부의 부동산 정책 개편으로 일부 아파트의 가격이 반등한 상태다. 이런 상황에서 최적의 선택은 무엇일까? 일단 향후 1~3년 간에 가능한 시나리오를 나열해 본다.

1. 하락 시나리오: 침체된 부동산 시장. 가격은 꾸준히 하락세. 높은 금리

2. 상승 시나리오: 시장이 다시 활기를 띠고 가격은 상승세로 반전. 저~중 금리

3. 보합세 시나리오: 혼란스러운 시장. 가격이 상승과 하락을 반복. 중~고 금리

시나리오를 구성하는 방법은, 중요한 요인을 몇 가지 정해 놓고 각 요인을 기계적으로 조합한 후에 가능성이 가장 큰 조합만을 남기고 모두 제외하는 것이다. 여기서는 부동산 시장의 활성화 정도, 가격 트렌드, 금리를 주요한 요인으로 조합해 시나리오를 구성해 보았다.

이런 조합 중에서 가능성이 낮은 시나리오, 예를 들어 금리가 낮으면서 부동산 시장이 침체되는 것은 가능성이 적다고 보아 제외했다. 일순간 그런 시기가 있을 수도 있겠지만, 부동산 시장의 침체 원인 중 상당 부분은 높은 금리를 감당할 수 없어 빚을 지고 매수하는 것을 꺼리는 심리기 때문에 해당 시나리오는 지속되지 않을 것으로 보았다.

실제 현실의 상황은 이보다 미묘하고 복잡하겠지만 지나치게 세부적으로 시나리오를 만든다고 해서 예측력이 증가하지는 않기 때문에, 가장 가능성이 큰 조합들을 통해 시나리오의 큰 방향성만 도출하면 충분하다.

이제 각각의 시나리오에 대해 현재 수준에서 가능성을 판단한다. 미래를 예측하는 것은 불가능하지만, 다양한 전문가 의견과 여러 자료를 참고하여 현재 판단할 때 가장 가능성이 큰 것에 상대적으로 큰 수를 주면 된다. 여기서는 각 시나리오에 50%, 20%, 30%의 확률을 부여했다.

이제 향후 1~3년 내에 취할 수 있는 선택지를 도출해야 한다. 현재 자신의 자금 현황 및 부동산 관련 심리가 다음과 같다고 가정해 보자.

보유 현금은 일정량 있지만 대부분 예적금이나 주식과 같은 금융 자산에 투자되어 있는 상황이고, 이 자산들의 3년간 종합 기대 수익률은 10~15% 정도다. 만약 아파트를 사야 한다면 꽤 많은 빚을 내야 한다. 행여라도 가격이 떨어진다면 이자 부담이 크다. 반면 주변의 지인이나 직장 동료 들은 거의 다 부동산 광풍 시기에 매수를 했기 때문에, 만약 관망했다가 아파트 가격이 오른다면 너무 가슴이 쓰릴 것 같다.

이런 상황에서 가장 합리적으로 선택 가능한 전략을 다음의 세 가지로 좁혔다고 가정해 보자.

1. 관망 전략: 최소 3년간은 관망하면서 금융 자산에만 투자
2. '영끌' 전략: 대출을 최대한 받아서 가장 좋은 아파트를 매수
3. 보수적 매수: 가격이 충분히 하락한 아파트를 상대적으로 적은 대출을 끼고 매수

자, 이제 이 세 가지 전략을 선택했을 때 각각의 시나리오에 따라 어떤 결과가 있을지 살펴보자. 결과는 임의로 -100~100으로 평가했다.

시나리오	가능성	전략 1. 관망	전략 2. '영끌'	전략 3. 보수적 매수
1. 하락세	50%	20	-100	-20
2. 상승 반전	20%	-50	100	20
3. 보합세	30%	0	-20	50
기댓값 →		0	-36	9

시나리오 1번 하락세의 경우에 관망 전략은 부동산 가격이 전반적으로 하락할 때, 상대적으로 높은 수익률을 가진 자산을 보유하고 있기 때문에 20으로 평가했다. 반면 '영끌' 전략은 가장 큰 피해를 입는다. 보수적 매수 전략은 가격이 많이 하락한 경우에만 매수하는 것이라서 피해는 작지만, 어쨌거나 매수를 했기 때문에 소폭 피해가 있을 것으로 평가했다.

시나리오 2번 상승 반전의 경우에 관망 전략은 실제적인 금전적 피해는 없지만 심리적인 충격이 있을 수 있고, 부동산 가격이 상승할 때 그보다 수익률이 낮은 현금성 자산을 보유하고 있게 되기 때문에 -50으로 평가다. '영끌' 전략으로는 가장 큰 이익을 보았을 것이고, 보수적 매수 전략으로는 가격이 어느 정도 떨어진 아파트만 매매했을 것이기 때문에, 좋은 기회를 적극적으로 잡지는 못했을 것이므로 소폭 이익을 볼 것으로 평가했다.

시나리오 3번 보합세에서는 관망 전략은 전혀 영향이 없을 것으로 봤다. 반면 '영끌' 전략은 높은 금리로 인한 이자 부담으로 -20으로 평가했다. 보수적 매수 전략으로는 부동산 가격이 오르내리면서 좋은 기회들을 포착했을 것으로 생각하여 50으로 평가했다.

이렇게 각 시나리오의 발생 확률과 전략별 손익을 곱해서 합했을 때 종합적인 기댓값이 나온다. 현재로서는 보수적 매수 전략이 기댓값 측면에서 가장 경쟁 우위에 있는 것으로 나왔다. 실제 시나리오 플래닝을 할 때는, 종합적으로 봤을 때 어떤 시나리오에서도 경쟁력이 있는 최적의 옵션을 선택하는 것이 일반적이다. 그러나 앞서의 '리스크 구조에 따른 최적의 자원 분배' 기법을 결합하여 좀 더 고도화할 수 있다.

예를 들어 보수적 매수 전략을 택하는 것은 합리적인 것처럼 보이지만, 해당 전략은 발생 가능성이 50%로 가장 큰 1번 시나리오에서 가장 큰 손실을 보이는 아이러니한 상황이 발생한다.

따라서 보수적 매수 전략을 택하면서, 동시에 일정한 자원을 관망에 투입할 수 있다. 이 사례에서는 기업에서처럼 실제 조직 구성이나 인적 배분, 마케팅 비용을 배분하거나 할당할 수는 없겠지만, 원칙을 '80%는 보수적 매수로 가되 20%는 관망한다'로 정하거나, 혹은 1년 정도는 '보수적 매수' 전략을 원칙으로 진행하되 각 시기별로 상황을 재판단하여 '자원 리밸런싱'을 할 수도 있다.

실제 기업 현장에서 신사업 투자 및 기존 사업 철수, 혹은 상당한 금액의 마케팅 비용 집행, 중대한 조직 구조의 변경 등 큰 의사 결정이 있을 때마다, 이와 같은 의사 결정 프로세스를 활용하곤 했다.

때에 따라 종합적인 기댓값을 극대화하는 선택을 하는 경우도 있지만, 그보다는 목적에 적합한 최선의 판단을 내려야 한다. 예컨대 '수익률 극대화' '실패 최소화'와 같은 전사적 목적 및 전략 원칙을 경영진과 먼저 논의한 후 최적의 전략을 선택하는 것이다. 어떤 상황에서도 들어맞는 단 하나의 전략이라는 것은 없으며, 각 상황마다 목적을 달성하는 최선의 전략만이 있기 때문이다.

이 결정은 얼마짜리인가?

생텍쥐페리의 책《어린 왕자》에서 여우는 어린 왕자에게 말한다.

"가장 중요한 것은 눈에 보이지 않아."

의사 결정을 내릴 때 비교적 명확한 비용이 있다. 앞서 예시를 들었던 신사업의 경우에는 추진 비용이 100억 원이었다. 아파트를 매수한다고 하면 필요한 매입 비용이 그것이다. 그러나 보이지 않는 비용들도 있다. 경제학에서 말하는 '기회비용'이 가장 대표적인 케이스다.

스타트업계에서 탄탄하게 경력을 쌓아 온 후배가 있는데 자신의 전문성을 살려 '온라인 실무 강의 플랫폼'에서 강의를 하고 있다. 이 사이트는 강사에게 일정 금액을 일시불로 주고 강의 송출권을 구매해 고객들에게 제공한다.

후배는 계약 기간이 만료되어 재계약을 앞두고 고민이 된다며 나에게 상담을 요청해 왔다.

"기존에 하던 곳에서 재계약하면 저번과 동일한 금액을 준다고 하는데, 다른 더 큰 강의 사이트에서 새로 강의를 찍자고 제안이 들어왔어요. 새로운 곳은 조회 수에 따라 수익을 분배하는 시스템이라서 고민 중이에요. 만약 잘되면 엄청나게 벌 수도 있잖아요."

"그러면 기존에 하던 사이트에서는 강의를 내려야 되는 거지?"

"네. 다른 사이트에서 동일한 강의를 할 수는 없으니까 재계약을 못하죠."

"그러면 기존에 계약금으로 받던 금액이 기회비용이야. 그 이상

벌기 전까지는 마이너스고. 거기다가 새롭게 찍을 강의에 투입되는 노력과 시간도 비용이고. 이것저것 따졌을 때 새로운 강의가 이전보다 두 배 이상 수익을 낼 거라고 예상하면 해 봐도 좋겠네."

"아, 그냥 재계약해야겠다."

싱겁게 끝난 대화였다. 기회비용을 고려하라는 조언은 너무 당연해 보이지만, 우리의 마음은 당장 눈앞에 보이는 수익만 조망하느라 그 비용을 놓치고 만다. 추가로 후배에게, 일단 재계약을 하고 다른 종류의 강의를 시범적으로 찍어서 잠재 수익이 얼마나 되는지를 추산해 보고 의사 결정을 해도 늦지 않을 것이라 했다.

투자에서도 '위험 초과 수익률'이라는 개념이 있다. 특정 위험 수준에서 요구되는 적정 수익률을 초과하는 수익률의 개념이다. 유사한 관점에서 기업이 투자를 위해 자본을 조달할 때도 가중 평균 자본 비용(WACC)을 통해 해당 자본이 가져올 예상 수익률을 '비용'으로서 추정한다. 즉, 각 자본을 위험이 없는 국공채와 같은 자산에 투자했을 때의 수익률에, 속한 산업 내 평균 투자 수익률을 더하고, 타인에게 빌린 자본의 법인세 절감 효과까지 고려하는 것이다. 이렇게 계산한 자본 비용을 상회하는 수익률이 바로 '위험 초과 수익률'이다. 만약 가중 평균 자본 비용이 8%일 때 해당 자본으로 10%의 수익률을 냈다면, 실질적으로는 2%의 초과 수익을 낸 것이라는 의미다.

앞서 후배가 기존에 찍은 강의의 계약금이 1000만 원이라면, 새롭게 찍은 강의로 분배받은 수익금이 1000만 원을 넘기 전까지는 사실상 마이너스라는 의미가 이것이다.

스타트업에는 보이지 않는 다양한 비용이 있는데 이 중 대표적인 것이 '전환 비용'이다. 일반적으로 고객이 한 서비스에서 다른 서비스로 전환할 때 발생하는 비용을 의미하는데, 여기서는 인적 자원이 업무를 전환하는 데 드는 비용을 말한다. 스타트업에는 제한된 인력이 여러 업무에 투입되는 경우가 잦은데, 한 업무를 하다가 다른 업무로 전환할 때 맥락을 파악하는 데 소비되는 시간과 주의력이 생각보다 크다. 한 가지 업무나 주제에 몰입했을 때 몇 배의 생산성을 내본 경험이 있다면 무슨 의미인지 이해할 것이다.

직원들의 재직 기간이 지나치게 짧은 경우에도 눈에는 보이지 않는 '턴오버(Turnover) 비용'이 발생한다. 전체 조직에서 업무 히스토리를 알고 있는 직원의 비율이 낮고, 퇴사자와 신규 입사자의 업무 인수인계가 잦으면 보이지 않는 업무 누수가 발생하게 된다. 직원들의 심리적 안정감이 떨어져 생산성이 떨어지는 비용은 덤이다.

이 외에도 비효율적인 업무 체계나 소통 방식 등 생산적인 업무문화의 부재로 인해 발생하는 비용이 매우 크지만, 실제로 잘 보이지는 않기 때문에 간과되는 경우가 많다.

스타트업계는 변화가 빠르기 때문에 트렌드나 기업 환경 변화에 맞게 피버팅(pivoting)을 하거나 새로운 사업을 추진해야 하는 경우도있다. 이때 비용은 개발 및 프로덕트 인력의 시간 정도로 생각하지만, 해당 자원으로 다른 프로젝트를 추진했을 때 얻을 수 있는 잠재 수익은 눈에 보이지 않는 비용이다. 그러나 다른 한편으로, 피버팅이나 신규 서비스 론칭, 사업 다각화를 하지 않음으로 인해서 발생하는 잠재적 비용 역시 잊어서는 안 된다. 중요한 것은 어떤 비용이 더 클 것인지에 대한 판단이다. 현재 사업과 고객에 안주하고 있다가 급변하는 환경에 대응하지 못하면 스타트업은 언제라도 침몰할 수 있기 때문에 모든 의사 결정의 순간이 중요하다.

앞서 사례로 든 후배는 회사에서 일하며 겪은 경험을 바탕으로 강의를 만든다고 했다. 강의안을 만들면서 노하우를 정리하고, 맡은 업무에서 지속적으로 개념을 정리하고 체계를 만들기 때문에, 역량도 성장하고 부가적인 수익도 창출하는 이른바 '플라이휠'이 돌아가는 구조다.

그러나 많은 사람이 본업과 전혀 무관한 분야에서 오로지 수익 창출만을 목적으로 부업을 한다. 이 경우는 한정된 시간과 인지 역량을 전혀 시너지가 나지 않는 독립적인 두 가지에 나누어 쓰는 것이다. 한쪽에서 노하우가 쌓여도 다른 쪽에 도움이 되기보다는 오히려 한정된 자원을 가지고 경쟁하는 꼴이기 때문에 상충이 일어난다. 추가적인 수익을 창출한다고 마냥 좋아할 수 있지만, 결국에는 보이지 않는 비용을 지불하고 있는 셈이다.

세상에 공짜는 없다. 드러나 있든 숨겨져 있든 선택에는 반드시 대가가 따른다. 심지어 '어떤 선택도 하지 않는 선택'마저 보이지 않는 비용을 치르고 있다는 것을 잊으면 안 된다. 나의 결정이 얼마짜리인지를 항상 생각해야 한다.

3부 마지막 장의 주제인 '전략적 의사 결정'은 결국 가장 좋은 의사 결정을 내리는 방법에 관한 것이다. 어떤 데이터를 얼마나 신뢰할지, 베이즈 공식과 확률적 사고를 사용하고, 시나리오 플래닝 기법을 도입하며, 리스크를 최소화하는 방법론 등은 모두 최적의 의사 결정을 내리기 위한 수단이다.

인내심과 리스크 감수 능력을 동시에 지닌 세컨드 펭귄은 합리성을 기반으로 전략적 의사 결정을 내린다. 직관과 싸우며 종종 반직관적인 결정을 내려야 한다. 대다수 사람이 말하는 방향과 반대로 가야 하며, 매뉴얼에서 벗어나 자신만의 길을 개척해야 한다. 이러한 의사 결정 원칙은 우리 삶에도 동일하게 적용된다.

요즘은 나를 둘러싼 모든 세계가 퍼스트 펭귄이 되라고 말하고 있는 것 같다. 신뢰를 가지고 무작정 뛰어내리라고 한다. 지금 당장 직장을 그만두고 '자신을 위해' 일하면 '월 1000만 원 정도'는 벌 수 있다고 말한다. 그러기 위해서 노동 시간이라는 제약 조건이 있는 근로 소득에만 의지하지 말고, 내가 자는 동안에도 돈을 벌어 줄 수 있는 '머니 파이프라인'을 구축하라고 한다. 영상을 찍어 플랫폼에 올리든지, 부업을 하든지, 혹은 강의를 만들어서 판매하라고 한다. 정확히 자신들이 하고 있는 대로 하면 누구나 손쉽게 부자가 될 것이라고 말한다. 어떤 이는 인생에 공략집이 있다고 자신만만하게 말한다.

인생에는 정답이 없다. 사람마다 가치관과 철학과 목표와 방향성이 다르기 때문이다. 누구나 자신만의 길이 있다. 어떤 이가 성공한 방식을 답습한다고 해서 똑같이 성공하는 것은 아니다. 극히 일부에게만 가능한 방법은 방법조차 아니다. 운명에 모든 것을 맡기는 러시안 룰렛은 대안이 될 수 없다.

대한민국은 전 세계에서 인구 대비 유튜버가 가장 많은 나라다. 플레이보드사의 분석에 따르면, 2020년 기준 국내에서 광고 수익을 창출하는 유튜브 채널은 약 9만 8000개가 있다고 한다. 이 채널들의 수익 중앙값은 월 150만 원 수준이다. 절반에 해당하는 유튜버가 월 150만 원도 벌고 있지 못하다. 심지어 이 숫자는 수익을 창출하고 있는 채널만 집계한 것이다. 수익을 내지 못하는 채널은 얼마나 될지 가늠도 되지 않는다.

그럼에도 불구하고 인플루언서가 되는 길을 선택할 수도 있다. 레버리지를 써서 주식 투자를 할 수도 있고, 부동산 경매를 하러 전국을 돌아다닐 수도 있다. 과감하게 창업을 할 수도 있다. 누구나 자신만의 의사 결정을 내릴 수 있다. 그러나 이 게임에서는 행운의 여신의 선택을 받은 소수만이 살아남는다. 그러지 않았다면 이미 성공 공식을 전수받은 수많은 퍼스트 펭귄이 탄생했을 테니까. 퍼스트 펭귄은 언제나 소수다.

세컨드 펭귄의 전략은 한마디로 말하면 '틀리지 않는 것'이다. 근본을 위태롭게 할 만한 선택은 하지 않는 것이다. 기댓값이 높지만 99%로 실패한다면, 기댓값을 낮추더라도 성공 확률을 높이는 것이다.

워런 버핏의 투자 원칙 1은 '절대로 돈을 잃지 않는 것'이다. 그리고 원칙 2는 '절대로 원칙 1을 잊지 않는 것'이다. 투자의 세계와 경영 환경은 절대적인 것은 없고 확률만이 지배하는 복잡계다. 맞는 것에 집착하면 틀리기 쉽다. 수익을 내는 것에 지나치게 집중하면 역설적으로 수익을 낼 수 없다. 시간의 지평을 길게 보고 틀린 선택을 최소화하며, 승률이 높은 의사 결정을 많이 해야 한다.

앞서 '이 결정은 얼마짜리인가?' 챕터에서 본업과 전혀 무관한 부업을 하는 것은, 한정된 시간과 자원이 서로 경쟁하며 상충하는 선택이라고 했다. 자신의 업과 핵심 역량을 중심으로 선순환이 돌아야 한다. 주도적으로 일하며 자신의 역량을 극대화할 수 있는 기회를 잡아 첫 바퀴를 돌려야 한다. 그런 압축 성장의 기회가 상대적으로 스타트업에 많이 있다고 나는 생각한다. 개인에게 더 많은 기회가 주어지고 기여도에 따라 가져갈 수 있는 보상 수준도 매우 높다.

그뿐만 아니라 스타트업의 상당수는 첨단 기술의 발전과 시장 구조의 역동적 변화의 흐름 한가운데에 있다. 거의 모든 것이 처음이라 리더나 선임이 없어 힘든 시기를 겪기도 하지만, 내가 직접 부딪히며 얻은 경험과 지식은 말 그대로 선례가 없기 때문에 희소한 가치를 가진 자원이 되고 이 자원을 바탕으로 다시 새로운 가치를 창출할 수 있다. 더 좋은 기회를 찾아 이직을 할 수도 있고, 자신만의 꿈과 비전을 가지고 창업할 수도 있으며, 독창적인 콘텐츠와 나만의 스토리를 가진 독보적 영역을 구축한 크리에이터가 될 수도 있다.

부디 독자 여러분 모두가 자신만의 길을 개척하는 세컨드 펭귄이 되기를 기원한다.

누가
나 밀었어?

앞서 독자 편의상 '평어체'를 썼지만 죄송한 마음을 금할 수 없습니다. 제 생각과 글을 시간과 공을 들여 읽어 주신 많은 분께 송구한 마음을 담아 맺음말만큼은 꼭 경어체로 쓰고 싶었습니다.

세컨드 펭귄이란 주목받지 못하는 존재들입니다. 기술과 금융의 패러다임이 전환되고 변화의 힘이 약동하는 이 시대에는 수많은 퍼스트 펭귄이 탄생합니다. 스타트업을 성공적으로 일궈 낸 창업자들, 위험 자산에 레버리지를 끌어다 투자해 수십억 원을 번 자산가들, 그리고 각종 플랫폼에서 수백만 팔로어를 거느린 인플루언서들이 그 퍼스트 펭귄들입니다. 반짝거리는 이들의 삶을 동경하고 이들처럼 되기 위해 애쓰는 수많은 사람이 있습니다.

그러나 퍼스트 펭귄의 세계는 운이 지배합니다. 사업자 등록만

하면 누구나 대표 이사가 될 수 있지만 살아남는 기업은 5%도 되지 않습니다. 기업의 흥망성쇠에도 운이라는 요소가 크게 작용합니다. 누구나 동영상을 찍어 창작자의 세계에 뛰어들 수 있지만, 알고리즘의 선택을 받는 사람은 소수입니다.

큰 보상을 얻으려면 과감하게 뛰어들어야 한다는 생각이 시대정신이 된 것 같습니다. 퍼스트 펭귄의 과감한 도약은 용기와 도전의 상징과도 같습니다. 그런데 사실 퍼스트 펭귄에게는 잘 알려지지 않은 비밀이 있습니다. 한 다큐멘터리에서 밝힌 사실은 충격적입니다. 그것은 바로 모든 퍼스트 펭귄이 자발적으로 뛰어든 것은 아니라는 사실입니다.

어떤 펭귄도 바다표범의 첫 번째 먹이가 되고 싶지는 않기 때문에, 펭귄 무리는 허공을 쳐다보며 장장 몇 시간을 가만히 빙산 위에 서 있습니다. 그러다가 추위와 배고픔을 도무지 견디지 못한 펭귄 무리는 서로를 슬슬 밀기 시작합니다. 그러다 제일 앞에 있는 펭귄이 무리의 힘을 이기지 못하고 마침내 밀려서 떨어지고 마는 것입니다. 어떨 때는 기다리다 짜증이 난, 한눈에 봐도 덩치가 큰 '깡패 펭귄' 한 마리가 왜소한 펭귄에게 다가가 등짝을 후려쳐 강제로 떨어뜨리기도 합니다. 용감한 퍼스트 펭귄의 캐릭터를 제가 붕괴한 것은 아닌지 걱정이 됩니다.

어쩌다 떠밀려 첫 번째가 된 펭귄처럼 저 역시 처음부터 지금과 같은 길을 가고자 했던 것은 아닙니다. 저 역시 퍼스트 펭귄이 되기를 꿈꿨지만, 그러기에는 지나치게 위험을 싫어했습니다. 위험을 선택할

호사를 누리지 못했다는 표현이 좀 더 맞을 것 같습니다.

저희 부모님은 두 분 다 십 대 때 빈손으로 서울로 올라와서 각자 양장점 일과 미싱 일을 하다가 만났습니다. 장남이었던 아버지는 할머니와 동생들의 생계를 책임지느라 결혼할 때 재산이 80만 원에 불과했습니다. 몇 년간 일을 하며 모은 돈을 탈탈 털어 어머니와 함께 작은 식당을 차렸고, 이후로 20년이 넘는 시간 동안 두 분은 식당을 운영하셨습니다.

아르바이트들은 여러 가지 사유로 갑작스럽게 일을 나오지 않는 경우가 잦아, 그럴 때마다 저는 급하게 식당에 불려 나갔습니다. 누나는 손님을 맞고 주문을 받았고, 남자인 저는 주로 배달을 했습니다. 요즘에는 보기 드문 광경이지만 당시에는 양은으로 된 쟁반에 그릇을 올려 신문지로 덮은 뒤 가까운 거리는 걸어서 배달을 하곤 했습니다. 돌솥 그릇이 담긴 쟁반을 들고 100미터쯤 걸어가면 허리가 끊어질 듯 아프고 손이 후들후들했습니다.

심지어 고등학교 때 시험 기간에도 하루 종일 배달을 한 적도 있습니다. 일을 안 한다고 해서 시험 공부를 열심히 할 것도 아니었지만 도서관에서 공부하고 있을 친구들을 생각하면 왠지 모르게 서러워 눈물이 났습니다.

대학생이 되어도 부모님 식당에 불려 가는 것은 계속되었습니다. 여름에 배달을 몇 시간 하고 나면 온몸에서 땀 냄새가 났지만 씻을 시간도 없이 바로 수업에 들어가야 했습니다. 아는 이들을 만날까 봐 창가나 구석 자리에서 죄인처럼 몰래 수업을 들었습니다.

무면허로 오토바이 배달을 하다가 경찰관에게 걸린 적도 있습니다. 법원에 소환돼 검사를 만나 다짜고짜 던지는 욕설을 들어 가며 혼나기도 했습니다. 돌이켜 보면 왜 법원까지 가서 검사를 직접 만나야 했는지 도무지 알 수 없지만, 당시 검사 눈에는 제가 아주 위험한 잠재적 범죄자로 보였던 것 같습니다. 사실 제 눈에는 검사의 외모나 거친 언행 때문에 오히려 그가 범죄 조직의 두목처럼 보였습니다. 자기도 잡혀 온 주제에 왜 나한테 훈계인가, 속으로만 생각했습니다. 어쨌거나 저는 초범임에도 불구하고 훈방 조치나 기소 유예 혹은 선고 유예가 아닌 집행 유예를 선고받았습니다. 그렇게 저는 스무 살 무렵에 전과자가 되었습니다.

식당이 어느 정도 궤도에 오르고 권리금이 몇 억 원 수준이 되자, 20년 넘게 함께해 온 건물주가 갑자기 건물을 팔았습니다. 권리금을 한 푼도 받지 못한 채 저희 가족은 하루아침에 생계 수단을 잃게 되었습니다.

이상한 일이었습니다. 부모님은 제가 아는 누구보다 성실하게 살았습니다. 20년 동안 매일같이 아침 8시에 나가 문을 열고 12시에 문을 닫았습니다. 제가 아기였을 때는, 제 다리에 줄을 묶은 뒤 고무대야에 물을 받아 두고는 거기서 놀게 했다고 합니다. 두 분은 식당을 단 하루도 쉬지 않았습니다. 설날 같은 명절은 대목이었기 때문에 가족끼리 교대해 가면서 일했습니다.

심지어 아버지는 6남매의 장남으로, 없는 살림에 고모와 삼촌 들을 집 안에 들여 10년 넘게 숙식을 책임졌습니다. 한때는 저희 네 가족에 아버지 가족 식구까지 총 여덟 명이 어른 허리 높이 정도밖에 안 되는 식당 다락방에서 함께 살기도 했습니다. 마침내 저희 가족이 처음으로 정착할 집을 구했을 때, 등본을 떼어 보니 14번째로 이사한 집이었습니다.

죽어도 장사는 하지 않겠다고 결심했습니다. 공무원과 대기업에 가는 것만이 안전한 길이라고 생각했습니다. 그런데 대기업에서 인턴십을 하며 직장 선배들의 삶을 간접적으로 경험하고 나니, 공무원이 되거나 대기업에 가는 것은 곧 나의 인생을 조직에 맡기는 선택과 같다는 것을 알게 되었습니다.

제가 보기에는 머리도 좋고 실력도 뛰어난 선배들이 상사의 말 한마디에 전전긍긍하며 승진에만 목을 매는 것처럼 보였습니다. 직원의 99%는 임원이 되지 못하고, 그렇게 되면 정년을 채우지도 못한 채 쫓겨나듯 회사를 나오는 것만이 피할 수 없는 수순처럼 보였습니다.

막연하게 내가 가진 역량과 스킬을 가지고 조직에 기대지 않고도 자생하면 좋겠다고 생각했습니다. 큰 조직에 들어가더라도 소모되고 대체되는 부품이 아니라, 조직의 성장에 기여하며 의미 있는 일을 하는 사람이 되기를 원했습니다. 나의 일이 곧 내 업이자 역량이자 브랜드이기를 바랐습니다. 내가 가진 역량이 있어 조직에서 떠나는 것도, 조직에 속하는 것도 두렵지 않기를 바랐습니다.

여기 세컨드 펭귄의 길이 있습니다. 스타트업에서 기업가형 인재로 성장해 가는 길입니다. 창업자처럼 자신이 가진 모든 것을 걸지 않고도, 엄청난 위험을 감수하지 않고도, 직장인은 평생 만나기 어려운 기회를 움켜쥘 수 있습니다. 창업자의 바로 옆에서 그리고 스타트업의 한가운데에서 짜릿한 성장의 과정을 함께 경험해 볼 수 있습니다.

그리고 보상의 기울기도 매우 큽니다. 저는 부자가 되는 빠른 길을 말하는 것은 아닙니다. 젊은 나이에 스톡옵션을 실행하여 수십 억 원을 얻을 수도 있지만, 더 중요한 것은 그러한 부를 언제라도 얻을 수 있는 역량과 경험, 자원을 쌓는 것입니다. 개인의 선호와 가치관에 따라 회사에서 일할 수도 있고 창업을 할 수도 있으며, 원하는 산업과 비즈니스 그리고 규모를 갖춘 스타트업을 골라서 일하는 특권을 누릴 수 있습니다. 주식 포트폴리오를 구성하듯 각 유망 스타트업에서 몇 년씩 일하며 실행한 스톡옵션으로 자신만의 비상장 주식 포트폴리오를 구성할 수도 있습니다.

그렇다고 세컨드 펭귄이 위험을 감수하지 않는다고 생각하면 오해입니다. 스타트업 세계는 캄캄하고 위험천만한 바다와 같습니다. 하루아침에 회사가 문을 닫을 수도 있고, 이상한 사람 한 명으로 인해 조직 문화가 순식간에 엉망이 될 수도 있습니다. 역량과 실력을 쌓는 것도 온전히 나의 책임입니다. 선임이 차근차근 학습시켜 주거나 일을 지시하는 경우는 많지 않습니다. 끊임없이 스스로 학습해야 하고 자신도 처음인 업무를 가르치면서 리더십까지 발휘해야 합니다. 조직의 성장세에 기대지 않고, 오히려 탁월한 역량으로 조직의 성장을 이끌어 내야 합니다.

어느 정도 궤도에 오른 이후에는, 수도 없이 많은 유혹을 만나게 됩니다. 스타트업에서 실력과 역량을 쌓아 가다 보면 예전에는 서류조차 떨어졌던 대기업에서 먼저 연락이 옵니다. 이름만 들으면 헉 하는 글로벌 기업에서 면접을 보자고 합니다. 갑자기 연봉의 앞자리를 바꿔 주겠다거나 C-level 포지션 제안이 들어옵니다.

물론 이 제안들이 나쁜 것은 절대 아닙니다. 그러나 어떤 이유로 어떤 제안을 선택하는지가 중요합니다. 실력과 역량을 쌓아 기업가형 인재가 되기 위해 스타트업계에 뛰어들었는데 단기적 관점으로 보상만을 좇는 것은, 조직에 내 삶을 전적으로 의존하는 예전으로 회귀하는 퇴보입니다. 매 순간의 이직 선택이 내 역량과 경력의 포트폴리오를 강화하는 방향에 맞아야 합니다.

세컨드 펭귄은 이렇게 위험을 감수하고 험난한 시험을 통과하며, 기회처럼 보이는 유혹을 지나쳐야 합니다. 그렇지만 가장 위험한 것은 조직에 전부를 걸면서, 조직이 나의 인생을 책임져 줄 것이라고 믿는 안일한 집단적 환상입니다. 이는 마치 빙산 위의 펭귄들이 함께 있기에 서로 기대어 안심하게 되는 심리와 같습니다. 찬바람을 맞으며 굶주리고 있는데도 가만히 서서 상황이 나아지기만을 기다리고 있는 꼴입니다.

그러다 퍼스트 펭귄과 세컨드 펭귄이 과감하게 뛰어들고 그들의 추종자들이 하나둘씩 뒤를 따를 때면 이미 늦습니다. 자신을 포함한 절대다수가 여전히 빙산 위에 있기 때문에 안전한 것 같지만 실은 그 반대입니다. 제가 뛰어내려 보니 알겠더군요. 가만히 있는 것이 가장 위험하고 무모한 선택이었습니다.

모두가 '꿈꾸고 간절히 원하면 원하는 대로 이루어진다'고 말합니다. 그러나 올바른 것을 꿈꾸는 법은 누구도 말해 주지 않는 것 같습니다.

고난 없는 삶을 꿈꾸기보다 성장하는 삶을 꿈꾸기 바랍니다.

위험을 피하지 않고 주체적으로 위험을 선택하기를 바랍니다.

운에 맡긴 채 뛰어내리지 말고 역량을 쌓아 기회를 잡기 바랍니다.

퍼스트 펭귄을 꿈꾸기보다 세컨드 펭귄이 되기를 바랍니다.

참고 문헌과 주

1   대한상공회의소, 2020년.
2   데이먼 센톨라, 『변화는 어떻게 일어나는가』, 이충호 옮김, 웅진지식하우스, 2021년.
3   마이클 J. 모부신, 『운과 실력의 성공 방정식』, 이건·박성진·정재진 옮김, 에프엔미디어, 2019.
4   Michael Raynor, "The Strategy Paradox", *Deloitte Review Issue 1*, 2007
5   Don A. Moore, Paul J.Healy, "The Trouble with Overconfidence", *Psychological Review*, 2008. Vol.115, No.2, 502-517
6   Butler, Timothy, "Hiring an Entrepreneurial Leader: What to Look For", *Harvard Business Review* 95, no. 2 (March –April 2017): 85 – 93
7   조너선 아이브가 스티브 잡스의 사망 10주기에 쓴 편지.
8   사피 바칼, 『룬샷』, 이지연 옮김, 흐름출판, 2020.
9   애드 캣멀·에이미 월러스, 『창의성을 지휘하라』, 윤태경 옮김, 와이즈베리, 2014.
10 《이코노미조선》 인터뷰, 「일하는 사람들은 똑같은데 조직문화 바꾸자 놀라운 일이」, 2016.
11 https://www.youtube.com/watch?v=oeqPrUmVz-o
12 MacDailyNews, "How Walt Mossberg helped convince Steve Jobs to release iTunes for Windows". 2016.
13 사피 바칼, 앞의 책.
14 필 로젠츠바이크, 『올바른 결정은 어떻게 하는가?』, 김상경 옮김, 엘도라도, 2014.
15 엘레나 보텔로, 킴 파월, 탈 라즈, 『이웃집 CEO』, 소소의책, 2018.
16 "Highest-rated CEOs 2017: Employees Choice," Glassdor, 2017.
17 Harry Markopolos, "No One Would Listen: A True Financial Thriller", Wiley, 2011.
18 Gordon W.Prange, "At Dawn We Slept. The Untold Story of Pearl Harbor" Mcgraw-Hill, 1981.
19 게리 클라인, 『통찰, 평범에서 비범으로』, 강흥구 옮김, 21세기북스, 2020.
20 A.D. de Groot, Thought and Choice in Chess (The Hague, the Netherlands: Mouton, [1946] 1978). 80 to an ocean storm: N. Maclean, Young Men and Fire (Chicago: University of Chicago Press, 1992), 33.
21 게리 클라인, 앞의 책.
22 게리 클라인, 『인튜이션』, 이유진 옮김, 한국경제신문사, 2012.
23 Alexander Todorov, "Face Value", Princeton University Press, 2017.
24 Timothy D.Wilson, "Strangers to Ourselves", Belknap Press, 2004.
25 Pawel Lewicki, Thomas Hill, and Elizabeth Bizot, "Acquisition of procedural knowledge

about a pattern of stimuli that cannot be articulated", *Cognitive Psychology* Vol. 20, Issue 1, January 1988, 24-37.

26   Bechara, A., Tranel, D., & Damasio, H. (2000). "Emotion, Decision Making and the Orbitofrontal Cortex", Cerebral Cortex, Volume 10, Issue 3, March 2000, Pages 295 – 307.

27   대니얼 카너먼, 『생각에 관한 생각』, 이창신 옮김, 김영사, 2018.

28   Daniel Khaneman and Gary Klein, "Conditions for intuitive expertise: A failure to disagree", *American Psychology*, 2009.

29   https://www.mckinsey.com/capabilities/strategy-and-corporate-finance/our-insights/strategic-decisions-when-can-you-trust-your-gut

30   김재현·이건, 『찰리 멍거 바이블』, 에프엔미디어, 2022.

31   Garry Kasparov, "How Life Imitates Chess". *Bloomsbury USA*, 2008.

32   Roger Buehler, Dale Griffin, and Michael Ross. "Exploring the "Planning Fallacy": Why People Underestimate Their Task Completion Times". *Journal of Personality and Social Psychology*. 1994. Vol.67. No.3. 366-381.

33   Roger Buehler, Dale Griffin, and Michael Ross. "Inside the Planning Fallacy: The Causes and Consequences of Optimistic Time Predictions". Heuristics and Biases: The Psychology of Intuitive Judgment. 2002. 250-270.

34   Erin M Harely, "Engagement of Fusiform Cortex and Disengagement of Lateral Occipital Cortex in the Acquisition of Radiological Expertise". Cerebral Cortex, 2009.

35   필립 E. 테틀록·댄 가드너, 『슈퍼 예측, 그들은 어떻게 미래를 보았는가』, 이경남 옮김, 알키, 2017.

36   데이비드 엡스타인, 『늦깎이 천재들의 비밀』, 이한음 옮김, 열린책들, 2020.

37   닉 폴슨·제임스 스콧, 『수학의 쓸모』, 노태복 옮김, 더퀘스트, 2020.

38   https://www.propublica.org/article/machine-bias-risk-assessments-in-criminal-sentencing

39   "COMPAS Risk Scales: Demonstrating Accuracy Equity and Predictive Parity", Northpointe, William Dieterich et al., 2016.

40   MIT Technology Review. https://www.technologyreview.com/2017/06/12/105804/inspecting-algorithms-for-bias/

41   Ginsberg, J., Mohebbi, M., Patel, R. et al. Detecting influenza epidemics using search engine query data. Nature 457, 1012 – 1014 (2009). https://doi.org/10.1038/nature07634

42   Lazer, D., R. Kennedy, G. King, and A. Vespignani. 2014. "The Parable of Google Flu: Traps in Big Data Analysis." Science 343 (6176) (March 14): 1203 – 1205.

43   https://www.smithsonianmag.com/science-nature/why-google-flu-trends-cant-track-flu-yet-180950076/

44   데이비드 엡스타인, 앞의 책.

45   T.Cowen, "Average is Over, New York: Dutton, 2013.

46   Sunil Gupta, "Driving Digital Strategy", HBR Press, 2018.

47   F. Dubin and D.Lovallo, "The Use and Misuse of Analogies in Business," Working Paper, University of Sydney, 2008.

48   Adam D. Galinsky, Joe C. Magee, M. Ena Inesi and Deborah Gruenfeld, "Losing Touch", Kellogg Insight, 2009.

49   Fast, N.J., and Chen, S., Psychological Science, 20 (2009), pp.1406-1413.

50   브라이언 클라스, 『권력의 심리학』, 서종민 옮김, 웅진지식하우스, 2022.

51   필립 짐바르도, 『루시퍼 이펙트』, 이충호·임지연 옮김, 웅진지식하우스, 2015.

52   Thomas Carnahan and Sam McFarland, "Revisiting the Stanford Prison Experiment: Could Participant Self-selection have led to the Cruelty?", *Personality and Social Psychology Bulletin* 33 (5) (2007): 603-14.

53   Rema Hanna and Shing-Yi Wang, "Dishonesty and Selection into Public Service: Evidence from India", American Economic Journal : *Economic Policy* 9 (3) 2017: 262-90.

54   조코 윌링크·레이프 바빈, 『네이비씰 승리의 기술』, 최규민 옮김, 메이븐, 2019.

55   조코 윌링크, 『네이비씰 승리의 리더십』, 최지희 옮김, 경향비피, 2020.

56   S. Barfort et al., "Sustaining Honesty in Public Service: The Role of Selection", *American Economic Journal: Economic Policy* 11 (4) 2019: 96-123.

57   디캠프, 분당서울대병원, "스타트업 창업자 정신건강 실태조사", 2022.

58   이안 로버트슨, 『승자의 뇌』, 이경식 옮김, 알에이치코리아, 2013.

59   Mazur, Allan, Booth, Alan, and Dabbs, James M. Jr., "Testosterone and Chess Competition', *Social Psychology Quarterly*, 55 (1992), pp.70-77.

60   Wirth, M.M., et al., "Hormones and Behaviour", 49 (2006), pp 346-352.

61   http://www.dtic.mil

62   캘리 맥고니걸, 『스트레스의 힘』, 신예경 옮김, 21세기북스, 2020.

63   Crum, Alia. "Rethinking Stress: The Role of Mindsets in Determining the Stress Response." 2012년 예일대 박사 학위 논문.

64   McClelland, D.D., "Power: The Inner Experience", New York, Irvington Publishers, 1975, pp 66-67.

65   Tay, Louis, Ed Diener, Fritz Drasgow, and Jeroen K. Vermunt, "Multilevel MIxed-Measurement IRT Analysis: An Explication and Application to Self-Reported Emotions Across the World." *Organizational Research Methods* 14, no.1 (2011): 177-207.

66   Baumeister, Roy F., Kathleen D. Vohs, Jennifer L. Aaker, and Emily N. Garbinsky. "Some Key Differences Between a Happy Life and a Meaningful Life." *Journal of Positive Psychology* 8, no.6 (2013): 505-16.

67   Amy Wrzesniewski, Clark McCauley, Paul Rozin, Barry Schwartz,

68   최인철, 『굿 라이프』, 21세기북스, 2018.

69   Poulin, Michael J., and E. Alison Holman, "Helping Hands, Healthy Body? Oxytocin Receptor Gene and Prosocial Behavior Interact to Buffer the Association Between Stress and Physical Health." *Hormones and Behavior* 63, no. 3 (2013): 510-17.

70   바버라 브래들리 해거티, 『인생의 재발견』, 박상은 옮김, 스몰빅인사이트, 2017.

71   데이비드 보더니스, 『E=mc2』, 김희봉 옮김, 생각의 나무, 2001.

72   데이비드 보더니스, 『아인슈타인 일생 최대의 실수』, 이덕환 옮김, 까치, 2017.

73   Hans C. Ohanian, "Einstein's Mistakes", W. W. Norton & Company, 2009.

74   데이비드 롭슨, 『지능의 함정』, 이창신 옮김, 김영사, 2020년.

75   KAHAN, D., PETERS, E., DAWSON, E., & SLOVIC, P. (2017). "Motivated numeracy and enlightened self-government". *Behavioural Public Policy*, 1(1), 54-86. doi:10.1017/bpp.2016.2.

76   대니얼 피컷, 코리 렌 편저, 『워런 버핏 라이브』, 신진오 옮김, 에프엔미디어, 2019.

77   리치 칼가아드 『레이트 블루머』, 엄성수 옮김, 한국경제신문, 2021.

78   Ackerman, P. L. (2014). Adolescent and Adult Intellectual Development. Current Directions in *Psychological Science*, 23(4), 246 – 251. https://doi.org/10.1177/0963721414514534960.

79   Fisher M, Keil FC. "The Curse of Expertise: When More Knowledge Leads to Miscalibrated Explanatory Insight". Cogn Sci. 2016 Jul;40(5):1251-69. doi: 10.1111/cogs.12280. Epub 2015 Sep 15. PMID: 26369299.

80   Schwartz, B. (1982). "Reinforcement-induced behavioral stereotypy: How not to teach people to discover rules". *Journal of Experimental Psychology: General*, 111(1), 23 – 59. https://doi.org/10.1037/0096-3445.111.1.23.

81   Stanovich, K.E.E. (2016) "The Rationality Quetient", Cambridge, MA: MIT Press.

82   Adame, B.J. (2016) "Training in the Mitigation of Anchoring Bias: A test of the consider-the-opposite strategy", *Learning and Motivation* 53, pp. 36-48.

83   https://www.inc.com/scott-mautz/jeff-bezos-says-this-is-single-biggest-sign-that-someone-is-intelligent-its-counterintuitive.html

84   American Time Use Survey (2009-1019) and Lindberg (2017), Our World in Data.

85   이건·최준철·홍영표 편저, 『워런버핏바이블 2021』, 에프엔미디어, 2021.

86   클레이튼 M.크리스텐슨 외 『당신의 인생을 어떻게 평가할 것인가』, 이진원 옮김, 알에이치코리아, 2012.

87   https://news.stanford.edu/2005/06/12/youve-got-find-love-jobs-says/

88   서장훈, 마이크임팩트 "청춘페스티벌 2020", https://www.youtube.com/watch?v=V5qMyIFnVh8

89   서은국, 『행복의 기원』, 21세기북스, 2021.

90 토드 로즈·오기 오가스, 『다크 호스』, 정미나 옮김, 21세기북스, 2019.

91 서장훈, "힐링캠프", https://www.donga.com/news/View?gid=73791640&date=201509
    22&prod=SPORTS

92 칼텍의 교수로 NASA의 항공 엔지니어이자 로켓 추진 전문가였으며, 최초의 미국 위성
    개발의 선구자.

93 이건·최준철·홍영표 편저, 앞의 책.

94 김영하, https://www.insight.co.kr/news/250421

95 스콧 애덤스, 『더 시스템』, 베리북, 2020.

96 클레이튼 M.크리스텐슨 『당신의 인생을 어떻게 평가할 것인가』, 알에이치코리아,
    2012.

97 스콧 애덤스, 『더 시스템』, 김인수 옮김, 베리북, 2020.

98 오마에 겐이치·사이토 겐이치, 『맥킨지, 문제해결의 기술』, 김영철 옮김, 일빛, 2005.

99 짐 콜린스, 모튼 한센, 『위대한 기업들의 선택』, 김영사, 2012.

100 Eldar Shafir, Itamar Simonson, Amos Tversky, "Reason-based choice", 1993.

101 허병민, 『최고의 석학들은 어떤 질문을 할까?』, 웅진지식하우스, 2014.

102 Abraham Wald's Work on Aircraft Survivability', Marc Mangel, Francisco J.Samaniego,
    Journal of the American Statistical Association, Volume 79, Issue 386 (Jun., 1984), 259-
    267.

103 Survivorship Bias and Mutual Fund Performance, Edwin J.Elton; Martin J.Gruber;
    Christopher R.Blake, *The Review of Financial Studies*, Vol.9, No.4. (Winter, 1996), pp.
    10-97-1120.

104 *Forbes*, "Act Now to Shrink The Confidence Gap", 2014.

105 셰릴 샌드버그, 『린 인』, 안기순 옮김, 와이즈베리, 2013.

106 Laura Guillen, "Is the Confidence Gap Between Men and Women a Myth?", HBR, 2018.

107 Tara Sophia Mohr, "Why Women Don't Apply for Jobs Unless They're 100% Quali-
    fied", *HBR*, 2014.

108 https://genius.com/Joanna-barsh-unlocking-the-full-potential-of-women-in-the-us-
    economy-annotated

109 Claude M. Steele, "Stereotype Threat and the Intellectual Test Performance of African
    Americans" Stanford University, 1999, *Journal of Personality and Social Psychology* Vol
    19, No.5 797-811.

110 Clance, P. R., & Imes, S. A. (1978). "The imposter phenomenon in high achieving
    women: Dynamics and therapeutic intervention. Psychotherapy: Theory, Research &
    Practice", 15(3), 241 - 247.

111 리사 손, 『임포스터』, 21세기북스, 2022.

112 댄 애리얼리, 『댄 애리얼리, 경제심리학』, 김원호 옮김, 청림출판, 2011.

113 다니엘 핑크, 『드라이브』, 김주환 옮김, 청림출판, 2011.

114 권오현, 『초격차』, 쌤앤파커스, 2018.

115 이우광, "즐겁게 일하고 책임 있게 성과내고… 81세 이나모리의 '아메바 경영', JAL을 살리다", DBR, 2014.

116 오니시 야스유키, 『이나모리 가즈오 1,155일간의 투쟁』, 송소영 옮김, 한빛비즈, 2013.

117 John Gravois, "You're Not Fooling Anyone", *Chronicle of Higher Education*, v54 n11 pA1 Nov 2007.

118 Jaruwan Sakulku & James Alexander, "The Imposter Phenomenon", *International Journal of Behavioral Science* 2011. Vol.6, No.1, 75-97.

119 "The Imposter Phenomenon Revisited: Examining the Relationship between Workplace Imposter Thoughts and Interpersonal Effectiveness at Work", Basima A.Tewfik, *Academy of Management Journal*, Oct 2011.

120 https://www.ruleranalytics.com/blog/insight/conversion-rate-by-industry/

121 2017년 노벨 경제학상 수상자 리처드 탈러가 만든 개념으로, 돈에 대해 고전 경제학에서 정의하는 교환 가능한 매체로서가 아니라, 각 돈의 출처나 용도에 따라 심리적으로 각기 다른 '이름'을 붙여서 사람들이 다르게 받아들이는 현상.

122 정보의 불균형으로 인해, 시간이 지날수록 품질이 좋지 않은 상품만 남게 되는 현상.

123 마이클 해머, 『빨리, 싸게, 멋지게』, 한상석·박나영 옮김, 타임비즈, 2010.

124 피터 센게, 『학습하는 조직』, 강혜정 옮김, 에이지21, 2014.

125 Gregory F. Treverton, "Reshaping National Intelligence for an Age of Information", Cambridge University Press, 2003.

126 말콤 글래드웰, 『그 개는 무엇을 보았나』, 김태훈 옮김, 김영사, 2010.

127 H. Gilbert Welch M.D. M.P.H, "Should I Be Tested for Cancer?: Maybe Not and Here's Why", University of California Press, 2006.

128 Gregory F. Treverton, 위의 책.

129 김위찬, 『블루오션전략』, 교보문고, 2005.

130 앨리스테어 크롤·벤저민 요스코비츠, 『린 분석』, 위선주 옮김, 한빛미디어, 2014.

131 Costco Wholesale, Annual Report 2022.

132 The Walt Disney Company, Annual Report 2021.

133 황선명, "맥도날드, 임대수익으로 분기 배당을 지급합니다" 삼성증권, 2022.

134 네이트 실버, 『신호와 소음』, 이경식 옮김, 더퀘스트, 2021.

135 키트 예이츠, 『수학으로 생각하는 힘』, 이충호 옮김, 웅진지식하우스, 2020.

136 닉 폴슨·제임스 스콧, 『수학의 쓸모』, 노태복 옮김, 더퀘스트, 2020.

137 에드워드 O. 소프, 『딜러를 이겨라』, 신가을 옮김, 이레미디어, 2015.

세컨드 펭귄

불확실한 1인자보다 확실하게 살아남는 2인자의 성장 공식

초판 1쇄 발행 2023년 9월 18일
초판 2쇄 발행 2024년 12월 26일

지은이 임승현

대표 장선희 **총괄** 이영철
책임편집 한이슬 **기획편집** 현미나, 정시아, 오향림
책임디자인 최아영 **디자인** 양혜민 **교정교열** 김선아
마케팅 박보미, 유효주, 박예은
경영관리 전선애

펴낸곳 서사원 **출판등록** 제2023-000199호
주소 서울시 마포구 성암로 330 DMC첨단산업센터 713호
전화 02-898-8778 **팩스** 02-6008-1673
이메일 cr@seosawon.com
네이버 포스트 post.naver.com/seosawon
페이스북 www.facebook.com/seosawon
인스타그램 www.instagram.com/seosawon

ⓒ 임승현, 2023

ISBN 979-11-6822-213-7 03320

서사원은 독자 여러분의 책에 관한 아이디어와 원고 투고를 설레는 마음으로 기다리고 있습니다.
책으로 엮기를 원하는 아이디어가 있는 분은 이메일 cr@seosawon.com으로 간단한 개요와 취지,
연락처 등을 보내주세요. 고민을 멈추고 실행해보세요. 꿈이 이루어집니다.